Daniel Gerlach

Der Nahe Osten geht nicht unter

Daniel Gerlach

Der Nahe Osten geht nicht unter

Die arabische Welt vor ihrer historischen Chance

edition einwurf

Bibliografische Information der Deutschen Nationalbibliothek
Die Deutsche Nationalbibliothek verzeichnet diese Publikation in der Deutschen Nationalbibliografie; detaillierte bibliografische Daten sind im Internet unter http://dnb.d-nb.de abrufbar.

Königstr. 43, D-26180 Rastede
www.edition-einwurf.de
Kontaktadresse nach EU-Produktsicherheitsverordnung:
info@edition-einwurf.de

Umschlag: Groothuis. www.groothuis.de
Umschlagfoto: © Sebastian Backhaus
Das Foto wurde am 20.7.2016 in Sirte / Libyen an der Front mit dem »Islamischen Staat« aufgenommen. Ein Kämpfer einer salafistischen Einheit, die der Anti-IS-Allianz aus Misrata angehört, blickt in Richtung des Ouagadougou-Gebäudes im Stadtzentrum Sirtes, etwa 2 km entfernt, in dem sich IS-Dschihadisten verschanzt halten.
Karte S. 308-309: Der Nahe Osten
Karte S. 310-311: Die MENA-Region
Karten: Peter Kast Ingenieurbüro für Kartografie, Wismar
Herstellung: Das Herstellungsbüro, Hamburg |
www.buch-herstellungsbuero.de

ISBN 978-3-89684-268-8

»Deux intellectuels assis vont moins loin
qu'une brute qui marche.«

Maurice Biraud zu Charles Aznavour in *Un taxi pour Tobrouk*

Inhaltsverzeichnis

Schwimmen in der Wüste

Eine Einleitung

Als das Wasser zurückwich, kamen die Schlangen. Durch die anhaltende Dürre wurden sie aus ihrem natürlichen Habitat im irakischen Schwemmland getrieben. Giftige Wüstenkobras und Hornrasselvipern suchten nun verzweifelt Nahrung in der Nähe der Siedlungen und kreuzten auf unglückliche, schicksalhafte Weise die Wege von Mensch und Vieh. Immer wieder sind solche biblischen Plagen in den vergangenen Jahrzehnten über die mesopotamischen Marschen hereingebrochen, die mehr als eine Landschaft sind: ein uraltes Natur- und Kulturerbe, welches manche sogar für die letzten Überreste des Garten Eden halten.

Die *Ma'dan*, die Marsch-Araber, haben im Irak viele Namen: etwa »Marschleute« *(Ahl al-Hor)* oder »Ochsenvolk« *(Ahl al-Jamus)*, weil ihr liebstes Zuchttier der Wasserbüffel ist. Von sich selbst sagen sie, sie seien die letzten Nachkommen der Sumerer, die einst die Schrift und den Städtebau erfanden und sich schließlich dorthin zurückzogen, wohin ihnen fremde Eroberer, die das Zweistromland unterwarfen, nicht folgen würden. Sie lebten auf Inseln, Einbauten und in schilfgeflochtenen Behausungen.

Der Despot Saddam Hussein wollte das Schwemmland am Unterlauf von Euphrat und Tigris trockenlegen, um die Marschleute zu strafen, die er verachtete und als Aufrührer ansah. Schiitische Guerillas versteckten sich bei den *Ma'dan*; während des Golfkriegs lieferten sich iranische und irakische Soldaten erbarmungslose Schlachten im Schilf. Mensch und Tier verendeten durch die Starkstromkabel, die Saddams Republikanische Garden durch das Wasser legten, um die Feinde zu vernichten. Garten Eden oder nicht: In der eintönig-idyllischen Marschlandschaft liegen Paradies und Hölle sehr eng beieinander. Die Marschen haben vermutlich nicht nur alles an zivilisatorischer Größe und blutrünstiger Barbarei gesehen, sie sind auch ein Sehnsuchtsort und stehen sinnbildlich dafür, dass alles mit allem zusammenhängt: Hier liegt nicht nur das Herz des Irak, sondern auch eine Keimzelle seiner religiösen und politischen Ideologien, die zum Teil weit über seine Grenzen hinausstrahlten. *Shi'i, shuyu'i, shurugi* – Schiit, Kommunist, Landei, so charakterisieren sich die Bewohner manchmal selbst. Säkularismus und Euphorie hatten hier genauso ihren Platz wie Stammesdenken, politischer Schiismus und tiefe Religiosität. Über ein Jahrzehnt haben die irakischen Behörden mit internationaler Hilfe versucht, die Marschen als Kulturland wieder zum Leben zu erwecken, und dazu besteht immer noch Hoffnung. Aber der Klimawandel, Umweltverschmutzung, Versalzung und vor allem Staudämme und Dammprojekte in der Türkei, in Syrien und im Nordirak bedrohen ein Ökosystem, das einerseits sehr empfindlich, andererseits aber auch erstaunlich widerstandsfähig ist. Ein wenig wie der Nahe Osten selbst.

Pulverfass, Krisenherd, Flächenbrand – seit Jahrzehnten gehören solche Begriffe zum Standardvokabular deutschsprachiger Medien, wenn es um den Nahen Osten geht. So oft, wie die Region medial schon aus den Fugen geraten, aus den Angeln geflogen, ja sogar explodiert ist, muss man sich eigentlich wundern, dass es sie noch gibt. Dass im Globus dort, wo sich die nördlichen Breitengrade 20 bis 40 mit den 20er bis 40er östlichen Längengraden kreuzen, nicht längst ein rauchendes schwarzes Loch klafft. Tatsächlich mögen Krieg und Krise verlässliche Begleiter des Vorderen Orients unserer Zeit sein. Allemal gilt das aber für die Kriegs- und Krisenpublizistik, die nicht nur in schlechten, sondern auch in besseren Zeiten konstant daran erinnert, dass der Nahe Osten zwar bereits am Boden liege, aber noch viel, viel tiefer fallen könne. Mit schlechten Prognosen zur arabischen Welt ist man nicht nur unter Marketinggesichtspunkten auf der sicheren Seite. Man geht auch sonst wenig Risiken ein. Wer eine negative Entwicklung voraussagt, die dann doch nicht eintritt, kann immerhin noch behaupten, das liege nur daran, dass die Akteure die Warnungen gehört und sich zu Herzen genommen hätten. Und außerdem mache eine Schwalbe ganz gewiss noch keinen Sommer. Wer aber einen positiven Blick in die Zukunft wagt, der sich nicht bewahrheitet, muss mit dem Vorwurf der Naivität rechnen: Haben Sie denn immer noch nicht verstanden, wie die arabische Welt tickt?

An den Untergang zu glauben, gilt im Mediendiskurs zum Nahen Osten daher als »realistisch«. Das Bedürfnis, diesen Diskurs zu hinterfragen und zugleich eine wirklichkeitsbezogene, also realistische Einordnung der Ereignisse vorzunehmen, war der Antrieb, dieses Buch zu schreiben.

Der Arabische Frühling brachte diese Logik für kurze Zeit ein wenig durcheinander. Plötzlich war es nicht nur zum ersten Mal seit Langem schick, Araber zu sein. Auch schlug eine Welle der Sympathie den jungen Aktivistinnen und Aktivisten entgegen, die siegesgewiss waren, im Glauben, die arabische Welt könne sich selbst von jenen Geißeln befreien, die viele, vor allem in Europa und den USA, eher für genetische Defekte halten: Despotismus, Stammesdenken, Korruption, Gewaltherrschaft. Für die besagte Kriegs- und Krisenpublizistik immerhin war es ein Glück, dass die Hoffnungen des Arabischen Frühlings vorerst scheiterten, zumindest in den meisten betroffenen Ländern.

Die Umbrüche von 2011 und ihre Folgen sind nicht das eigentliche Thema dieses Buches, aber sie kommen natürlich immer wieder vor und bilden gewissermaßen die Kulisse für die hier dargestellten Personen, Geschichten und Ereignisse. Deshalb möchte ich ihm – ausnahmsweise – ein Gesinnungsbekenntnis voranstellen, eine Prämisse, die man durchaus kritisieren kann: Der Arabische Frühling ist nicht gescheitert. Und er ist vor allem nicht am Ende.

Es wird vermutlich noch Jahrzehnte dauern, bis wir eine ausgewogene Bilanz der Ergebnisse des Arabischen Frühlings zu ziehen vermögen. In jedem Fall handelt es sich um eine epochale Entwicklung, die sich trotz etlicher Bemühungen autoritärer Kräfte in der arabischen Welt nicht mehr ungeschehen machen lässt. Denn sie hat gezeigt: Kein Diktator, kein Autokrat kann mehr sicher sein zu herrschen, bis er an Altersschwäche stirbt. Und absolute Macht ist eine Illusion.

Der Islamwissenschaftler Udo Steinbach würdigt die epochale Bedeutung des Arabischen Frühlings mit dem Begriff

»Dritte Arabische Revolte«: Für Steinbach ist sie ebenso bedeutend wie der Aufstand der Araber gegen die Osmanen im Ersten Weltkrieg (1916) oder die Abschaffung der Monarchien und die Errichtung von Republiken unter Führung nationalistischer Militärs in den 1950er und 1960er Jahren.[1] Nicht auszuschließen, dass schon bald eine vierte Revolte kommt. Die Frage ist hierbei weniger, wogegen sie sich richten würde, sondern vielmehr, wofür sie kämpfen würde. Was für einen Staat wollen die Menschen in den arabischen Ländern in der Zukunft?

Staaten, staatliche Institutionen und politische Eliten haben vielerorts in der arabischen Welt in einer Weise versagt, die sie an den Rand der Selbstzerstörung brachte. Insbesondere in denjenigen Staaten, in denen der Arabische Frühling Kriege und Bürgerkriege zur Folge hatte, ist der Staat eine Ruine. Im günstigsten Fall ist er abwesend und überlässt anderen das Feld. Im schlimmsten bewirft er die eigene Bevölkerung mit Bomben. Heute muss deshalb nicht nur neu verhandelt werden, in was für einem Staat die Menschen leben und welche Verfassungen sie sich dazu geben wollen. Die Gesellschaft an sich steht zur Diskussion, und in vielen arabischen Ländern, etwa in Libyen, Jemen, Syrien, Irak oder Saudi-Arabien, muss ein neuer Gesellschaftsvertrag her. Ein Pakt, der das Zusammenleben zwischen Minderheiten und Mehrheiten, ethnischen und religiösen Gruppen, Gläubigen und Atheisten, Geschlechtern, armen und privilegierten Schichten, Jung und Alt in einer Weise definiert, die das Zusammenleben nicht nur möglich macht, sondern auch allen Gruppen zum Vorteil gereicht. Der autoritär geführte Staat kann die Gesellschaft zwar verändern und neu formen. Wir sehen allerdings, wohin solche Versuche führen:

Sie enden meist in Gewalt, Vertreibung, Unterdrückung. Die Gesellschaft ihrerseits kann allerdings nicht nur den Staat, sondern auch sich selbst verändern. Wo aber sind die gesellschaftlichen Kräfte, die dazu in der Lage wären? Diese Frage wird uns in den folgenden Kapiteln immer wieder beschäftigen.

Das vorliegende Buch ist keine umfassende Darstellung der politischen Ereignisse in der arabischen Welt. Ebenso wenig kann es alle Perspektiven und Zukunftsszenarien analysieren. Seine Kapitel sind eher Streifzüge, mitunter auch Schlaglichter auf Entwicklungen, die mir relevant erscheinen, um eine Antwort auf die vorangestellte Frage zu finden. Es will klarmachen, dass die schnellen Antworten und einfachen Konstruktionen selten geeignet sind, eine so komplizierte Gemengelage wie die des Nahen Ostens zu erfassen – dass man aber Komplexität auch nicht mit aussichtsloser Undurchschaubarkeit gleichsetzen sollte. Nahezu jede Autorin und jeder Autor wirbt damit, neue Perspektiven auf ein Thema zu eröffnen, weshalb das Versprechen eines Perspektivwechsels oft droht, zur Floskel zu werden. Insgesamt versucht dieses Buch aber tatsächlich, Geschehnisse und Erwartungen primär aus der Perspektive der Bewohnerinnen und Bewohner und der handelnden Akteure in der nahöstlichen Region zu schildern und nicht aus dem von eigenen Hoffnungen und Befürchtungen geprägten Blickwinkel der Gesellschaften in Europa oder den USA.

Im Mittelpunkt der Betrachtung stehen die Staaten Syrien und Irak, in Teilen die Golfregion, mit kleineren Ausflügen nach Nordafrika. Ein Konflikt, der vielen in Deutschland wohl zuerst in den Sinn kommt, wenn das Schlagwort Naher

Osten fällt, kommt hingegen kaum vor: Israel und die Palästinenser. Er ist in der öffentlichen Wahrnehmung in den vergangenen Jahren angesichts von Syrienkrieg, »Islamischem Staat« und Migrationsdebatten etwas in den Hintergrund gerückt. Die Stagnation, womöglich sogar das Ende des Friedensprozesses sind gewiss kein legitimer Grund, sich nicht mehr damit zu beschäftigen. Im Gegenteil, man müsste diesem Konflikt und seinen weltpolitischen Verwicklungen ein eigenes, aktuelles Buch widmen, anstatt ihn zu streifen.

Aber es hat sich eben auch gezeigt, dass der israelisch-palästinensische Konflikt nicht, wie über Jahrzehnte von vielen Journalisten, Experten und Politikern behauptet, die große Schicksalsfrage ist, die über Krieg und Frieden im gesamten Nahen Osten entscheidet. In manchen arabischen Gesellschaften hat sich angesichts des Zerfalls von Staaten und der innerarabischen Zerwürfnisse eine recht pragmatische Haltung gegenüber Israel eingestellt. Das gilt nicht nur für einige Golfstaaten, die sich taktisch mit Israel gegen Iran verbünden wollen, sondern sogar für Syrien und den Irak. Dieser Pragmatismus artikuliert sich noch nicht lautstark in der veröffentlichten Meinung, aber in vielen persönlichen Gesprächen. Die von den autoritären arabischen Regimen verordnete Israel-Feindschaft greift nicht mehr allenthalben. Und zugleich sind auch andere, vielen lieb gewonnene Gewissheiten nicht mehr selbstverständlich, etwa, dass Israel die einzige Demokratie in einem Meer aus arabischen Diktaturen sei. Man blickt etwa nach Tunesien, in den Irak und sogar in den Libanon und wird den Menschen dort nicht aberkennen können, dass sie Diktaturen überwunden haben, auch wenn ihre politischen Systeme und Regierungen erhebliche Defizite aufweisen. Es scheint indes, dass sich

Israel in mancherlei Hinsicht seinem nahöstlichen Umfeld anpasst – zwar demokratisch bleiben möchte, aber von Liberalität, Pluralismus oder Zivilgesellschaft recht orientalische Vorstellungen ausprägt.

Im vorliegenden Buch geht es um Ideologien, Trends, Phänomene, Anekdoten und gelegentlich auch um historische Zusammenhänge. Wir begegnen einem Journalisten, der ermordet wird und dessen Erbschaft beinahe in Vergessenheit geraten wäre. Wir erfahren, was Otto von Bismarck oder ein Fischgericht mit dem Konflikt zwischen Sunniten und Schiiten zu tun haben. Und wie es kommt, dass wir für das Problem, um das es geht, bis heute keinen passenden Begriff haben. Es geht um die Wiederentdeckung einer epochalen Wende, die vielleicht darauf hindeutet, dass die Konflikte und Zerwürfnisse, die der Nahe Osten heute erlebt, nicht schicksalhaft und unabänderlich sind. Womöglich ist die Region gar nicht seit Menschengedenken dazu verdammt, mit ihnen zu leben, sondern kann sich aus ihnen herauswinden. Es geht auch um die Frage, ob die Region sich tatsächlich, wie oft behauptet, mitten in einem dreißigjährigen Krieg befindet. Oder eher am Ende eines vierzigjährigen.

Auf der Suche nach den gesellschaftlichen Kräften, die ihr geschundenes Land nicht den Barbaren überlassen wollen, begegnen wir einer modernen Ritterschaft, die einen Eid leistet. Wir schauen auf historische Kulturschätze, die nicht nur Zeugen früherer Größe, sondern Symbole einer besseren Zukunft sein können. Wir suchen den Nutzen der Geschichte und fragen uns, warum Despoten antike Monumente lieben und die Organisation »Islamischer Staat« sie hasst.

Wir stoßen auf eine kurios anmutende Bewegung, die immer mehr Anhänger gewinnt und sich als Alternative zur despotischen Macht und zum religiösen Fanatismus empfehlen will. Die radikalen Säkularen haben nur einen Haken – oder besser gesagt vier, nämlich in ihrem Parteisymbol. Und einen Namen, der gerade in Deutschland finstere Assoziationen auslöst.

An der größten Pilgerstätte des Nahen Ostens beobachten wir, dass die islamische Welt sich womöglich in einer neuen Vielfalt aufstellt und dass die extreme Auslegung des Islams, der Wahhabismus, im Niedergang begriffen ist. Und bei Begegnungen mit einigen der mächtigsten Männer des Irak erfahren wir, warum eine Generation von Veteranen, die das Land geprägt von ihren eigenen Gewalterfahrungen regierte, politisch nicht mehr zeitgemäß ist und womöglich vor ihrer Ablösung steht. Zwei ehrgeizige Prinzen wollen indes dem Arabischen Frühling ein Ende setzen, dem arabischen Nationalismus aber zu neuer Manneskraft verhelfen.

Im Spannungsfeld von Revolution und Restauration, von Machtkämpfen und Ideologien suchen wir nach der großen Unbekannten, mit der dennoch zu rechnen ist: Wir fragen, wer die arabische Zivilgesellschaft ist und ob sie den Ansprüchen und Erwartungen gerecht werden kann, die wir heute an sie stellen. Und wir folgen den Ideen eines Politik- und Wirtschaftswissenschaftlers zu den ökonomischen Möglichkeiten der Region und zu einem Aspekt, der über dem wahlweise folkloristischen oder dystopischen Bild der arabischen Welt wenig Beachtung findet: *Digital Arabia*, die Idee einer digitalen arabischen Welt.

In seiner Herbstausgabe des Jahres 1990 zeigte das Magazin *Futurist*, herausgegeben von der World Future Society, eine merkwürdige Illustration: Hinter dem Slogan *Holding back the Sea* (das Meer zurückhalten) sah man die Pyramiden von Gizeh, überflutet, davor paddelt ein Kamel mit Taucherflossen an den Hufen. Damals ging es um die Frage, welche Antworten die Menschheit auf das Ansteigen des Meeresspiegels findet und welche Länder, unter anderem Ägypten, davon in Zukunft betroffen sind. In mir ruft dieses Bild heute vor allem zwei Assoziationen hervor: einerseits den Aufruf, sich mit den Themen zu befassen, die Europa und den Nahen Osten und die ganze Welt gemeinsam betreffen. Unser Verhältnis kann und sollte sich nicht länger von der Angst vor Terrorismus und ungesteuerter Migration definieren lassen. Und andererseits ist es ein Symbolbild für Gelassenheit, zu der es, wie wir sehen werden, auch durchaus Anlass gibt: Die Menschen des Nahen Ostens sind nicht nur Opfer weltgeschichtlicher Kräfte, die sie hin und her werfen. Sie sind auch Herrinnen und Herren ihres eigenen Schicksals und haben zu allen Zeiten pragmatische Lösungen gefunden. Nicht nur, um zu überleben. Sondern auch, um ihr Leben lebenswerter zu gestalten. Insofern könnte es gut sein, dass der Nahe Osten vorerst eben doch nicht untergeht.

ERSTES KAPITEL

… in dem ein Journalist ermordet wird und seine Erbschaft beinahe in Vergessenheit gerät

Nach einem langen, anstrengenden Tag trat Abd al-Rahman al-Kawakibi in sein Kairoer Stammcafé, wo die üblichen Verdächtigen ihn bereits erwarteten. Es war der Abend des 14. Juni 1902, und Kawakibi brannte darauf, den Freunden von seinem Besuch im Palast des Khediven Abbas Hilmi II. zu berichten. Gewiss war Kawakibi in diesem Moment stolz darauf, dass er kurz zuvor eine – sehr nachdrücklich vorgetragene – Bitte des Vizekönigs ausgeschlagen hatte: Er sollte nach Konstantinopel reisen und sich mit der osmanischen Regierung verständigen, wenn möglich sogar Abbitte leisten.

Seine provokanten und dissidentischen Schriften, so hatte der Khedive ihm, dem großen Intellektuellen Kawakibi, mitgeteilt, würden dort auf höchster Ebene behandelt. Und seine Anwesenheit in Kairo unter seinem, des Vizekönigs, Schutz sorge bei der Hohen Pforte zunehmend für Irritation.

Kawakibi hatte abgelehnt, das Gespräch war nicht gerade freundschaftlich zu Ende gegangen, denn für den 30-jährigen Abbas Hilmi stand einiges auf dem Spiel: Formell war er Vasall des osmanischen Sultans; de facto stand sein Reich unter Kontrolle der britischen Kolonialmacht, der er in tiefer Abneigung verbunden war. Weshalb er wiederum kein Interesse hatte, die Hohe Pforte in Konstantinopel gegen sich aufzubringen. Zumindest nicht wegen einer solchen, politisch eher unbedeutenden Causa wie der Protektion für einen syrischen Exilanten.

Der Khedive, der in Genf und Wien studiert hatte und wegen des verfrühten Ablebens seines Vaters Tawfiq jäh von der Donau an den Nil berufen worden war, galt nicht als Unmensch. Er gewährte dem aus Aleppo stammenden Kawakibi immerhin Asyl und sponserte im Geheimen sogar die antibritische, pan-islamische Zeitung *Al-Muayyad*, in der dieser publizierte. Einigen Quellen zufolge soll er Kawakibi sogar zuvor noch mit einer heiklen Mission beauftragt haben: Der angesehene Gelehrte sollte nämlich auf die Arabische Halbinsel und in andere muslimische Länder reisen und ausloten, ob hochrangige Geistliche zu gegebener Zeit auch die Herrschaft eines arabischen Sultan-Kalifen unterstützen würden, der nicht in Konstantinopel, sondern in Kairo residierte. Also ihn höchstselbst anstelle des bisherigen Kalifen.[2]

Was auch immer vorgefallen war: Es hatte offenbar zu einem tiefen Zerwürfnis geführt. Und wenn die Paschas einmal die Wut bekommen, ist mit ihnen nicht zu spaßen, was für den osmanischen Sultan ebenso galt wie für unseren Khediven.

Im Kaffeehaus hatte Kawakibi wohl gerade zur Erzählung angesetzt, als ihm ein Heißgetränk serviert wurde. Ob es sich um schwarzen, stark gesüßten Mokka oder um Koshary-Tee handelte, der damals, 1902, in Ägypten bereits Nationalgetränk war, ist nicht mehr bekannt. Kawakibi jedenfalls merkte in seinem Schwung wohl zu spät, dass etwas nicht stimmte. »Sie haben mich ermordet«, soll er noch ausgerufen haben, wie ein gemeuchelter Held in einer italienischen Oper. So zumindest wurde es später überliefert.[3] Der große Reformdenker und Publizist starb mit nur 47 Jahren. Und wenn man seinen Lebensweg bis dahin betrachtet, sollte man annehmen, dass die Welt noch einiges von ihm gehört hätte.

So blieben von ihm nur einige Artikel und Episteln. Es sind sehr klarsichtige – und damals wie heute in der arabischen Welt gültige – Analysen von Macht und Herrschaft. Den Despotismus zu entlarven, hielt Kawakibi für eine seiner vordringlichsten Aufgaben, weshalb er es auch in unserer Zeit verdient, dass man sich an ihn und sein Wirken erinnert. Denn insbesondere das 20. Jahrhundert, aber auch die Nachwirkungen des Arabischen Frühlings scheinen bei vielen Menschen diesseits des Mittelmeers den Eindruck verfestigt zu haben, dass arabische Welt und despotische Herrschaft nun einmal organisch miteinander verwachsen seien. Und dass jegliche Kritik an solchen Systemen nur von westlichen Soziologen oder Demokratie-Missionaren übernommen worden sei: die Diktaturkritik als ein importiertes Luxusgut, durchaus verzichtbar für die meisten Menschen in der Region.

Kawakibi war kein Produkt des Westens. Er stammte aus einer Gelehrtenfamilie in der stolzen Handelsstadt Aleppo, die dort auch ihr eigenes Seminar unterhielt. Als 20-Jähriger nahm Kawakibi, der unter anderem islamisches Recht, Türkisch und Persisch gelernt hatte, seine Tätigkeit als Journalist auf und verfasste zahlreiche Artikel zur sozialen Frage.

Ende des 19. Jahrhunderts sah sich Aleppo einem erheblichen Strukturwandel und großem wirtschaftlichen Stress ausgesetzt: Die osmanische Steuerlast, die Konkurrenz durch europäische Billigindustrieprodukte, der Niedergang verschiedener Handels- und Handwerkszweige sowie Dürre und Landflucht am Euphrat hinterließen ihre Spuren. Kawakibi war vielleicht kein orientalischer Zola, aber er nahm Anteil am Schicksal der Ärmsten, dem städtischen und vorstädtischen Proletariat.

Und er erkannte die ökonomischen Dimensionen von despotischer Herrschaft, die engen wechselseitigen Abhängigkeiten der Machthaber und Profiteure, welche Zugang zu mitunter künstlich verknappten Ressourcen haben und aus der Armut Kapital schlagen. In einem seiner Aufsätze kommt Kawakibi zu einem – wirtschaftswissenschaftlich sicher diskutablen, aber dennoch interessanten – Schluss: »Das Streben nach Selbstbereicherung, diese bösartige Gier, nimmt ab in gleichen und geordneten Gesellschaften, da der moralische Verfall dort die Ausnahme darstellt.«[4] Die Unmoral führe zur Selbstbereicherung, in Gesellschaften mit gerechter Herrschaft aber, so fährt Kawakibi fort, sei es deutlich schwerer, gewaltige Vermögen anzuhäufen, als in despotisch regierten. Es sei denn, die gerecht regierten Gesellschaften profitierten von der Ausbeutung der ungerecht regierten – durch internationale Handelsmonopole oder den Kolonialismus.

Vieles von dem, was Kawakibi seinerzeit beobachtete, lässt sich auf die heutige Zeit übertragen. Er beschreibt etwa die Methoden der Despoten, sich Religion dienstbar zu machen, und ebenso jenen Pakt, den geistliche Würdenträger und Rechtsgelehrte der Scharia mit der Macht eingehen, um vom System zu profitieren. »Sie mahnen Leute ab, weil sie im Basar im Gehen essen«, aber der »Dämon des Despotismus« habe ihnen so das Hirn vernebelt, dass sie die Tyrannei der Fürsten ganz vergäßen, spottet Kawakibi. Er rechnet auch mit den Sufi-Bruderschaften ab, die zum Dank für Spenden zum Unterhalt ihrer Konvente »den Herrscher zum Heiligen erklären«.[5] Ein Stück weit hinterfragt Kawakibi mit seinen Ausführungen ein Weltbild, das auch heute von arabischen Politikern, etwa in Ägypten, auf mehr oder weniger direkte Weise propagiert wird: dass nämlich eine starke, hierarchische Ordnung mit einem autoritären Herrscher an der Spitze seit alters her eine natürliche und von Gott gewollte Organisationsform sei. Kawakibi hingegen ist überzeugt davon, dass solche Ordnungen zu Korruption, Missbrauch und Stillstand führen, den ersehnten Fortschritt also behindern: Wäre Gott nicht so geduldig, hätte er die Araber deshalb längst vom Angesicht der Erde weggewischt, schimpft er an anderer Stelle.

Aus Kawakibi sprach nicht nur das Sendungsbewusstsein eines Publizisten, sondern auch der Frust eines engagierten Kommunalpolitikers im Osmanischen Reich des ausgehenden 19. Jahrhunderts. Immerhin hatte er zeitweise das Amt eines Bezirksbürgermeisters inne. Zwischen 1877 und 1879 gründete er – »im Dienste des Allgemeinwohls« – zwei eigene Zeitungen in Aleppo und musste zusehen, wie diese nach nur wenigen Ausgaben von den Behörden geschlossen wurden. Für eine hatte er sogar eigens eine Druckerpresse aus Konstantinopel importiert.

Unabhängige Medienmacher zwischen Rabat und Teheran können heute bestens nachvollziehen, was Kawakibi damals widerfuhr: Sie versuchen, Zensur zu umgehen, erscheinen unter Pseudonymen und müssen erleben, dass man ihrer Kreativität und ihrem unermüdlichen Eifer erst mit Drohungen und schließlich mit Gewalt begegnet. Angeblich überstand Kawakibi auch mehrere Attentatsversuche, die ihn entweder einschüchtern oder sogar töten sollten – schlussendlich zwang ihn diese Lage, aus Syrien, das von den Osmanen direkt verwaltet wurde, nach Ägypten auszuwandern. Das Land am Nil unterstand zwar nominell dem osmanischen Sultan, wurde aber autonom vom dortigen Vizekönig regiert und bot einer lebhaften Szene von arabischen Exilanten Zuflucht.

In Syrien hatte Kawakibi nicht nur die Rolle eines Don Quixote, eines ebenso aufrechten wie törichten Störenfrieds, gespielt. Im Gegenteil. Kawakibi brachte es dort dank seines Engagements und seiner Herkunft zu respektablen öffentlichen Ämtern: als Sachverständiger am Handelsgericht, Vorsitzender der Notariatskammer und für kurze Zeit eben sogar als Bezirksbürgermeister in Aleppo.

Für manche syrischen Notabeln heute mag er als Vorbild dienen – als Verkörperung einer urbanen Elite, deren Ansehen und Selbstverständnis nicht auf großen Reichtümern, sondern auf Bildung, Tradition und Werten ruhte. Man muss in dem Reformdenker Kawakibi auch keinen radikalen Modernisierer sehen. Und trotz seiner Bewunderung für die Errungenschaften westlicher Gesellschaften war er kein Verfechter der Verwestlichung, was ihn im Übrigen auch nicht von anderen heute wesentlich bekannteren muslimischen Intellektuellen seiner Ära unterscheidet. Mit diesen Vertretern der *nahda*, einer als »Renaissance« bezeichneten geistigen Bewegung, etwa dem berühmten Muhammad Abduh oder Rashid Ridda, verkehrte Kawakibi später in Kairo. Trotz seines Blicks nach vorn blieb Kawakibi ein Kind seiner Zeit – einer Epoche des Aufbruchs, die heute ein wenig in Vergessenheit geraten ist: Er hoffte auf die Einheit und Erneuerung der von den Osmanen beherrschten Araber und redete zugleich einem gesamtislamischen Reformansatz das Wort.

Kawakibi verachtete den Despotismus, der das Wesen seiner Untertanen verdirbt, befürwortete aber das Prinzip des Kalifats. Er, ein orthodoxer, sunnitischer und in Teilen auch überheblicher Muslim, hielt Christentum, Judentum und andere dem Islam vorausgegangene Religionen für theologisch minderwertig. Er rief aber die nichtmuslimischen Brüder im Nahen Osten auf, sich einer »nationalen Einheit«, einer arabischen *umma* anzuschließen, den Konfessionalismus ad acta zu legen und die erlittenen Kränkungen der Vergangenheit zu vergessen.[6] Und schließlich verherrlichte er – wie viele islamische Reformdenker seiner Zeit und wie muslimische Reaktionäre noch heute – die Herrschaft des Propheten und der Altvorderen des Islams. Eine kritische Auseinandersetzung mit der Heiligen Schrift und den prophetischen Traditionen kannte Kawakibi nicht. (Auch in der europäischen theologischen Wissenschaft war die historisch-kritische Lektüre der Bibel damals noch umstritten.)

Was sollte man laut Kawakibi aber mit dem Despotismus tun? Und wann wäre der Zeitpunkt gekommen, sich gegen ihn zu erheben? Kawakibi entwirft mehrere Szenarien: etwa den Fall, dass ein Despot öffentlich grausam gegen einen einzelnen Menschen vorgeht, der für seine Rechte einsteht; oder dass ein Herrscher einen Krieg verliert und die Niederlage nicht feigen oder verräterischen Generälen in die Schuhe schieben kann, sondern selbst die Verantwortung übernehmen muss; ferner eine Herabwürdigung der Religion des

Volkes oder Hungersnöte, Katastrophen und Finanzkrisen, die selbst die Mittelklasse treffen. Oder eine andere Ungerechtigkeit, die dazu führen könnte, »dass Frauen auf die Straße gehen und fordern, dass man sie beschützt«.

Der Katalog der Gründe für Revolten dürfte den Regierenden im Nahen Osten – und anderswo in der Welt – wahrscheinlich bekannt vorkommen. Dass Kawakibi dies vor über 100 Jahren auf Arabisch in die Welt setzte, entkräftet den Verdacht, es hätte keine Vorzeichen gegeben und die Mächtigen seien vom Arabischen Frühling kalt erwischt worden. Allein diese Passagen aus Kawakibis Schriften lassen aber auch keinen Zweifel daran, dass sie nicht nur den osmanischen Behörden übel aufstießen, sondern auch dem ägyptischen Khediven, jenem Herrscher, den Kawakibi in einem Text pries. Er bedankte sich darin für das Asyl bei Abbas, dem »Namensvetter des Onkels des Propheten«, und lobte dessen Klugheit und Integrität.

Von einer Formel wich Kawakibi nicht ab: Der Despotismus sei nur friedlich, und zwar durch Erziehung, Aufklärung und vorbildhaftes Leben in der Gesellschaft, zu überwinden. Ob er dies aus ethischer Überzeugung schrieb, aus Realismus oder aus Sorge, als Aufrührer zu gelten, lässt sich schwer sagen. Denn einige der Empfehlungen in seinen Episteln, die sich in der Gesamtschau wie eine Art Anti-Machiavelli lesen, deuten durchaus in die Richtung, dass ihm der Sturz despotischer Herrschaft durchaus gefallen hätte. Er warnt jedoch dringlich: Sollte sich die Gelegenheit ergeben, die Herrschaft des Despoten zu beenden, sollte man sich genau überlegen, was und wen man eigentlich an dessen Stelle setzen will.

Der Araber Kawakibi, der – eine erstaunliche Parallele zur

Romanwelt von Frank Kafka – die Folgen eines sich verselbstständigenden, gefräßigen Herrschaftssystems veranschaulichte, signierte einige seiner Schriften mit dem Pseudonym »Reisender K.«.

Seit 2011 der Aufstand in Syrien ausbrach, wurde Kawakibi viel zitiert und erwähnt, aber anscheinend wenig gelesen. Denn weder die bewaffnete syrische Opposition noch das Regime schienen die Zeilen Kawakibis verinnerlicht oder zumindest rezipiert zu haben. Von wenigen Ausnahmen, besonders aber von einem Menschen abgesehen, einem feinen, aus beständig aktuellem Anlass oft traurig dreinschauenden Soziologen aus Aleppo, der in Paris lebt und sich auf verschiedenen Oppositionsplattformen engagiert hat: Es ist Salam Kawakibi, der Urenkel von Abd al-Rahman al-Kawakibi.

Die anderen, welche die Zeilen dieses großen Sohnes von Aleppo aufmerksam studiert hatten, gaben sich erst spät zu erkennen. Sie suchten im Verborgenen nach einem dritten oder vierten Weg, um den Krieg in Syrien und das unermessliche Leid, den dieser über das Land gebracht hatte, zu beenden. Und während wir uns hier und jetzt von Abd al-Rahman al-Kawakibi verabschieden wollen, werden wir ihnen schon bald wieder begegnen.

ZWEITES KAPITEL

… in dem wir noch nach Worten für das suchen, was die Gesellschaften des Nahen Ostens spaltet

Manchmal stecken Feinschmecker dahinter, meistens aber Industrieverbände: Um den Genuss bestimmter Nahrungsmittel zu steigern, ruft man ständig neue Aktionstage aus. Der »Welt-Vegetarier-Tag« am 1. Oktober ist seit 1977 eine feste Größe im kulinarischen Kalender. In Deutschland gibt es sogar einen »Tag des Deutschen Butterbrotes«, den aber fast niemand kennt. Und am 18. Juni begehen wir – zum Leidwesen bedrohter Thunfische – den internationalen *Sushi Day*.

Zu diesem Anlass tauchte 2014 in den sozialen Netzwerken ein Familienfoto aus dem Irak auf. Es ging so viral wie sonst nur die Selfies amerikanischer Reality-Stars und ihrer jeweiligen Hinterteile. Erstaunlich: Da saß ein Mädchen mit seinen Eltern auf einer Couch. Alle drei hielten Schilder in die Kamera. Bei der Mutter stand »I am Sunni«, beim Vater »I am Shia«. Bei der Tochter »I am Sushi«.

Dass man einen Bilderwitz nicht kommentieren muss, ist noch kein Erfolgsgarant auf Twitter, Facebook oder Instagram. Aber dieser gab wahrscheinlich das Lebensgefühl von Millionen Muslimen wieder – besonders im Irak, wo der schiitisch-sunnitische Gegensatz einen mörderischen Konflikt befeuert hat, obwohl konfessionsübergreifende Ehen dort lange Zeit an der Tagesordnung waren und nach Schätzungen über zwei von insgesamt über sechs Millionen irakischen Familien *sushi* sind.[7] Im Nachhinein stellte sich heraus, dass ein findiger Nutzer das Bild frisiert hatte – auf dem Schild des Mädchens stand ursprünglich nur »I am Muslim«. Die Botschaft wurde dadurch erfolgreicher, aber keineswegs verfälscht.

Der Begriff *Sushi*, der in dieser Verwendung bereits 2011 in einem muslimischen Blog aus den USA auftauchte, ist inzwischen weit über Fachkreise hinaus bekannt. In Teilen der arabischen Welt gilt es bis heute eher als unfein, Menschen auf ihren konfessionellen Hintergrund anzusprechen, zumal bei Sunniten und Schiiten, die beide ja Muslime sind. Der Trendbegriff *Sushi* lockert die Debatte allerdings ein wenig auf. Er ist eine Reaktion auf den grassierenden konfessionellen Hass, den insbesondere dschihadistische Gruppierungen verbreiten, aber auch Regierungen mit ihrer Politik in der Region befördern.

Die britisch-irakische Regisseurin Hoda al-Soudani griff das Thema auf und schickte in einem rührseligen Dokumentarfilm mit dem Titel *Why can't I be Sushi?* zwei Schwestern auf die Reise. Sofia und Niamh, beide im Grundschulalter, treffen darin Religionsgelehrte, Schiiten ebenso wie Sunniten. Sie befragen die turbanbewehrten Alleswisser nach dem angeblich so bedeutenden Unterschied und kommen – selbstredend – zu dem Schluss, dass doch die Gemeinsamkeiten überwiegen.

Etwas robuster geht es in einer TV-Serie zu, die 2016 ausgerechnet vom wahhabitischen Königreich Saudi-Arabien co-produziert wurde, einem Land, in dem die schiitische Minderheit bisher nicht gerade einen leichten Stand hatte. In *Selfie* nimmt der Schauspieler und Comedian Nasser al-Qosaibi die Extremisten der Organisation »Islamischer Staat« aufs Korn. Am Anfang des Plots steht die Geschichte zweier Väter: Beide – der eine Schiit, der andere Sunnit – erfahren nach Jahren, dass ihre Söhne auf der Säuglingsstation vertauscht wurden, und setzen nun alles daran, ihrem Nachwuchs die jeweilige Häresie des anderen auszutreiben und ihn zurück auf die gerade Bahn zu bringen. Al-Qosaibi erhielt Todesdrohungen dafür, aber viele Saudis fanden es anscheinend trotzdem lustig und bescherten der Serie einigen Erfolg.

Die Erörterung der Frage, was es eigentlich mit den Differenzen zwischen Schiiten und Sunniten auf sich hat, ist mehr als abendfüllend. Man fühlt sich beinahe an den Trojanischen Krieg erinnert: nicht etwa, weil die Schlachtfelder mit gefallenen Helden übersät wären – sunnitisch-schiitische Kriege wurden in der Geschichte gar nicht so oft geführt –, sondern weil mancher, selbst unter den Beteiligten, doch eine Weile überlegen müsste, wie die Sache eigentlich angefangen hat. Und warum sie eskalierte.

Damit wollen wir uns im achten Kapitel noch einmal beschäftigen, hier zunächst aber versuchen, ein anderes Defizit zu beheben: Es fehlt im Deutschen nämlich bis heute ein Begriff, der geeignet ist, das Problem zu erfassen. Den aber könnten wir gut gebrauchen, um in der Analyse voranzukommen, anstatt landläufige Urteile über Religions- und Konfessionskriege zu tradieren.

In Anbetracht der Tatsache, dass Spannungen zwischen

Volksgruppen und Konfessionsgemeinschaften die Geschichte, aber auch die Gegenwart des Nahen Ostens prägen, ist es eigentlich verwunderlich, dass wir im Deutschen kein passendes Wort für dieses Phänomen zur Hand haben. Aber der Philosoph Wittgenstein betrachtete unsere Sprache ja »als eine alte Stadt: ein Gewinkel von Gässchen und Plätzen, alten und neuen Häusern, und Häusern mit Zubauten aus verschiedenen Zeiten; mit geraden und regelmäßigen Straßen und mit einförmigen Häusern«.[8] Und insofern spricht hier nichts gegen ein paar Asphaltarbeiten.

Aus nahöstlicher Perspektive lässt sich die Ausgangslage in etwa so beschreiben: Es herrscht dort heute vielerorts die Überzeugung, dass, wenn es zum Schwur kommt und wenn Entscheidungen auf Leben und Tod anstehen, ein Sunnit nur mit einem Sunniten solidarisch sein könne, ein Schiit nur mit einem Schiiten, ein Kurde nur mit einem Kurden. Daraus folgt das Bestreben, potenziell feindselige Taten vonseiten anderer Gruppen schon im Voraus zu vereiteln: Angriff scheint auch hier die beste Verteidigung.

Im Englischen bezeichnet man dieses Weltbild und das daraus resultierende Verhalten als *sectarianism*, abgeleitet von *sect* für voneinander abweichende Glaubensgruppen. Der spalterische Drang kommt darin gut zum Ausdruck, ebenso das gewissermaßen Faktenschaffende und Normative: *Sectarianism* ist keine Organisationsform eines Gemeinwesens, sondern vor allem eine von Vorurteilen, Ressentiments oder sogar Hass geprägte Geisteshaltung. Im Französischen gebraucht man für dieses Problem unter anderem den Begriff *sectarisme*.

Die Araber hingegen sprechen von *ta'ifiya* oder auch *tatayuf*, wobei Ersteres für den Zustand steht, das Zweite eher für dessen aktiven Gebrauch, indem man nämlich jedes politische Problem »konfessionalisiert«, Gemeinschaften innerhalb eines Staatswesens spaltet, sie gegeneinander ausspielt und sich konfessionelle oder ethnische Ressentiments machtpolitisch zunutze macht. Jemand, der die Menschen einer nahöstlichen Gesellschaft nur als Sunniten und Schiiten, Drusen, Alawiten oder Christen betrachtet, gilt als *tai'fi*.

Besonders ist dabei, dass die *tai'fa* (Plural *tawa'if)* heute nicht nur religiöse Gemeinschaften umfasst, sondern auch kulturelle oder sogar ethnische, je nachdem, worin man die stärkere innere Kohäsionskraft sieht: In Syrien oder im Irak etwa spricht man von Alawiten, Christen, Schiiten und Sunniten ebenso als *tawa'if* wie etwa von Armeniern, wobei Letztere weniger als eine Nation, sondern mehr als eine – christliche – Konfessionsgemeinschaft betrachtet werden.

Tai'fa bedeutet ursprünglich so etwas wie »Schwarm« oder »Strömung«.[9] Das Konzept der *tai'fa*, eigentlich wohl einfach als Gemeinschaft oder *community* zu verstehen, war zunächst eher religiös konnotiert, vor allem aber deshalb, weil in der arabischen und islamischen Geschichte die religiösen Zugehörigkeiten weitgehend identisch mit sozialen oder kulturellen waren.

Ethnische Kategorien oder Volksgruppen kennt die arabische Sprache eher als *qaumiyat,* was dem Begriff der Nation nahekommt, allerdings im ethnischen, nicht im staatsbürgerlichen Sinne. Es scheint eine jüngere Entwicklung zu sein, aber inzwischen liest man in arabischen Medien, dass etwa Kurden und Turkmenen als *tawa'if* bezeichnet werden, wobei diese beiden Gemeinschaften ethnische und nicht konfessionelle Gruppen bilden und mehrheitlich dem sunnitischen, aber auch teilweise dem schiitischen Islam angehören.

Die *ta'ifiya* kann sich implizit in diskriminierenden Verhaltensweisen des Staates oder von Teilen der Bevölkerung gegen andere äußern oder aber, wie im besonderen Fall des multikonfessionellen Staates Libanon, explizit der politischen Ordnung und den Normen zugrunde gelegt werden, was wiederum dem deutschen Konzept vom Konfessionalismus näherkommt. Denn dieser stellt die Rechte der Gemeinschaft über die Rechte des Individuums, schreibt das Individuum zwangsweise der Gemeinschaft zu – und zwar völlig unabhängig davon, ob es sich dieser zugehörig fühlt.

In jedem Fall aber vermengt das Prinzip der *ta'ifiya* das Religiöse, Konfessionelle mit dem Sozialen und Politischen. Und diese Denkweise sowie der historisch gewachsene Sprachgebrauch werden durchaus kritisiert, weil sie mitunter Identitäten konstruieren. In einigen Teilen der arabischen Welt, etwa im Maghreb, ruft das Konzept der *ta'ifiya* sogar verständnisloses Kopfschütteln hervor. Aber die meisten Menschen im multiethnischen und multireligiösen Nahen Osten wissen recht genau, was damit gemeint ist. Ob sie es gutheißen oder nicht.

Im deutschen Sprachgebrauch jedenfalls fehlt ein Begriff, der diesen Sachverhalt beschreibt, obwohl die deutsche Geschichte viel von solcher Geisteshaltung zu erzählen hat. Man behilft sich stattdessen mit einem ungefähren, aber letztlich unzureichenden Wort, dem »Konfessionalismus«, und wendet ihn auf die Verhältnisse im Nahen Osten an.

Der Begriff Konfessionalismus geht natürlich aus der deutschen Religionsgeschichte hervor: Er bezeichnet den Konflikt zwischen Katholiken und Protestanten, die Reformationskriege und den im Augsburger Reichs- und Religionsfrieden 1555 vereinbarten Grundsatz *cuius regio, eius religio*. Damit wurde das Recht der Fürsten verbrieft, die Konfession ihrer Untertanen zu bestimmen – wer sich dem nicht beugen wollte, durfte immerhin auswandern.

Dieser später als »Konfessionalisierung« bezeichnete Prozess mündete bekanntlich in den Dreißigjährigen Krieg. Seine Nachwirkungen wurden in Deutschland aber noch in einer Zeit besonders sichtbar, in der sich die Gelehrten nicht nur wissenschaftlich mit der eigenen Geschichte auseinandersetzten, sondern auch begannen, den Orient zu erforschen.

Zu spüren bekamen die Wissenschaftler diese insbesondere in der zweiten Hälfte des 19. Jahrhunderts, als die vom Protestantismus geprägte preußisch-deutsche Obrigkeit die Katholiken drangsalierte. »Culturkampf« nannte man es damals. Und der Reichskanzler Otto von Bismarck war überzeugt, dass man den Katholiken mit ihrer »ultramontanen«, nur dem Papst in Rom geschuldeten Loyalität nicht über den Weg trauen könne: Sie und ihre Priester seien eine Gefahr für die Sicherheit des Reiches.

Es mangelte zu Zeiten Bismarcks nicht an protestantischen Hasspredigern. Und der Zungenschlag, den katholikenfeindliche Zeitungen damals pflegten, erinnert durchaus an das, was heute die AfD allwöchentlich verkündet. Damals allerdings nicht auf den Islam, sondern auf den Katholizismus bezogen.

In jener Zeit bildete sich unter den Altlutheranern in Preußen eine konfessionalistische Denkschule heraus, die harte Kante zeigen wollte: gegen die Vereinnahmungsversuche des Glaubens durch den Staat, vor allem aber gegen den anmaßenden Alleinseligmachungsanspruch der katholischen Kirche. Sie propagierten keineswegs die Einheit der Kinder Gottes als ein Ideal, denn aus ihrer Sicht war die Spaltung der Christenheit in Konfessionsgemeinschaften eine historische Notwendigkeit. Auch wenn diese Schule heute keine Bedeutung mehr hat, war es doch z.B. bis in die jüngste Vergangenheit in manchen Gegenden Deutschlands alles andere als selbstverständlich, dass Katholiken und Protestanten miteinander Ehen eingehen. Das Verhältnis zwischen den Konfessionen war von Misstrauen und Ressentiments geprägt.

Einiges von dieser deutschen Erfahrung mag mit den Realitäten in den nahöstlichen Gemeinschaften vergleichbar sein. Aber es besteht doch ein Unterschied, der erstaunen mag, wenn man bedenkt, dass der Orient allgemein im Ruf steht, er nehme die Religion übermäßig wichtig: Anders als im Konfessionalismus deutscher Prägung geht es dort nämlich weniger darum, in theologischen Belangen recht zu haben, sondern um das, was der Vater der arabischen Soziologie, Ibn Khaldun (1332–1406), die *'asabiya* nannte: die innere Kohäsionskraft einer Gemeinschaft im Nahen Osten, die aus der Zugehörigkeit zu einem Stamm, einem Clan erwachsen kann. Manchmal auch aus einem gemeinsamen Mythos und durchaus, aber eben nicht zwingend, aus einer Religion.

Im Bewusstsein dieser Nuancen haben manche deutschsprachigen Journalisten versucht, den passenden englischen Ausdruck *sectarianism* mit »Sektierertum« zu übersetzen.[10] Das trägt zwar dem Umstand Rechnung, dass viele fanatische und gewalttätige Gruppen, die gegen Minderheiten hetzen, Merkmale einer Sekte aufweisen – allen voran der sogenannte Islamische Staat. Es bildet auch das Ansinnen ab, die Wahrnehmung der Differenzen zwischen den Gemeinschaften mutwillig zu vertiefen. Gleichwohl können »Sektierer« auch Eigenbrötler sein, die sich von dem, was sie als Mainstream ansehen, entfernen, ohne anderen dabei Schaden zuzufügen. Das, was man im Deutschen gemeinhin unter »Sekten« und »Sektierern« versteht, ist im Arabischen allerdings eher durch einen anderen Begriff besetzt, nämlich *firqah*. Zudem fehlt dem Begriff Sektierertum die politische Komponente, die in *ta'ifiya* enthalten ist.

Am ehesten würde man dem Phänomen wohl mit dem Lehnwort »Sektarismus« gerecht. Man liest es hin und wieder als behelfsmäßige Formel in deutschen Übersetzungen aus dem Französischen *(sectarisme)*, die großenteils aus dem 19. Jahrhundert stammen. Und wenngleich es nicht sehr griffig klingt, bezeichnet es genauer als die gemeinhin verwendeten Begriffe die spezifische Gemengelage in Nahost.

Auf den Nahen Osten bezogen, ließe sich der Sektarismus künftig wie folgt definieren: eine von Ressentiments geprägte Geisteshaltung, die sich in einer Überbetonung der ethnischen oder religiösen Identität von Einzelnen oder Gruppen innerhalb eines staatlichen Gemeinwesens äußert. Sie verfolgt nicht die Überwindung der Gräben, sondern deren Vertiefung. Sie sieht keine Perspektiven für Integration oder ein friedliches Zusammenleben und strebt daher nach Verdrängung oder Beherrschung der jeweils anderen Seite.

Diese Geisteshaltung hat dem Nahen Osten großen Schaden zugefügt. Sie war nicht die Ursache, sehr wohl aber der Brandbeschleuniger für Kriege. Sie stellte die Betriebstemperatur für explosive Reaktionen her. Nach dem Despotismus ist der Sektarismus die zweite große Geißel der nahöstlichen Gesellschaften. Viele Reformer und fortschrittliche Denker sind im 19. und 20. Jahrhundert angetreten, um ihn zu überwinden: sunnitische Muslime wie der arabische Nationalist Sati' al-Husri (1880–1968) und Christen wie der syro-libanesische Pastor und Verleger Butrus al-Bustani (1819–1883) oder der Journalist und Parteigründer Antun Sa'ada (1904–1949), dem wir in Kapitel sieben noch begegnen werden. Sie selbst, vor allem aber diejenigen, die sich auf sie beriefen, haben dabei oft das Gegenteil erreicht. Vielleicht ist nun für den Nahen Osten der Zeitpunkt gekommen, es noch einmal zu versuchen und dem Sektarismus entschlossener zu begegnen. Denn die hier beschriebene Geisteshaltung hat sich in den vergangenen, von Gewalt und Staatszerfall geprägten Jahren diskreditiert: nach den Kriegen im Irak, in Syrien und im Jemen, in denen keine Gemeinschaft wirklich gewonnen, sondern alle nur verloren haben, nach der Vertreibung ganzer Bevölkerungsgruppen, der Vernichtung von Siedlungen, Kulturstätten und Ernten.

Neben schnöden Motiven wie Macht und Geld standen religiöse Überzeugungen im Verdacht, die Gewalt zu solchen Ausmaßen zu treiben. Aber dort, wo Religion draufstand, steckte oftmals Sektarismus drin. Diejenigen, die ihm das Wort redeten, mochten zwar Fanatiker gewesen sein, gottesfürchtig waren sie deshalb längst nicht. Man konnte und kann im Nahen Osten »Sektarist« sein und andere Gemeinschaften bekämpfen, ohne sich um die eigenen religiösen Gebote zu scheren. Diesen Unterschied erkennen heute, da sie der zerstörerischen Folgen des Sektarismus gewahr geworden sind, immer mehr Menschen. Und aus dieser Suche nach einem Neuanfang ergibt sich eine historische Chance, die womöglich so schnell nicht mehr wiederkommt.

DRITTES KAPITEL

Ob der Nahe Osten wirklich mitten in einem »Dreißigjährigen Krieg« steckt oder am Ende eines vierzigjährigen

Jeder sieht und hört es, wenn jemand aus dem Fenster eines hohen Gebäudes stürzt. Oder gestürzt wird. Im neuzeitlichen Europa sah man die »Defenestration« deshalb wohl als freilich rabiates, aber eben auch probates Mittel, um seinem Protest *coram publico* Ausdruck zu verleihen. Sie wandte sich meist gegen eine lokale Obrigkeit, symbolisch aber richtete sie sich gegen den ganzen Staat. Der Fenstersturz war ein Akt unbewaffneter Gewalt, der jedoch die Verletzung oder gar den Tod des Stürzenden in Kauf nahm. Und im Jahr 1618 löste der zweite Prager Fenstersturz, bei dem die protestantischen Stände die Abgesandten des katholischen Kaisers aus der Burg warfen, einen veritablen Weltkrieg aus. Zumindest sah man es so im Nachhinein.

Den Eltern der jungen Leute, die im Frühling 2011 in der südsyrischen Provinzstadt Deraa Schmähparolen gegen das Assad-Regime an Hauswände gesprüht hatten und dafür in der Haft gefoltert worden waren, mag wohl der Sinn nach einer solchen Tat gestanden haben. Aber auch wenn sie Atef

Najib, den Chef des politischen Geheimdienstes von Deraa, oder den Gouverneur Faisal Kalthoum nicht aus dem Fenster eines Rathauses geworfen haben, gab es dennoch einen Krieg. Einen verheerenden, der bald eine ganze Reihe internationaler Mächte auf den Plan rief.

Der Vergleich zwischen dem Krieg in und um Syrien und dem Dreißigjährigen Krieg, den wir hier gezogen haben, erfreut sich in deutschen Medien, aber auch in der internationalen Politik, seit einiger Zeit großer Beliebtheit. Die Vergleichsmomente scheinen auf der Hand zu liegen: ein innerer Konflikt, der eskaliert und bald religiös-konfessionelle Dimensionen annimmt. Massenhafte Gewalt, die ganze Landstriche verheert und Volkswirtschaften kollabieren lässt. Krieg, der den Krieg ernährt. Ein Gemetzel, das Profiteure, Plünderer, vagabundierende Söldner, Milizen, von Rache getriebene Entrechtete und Fanatiker hervorbringt und dabei Abertausende in die Flucht treibt. Regionale und schließlich globale Akteure, die sich einmischen, unter dem Vorwand, ihre Verbündeten schützen, Schlimmeres verhindern oder ein Gleichgewicht der Waffen wiederherstellen zu wollen.

Es gibt viele Parallelen, die sich vordergründig aufdrängen. Und es scheint verführerisch, hier einmal wirklich aus der Geschichte lernen zu können. Eigentlich aber wird der beliebte Vergleich mit dem Dreißigjährigen Krieg vom Ergebnis her gedacht: eine Ableitung des Westfälischen Friedens von 1648 als Vorbild für einen Friedensschluss in Syrien. Ein komplexes Vertragswerk müsste her, entstanden in vielen Einzelverhandlungen und unter Beteiligung aller bedeutenden Akteure, das nicht nur das Leid der Menschen beenden, sondern auch ein Beitrag zur regionalen Friedenssicherung sein kann.

Viele haben sich dieser Sicht angeschlossen und Motive des Dreißigjährigen Kriegs und des Westfälischen Friedens in ihre Erwägungen zu Syrien aufgenommen: Der ehemalige Außenminister und heutige Bundespräsident Frank-Walter Steinmeier gehört dazu, der Sondergesandte der Vereinten Nationen Staffan di Mistura, der Berliner Politologe und Einmann-Thinktank Herfried Münkler. Selbst im Nahen Osten hört man heute immer häufiger Bezugnahmen auf Deutschland im 17. Jahrhundert. Auch der ehemalige CIA-Chef und US-Verteidigungsminister Leon Panetta nannte den Krieg gegen die Organisation »Islamischer Staat« 2014 einen »neuen Dreißigjährigen Krieg«.[11]

Historische Überlegungen und akademische Gedankenspiele schaden nie. Und man kann davon ausgehen, dass diejenigen, die versuchen, die Erfolge der Verhandlungsführer von Münster und Osnabrück auf den Nahen Osten der heutigen Zeit anzuwenden, sich die Beschränkungen eines derartigen Experiments stets vergegenwärtigen.

Vorsicht ist allerdings trotzdem angebracht: Denn die politischen Entscheidungsträger könnten solche Analogien zur Grundlage ihrer Lageeinschätzung und am Ende gar ihres Handelns machen. Und da sie oft weder Historiker noch Nahost-Experten sind, könnten sie aus den Augen verlieren, dass der Vergleich in einem *Tertium Comparationis* übereinstimmen muss, aber nicht in allen Teilen identisch ist. Wer nämlich der Ansicht ist, dass wir uns in der Mitte – oder gar am Anfang – eines dreißigjährigen Krieges in Nahost befinden, wird vielleicht überzeugt sein, dass es jetzt gar nicht möglich ist, diesen Zustand zu beenden. Erst muss alles noch viel schlimmer werden, bevor es sich verbessern kann. Dass sich gar nichts machen lässt, bevor die Kriegsparteien müde, die Schatztruhen leer, die Bauern tot und die Priester mit deren Witwen verheiratet sind, und schlussendlich die Religion als Kriegsvorwand vollends diskreditiert ist.

Der Vergleich des Kriegs um Syrien mit dem Dreißigjährigen Krieg in Deutschland geht darüber hinaus mit einer Annahme einher, die man gründlich hinterfragen sollte – nämlich der, dass der syrische vor allem ein Stellvertreterkrieg sei, ein *proxy war*, in dem lokale Akteure als verlängerte Arme, also »nützliche Idioten«, von Weltmächten agieren. Das Land, die Regierung, die Bevölkerung Syriens haben in dieser Gleichung weder Macht noch Verantwortung. Nicht, um etwas zu verändern, und nicht für die verzweifelte Lage, in die ihr Land geraten ist.

Diese Sicht der Dinge kommt vor allem dem syrischen Regime zupass. Es kann sich gegenüber großen Teilen der eigenen Bevölkerung, aber auch der Weltöffentlichkeit, aus der Verantwortung stehlen. Was kann es schon tun, wenn iranische Milizen, russische Kampfbomber, amerikanische Tomahawk-Raketen, israelische Drohnen und türkische Panzer die Geschicke Syriens bestimmen?

An der Beschaffenheit und Lage des syrischen Regimes scheitert dann auch jeder direkte Vergleich mit den Zuständen im Dreißigjährigen Krieg und mit dessen Beilegung: Was 1618 in die Katastrophe führte und ausländische Mächte zur Beteiligung einlud, war eben kein Aufstand großer Teile der Bevölkerung innerhalb eines souveränen Staates mit dem Ziel, das Staatsoberhaupt – im 17. Jahrhundert also den Kaiser – zu stürzen. Und keine äußere Partei forderte, wie im Falle Syriens, dass das Staatsoberhaupt abdankt und sich einem internationalen Strafverfahren stellt.

Im Syrienkonflikt war das Assad-Regime von Beginn an ein *Veto Stakeholder*, wie es in der Analystensprache heißt. Einer, der das Geschehen jederzeit in die eine oder andere Richtung wenden und alle Verhandlungsbemühungen zunichtemachen kann. Der aber – und hier wird die Sache kompliziert – sich schlechterdings genau so verhalten muss, wie er es tut, weil er sonst fürchten müsste, dass sein eigenes System implodiert. Hätte man vom Kaiser verlangt, sich selbst aus dem Spiel zu nehmen oder den eigenen Sturz zum Gegenstand des Gesamtverhandlungspakets zu machen – Münster und Osnabrück wären heute wohl nur für Stielmuseintopf und Wurstebrei bekannt. Nicht aber für einen Westfälischen Frieden.

Die Befürworter des »Westfälischen Modells« im Nahen Osten gehen davon aus, dass es wechselseitiger Garantien der Konfliktparteien im Nahen Osten bedürfe. Dass die »regionalen Parteien offen über ihre Sicherheitsinteressen sprechen und kollektiv Verantwortung für regionale Probleme übernehmen müssen«,[12] so wie einst Frankreich, Schweden, das Habsburgerreich gegenüber den Städten und Fürstentümern in den vom Dreißigjährigen Krieg betroffenen Gebieten. Von durch große Mächte garantierten Sicherheitszonen ist die Rede, auch von international vereinbarten und garantierten Minderheitenrechten und einer »höheren Autorität«, bei der Bürgerinnen und Bürger gegebenenfalls Beschwerde gegen die Rechtsverletzungen seitens ihrer Regierungen einlegen können. Die beiden großen Kontrahenten der Region, Saudi-Arabien und Iran, müssten sich zu einer wechselseitigen Anerkennung ihrer Sicherheitsinteressen, aber auch ihres jeweiligen Selbstverständnisses durchringen – etwa dadurch, dass Iran die »faktische Schutzherrschaft« Saudi-

Arabiens über die Heiligen Stätten von Mekka und Medina anerkennen sollte. Diese und andere Punkte haben Brendan Simms, Direktor des *Forum on Geopolitics* an der Universität Cambridge, der Iran-Experte Michael Axworthy und Patrick Milton von der Freien Universität Berlin veröffentlicht, aufbauend auf einem Projekt, an dem auch die Körber-Stiftung maßgeblich beteiligt war und das in politischen und diplomatischen Kreisen anscheinend Beachtung fand.[13]

Andere Projekte nehmen nicht den Westfälischen Frieden, sondern Beispiele aus der Zeitgeschichte zum Vorbild für einen möglichen Frieden in Syrien, etwa die Konferenz für Sicherheit und Zusammenarbeit in Europa, die einen unbestreitbar großen Beitrag zur Friedenssicherung und Vertrauensbildung in der Zeit des Kalten Krieges leistete. Der Nahost-Experte Christian-Peter Hanelt verfasste bereits 2005 ein Papier für das Auswärtige Amt, in dem er Ansätze für eine »KSZE Golf« skizzierte.[14] Dieser und andere Vorschläge, wie eine solche permanente Konferenz zur Vermeidung weiterer militärischer Eskalation zu gestalten wäre, liegen seit Jahren in den Schreibtischschubladen der Ministerien.

Vielleicht stehen die Chancen für ein solches Format derzeit sogar ganz gut, da die nahöstliche Region sich möglicherweise gar nicht in der Mitte eines dreißigjährigen Kriegs befindet, sondern eher am Ende eines anderen, eines vierzigjährigen.

Vor 40 Jahren nämlich, im Jahr 1979, begann für die Region eine neue Epoche, wurde sie durch das Zusammenwirken weltpolitischer Ereignisse zu dem, was sie heute immer noch ist. Manche davon verliefen parallel, andere als mittelbare oder auch nur scheinbare Reaktionen aufeinander. Dramatische Fort- oder Rückschritte, Disruptionen, politische und gesellschaftliche Widersprüche, eine »Gleichzeitigkeit des Ungleichzeitigen«, wie der Historiker Ernst Bloch gesagt hätte, die sich allerdings erst später offenbarte.[15]

1979 stürzte in Iran das Schah-Regime, und aus dem Kaiserreich wurde eine Islamische Republik: Sozial bedingte, zum Teil klassenübergreifende Proteste, eine religiöse Befreiungsideologie und eine charismatische Führerfigur in der Gestalt Ruhollah Khomeinis versetzten die Welt in Staunen – und andere Regime in der Region, etwa das saudische, in Angst. Die nationalistischen, pseudo-säkularen Ideologien der arabischen Welt wurden damals bereits langsam, aber sicher zum Tapetenanstrich degradiert. Sie wichen zunehmend der Herrschaft autoritärer Präsidenten. In Bagdad übernahm Saddam Hussein vollständig die Macht, schon bald befanden sich Iran und der Irak in einem furchtbaren, ein Jahrzehnt währenden Krieg, den die jeweiligen Führer für ihre Machtinteressen nutzten: Saddam spielte die nationalistische Karte und versuchte – allerdings erfolglos –, die arabische Minderheit in der iranischen Provinz Khuzestan auf seine Seite zu ziehen; Khomeinis Propaganda wiederum zielte auf die Schiiten im Irak. Saddam inszenierte sich erst als Ehrenretter der arabischen Nation. Als dies keine Erfolge zeitigte, wandelte er sich zum selbst erklärten Anführer der Sunniten und beförderte den Sektarismus in seinem Land.

In Saudi-Arabien besetzte eine Gruppe saudischer Extremisten um den aus der Provinz Al-Qasim stammenden Beduinen Juhayman al-Otaibi die Große Moschee in Mekka. Die wahhabitische Monarchie wurde davon ebenso kalt erwischt wie vom Sturz des Schahs in Iran. Das von einem kriegerischen Stammesführer gegründete saudische Regime, das sich durch eine Allianz mit ultrakonservativen

Klerikern legitimierte und von sich behaupten musste, es allein vertrete die Sache des Islams, machte den Kehraus und sagte allem den Kampf an, was seine Macht unterminieren konnte: liberalen Tendenzen in der Öffentlichkeit, die von Extremisten als Ausdruck westlichen, unmoralischen Lebenswandels wahrgenommen wurden, aber auch nationalistischen, islamistischen oder anderen politischen Ideologien und ihren Trägern. Es wuchs allmählich auch wieder das Misstrauen gegen Schiiten, die traditionell vor allem an der Golfküste lebten, wo das Land immerhin seine großen Ölreserven hütet. Saudi-Arabien, das bis dahin keineswegs ein einheitliches Bild abgegeben hatte und an seinen Küsten mitunter multikulturelles Flair versprühte, wurde nun uniformiert: Technische Errungenschaften waren zugelassen, kulturell-sittlich aber sollte das Land sich der Vergangenheit zuwenden. Moderne Bauten und Flughäfen standen fortan kontrastreich neben den Sitten und Gewohnheiten der Beduinenstämme aus der Öde des Nedschd.

Das Jahr 1979 mag als Beginn einer Epoche nicht so sehr ins Auge springen, weil ihm das fehlte, was den Nahen Osten aus westlicher Sicht prägt: ein großer Krieg zwischen Israel und seinen Nachbarn. Im Gegenteil, es war das Jahr eines bedeutenden Friedensabkommens zwischen den Feinden Israel und Ägypten, vorangetrieben durch US-amerikanische Vermittlung und geschlossen durch zwei äußerst gegensätzliche Politiker: dem bis dahin als rechts und unerbittlich geltenden Israeli Menahem Begin und Anwar al-Sadat, einem charismatischen, mutigen, aber gewiss ebenso durchtriebenen Machtpolitiker. Beide Männer verband nicht nur der Wille, etwas zu bewegen, sondern auch, dass sie einst, in den 1940er Jahren, in ihren jeweiligen Heimatländern von den britischen Militärbehörden steckbrieflich gesucht wurden.

Der Friede von Camp David und seine Folgen leisteten gleich mehreren Entwicklungen Vorschub, welche den Nahen Osten bis heute prägen: Die arabische Welt war gespalten; Ägypten, das sich selbst als Mutter des arabischen Nationalismus sah, isoliert – auch durch saudische Intrigen mit dem Ziel, Kairos Führungsanspruch zu konterkarieren. Und so hoffnungsvoll und zugleich konzessionsreich der Friede von Camp David insbesondere für Israel, das den Sinai aufgab, gewesen sein mochte, ließ er eine nachhaltige Lösung des Palästinaproblems nun erst recht in weite Ferne rücken: Wer gehofft hatte, es werde eine regionale Lösung geben, wurde enttäuscht. Wenige Jahre später marschierte Israel in den Libanon ein, um die PLO-Guerillas von dort zu vertreiben. Im Libanon hatten konfessionelle Gewalt, der Sektarismus und der Einfluss rivalisierender Staaten bereits genügend Schaden angerichtet; die Invasion der Israelis, die dort mit syrischen Interessen kollidierte, brachte nun den Libanon nicht nur an den Rand des Kollapses, sondern trug auch noch – eher versehentlich – zur Gründung der schiitischen Miliz *Hizbullah* bei, die in das Vakuum einrückte. Und schließlich begann in den besetzten palästinensischen Gebieten ein Aufstand, eine *Intifada*.

Die westliche Staatengemeinschaft wiederum setzte fortan auf das ägyptische Militär als Garanten für den Frieden mit Israel und gewährte den Generälen großzügige Unterstützung. Diese erweiterten ihre Machtbasis und ihre wirtschaftlichen Pfründe wie sonst nur zu Zeiten der mamlukischen Militäraristokratie. Und heute fragen sich junge

Ägypter, ob nicht der Friede von Camp David sogar den Weg für den repressiven Überwachungsstaat bereitete.[16] Die Ära Sadat steht aber noch für eine andere Entwicklung: den bis heute bewährten, manipulativen Umgang der arabischen Regime und ihrer Sicherheitsbehörden mit islamistischen Bewegungen, die man bekämpfte, unterwanderte, aber auch als Vorwand für die Mobilisierung der eigenen Gefolgschaft nutzte. Sadat selbst wurde später von Islamisten aus dem Kreis seines eigenen Militärs ermordet. Die regional aktive islamistische Muslimbruderschaft und ihre militanten Flügel lieferten sich 1979 bereits Untergrundkriege mit den arabischen Regimen, in Ägypten ebenso wie in Syrien. Sie waren beseelt vom Vorbild der Islamischen Revolution in Iran, wollten eine islamische Herrschaft errichten und verliehen dem Konflikt eine starke konfessionelle Note, zu verstehen auch als Bedrohung für konfessionelle Minderheiten und Nichtmuslime. Aus ihnen und ihrer Ideologie gingen auch spätere dschihadistische Gruppierungen hervor.

Und etwa zur selben Zeit, ebenfalls im Jahr 1979, begann der Einmarsch der Sowjets in Afghanistan: Hier wurde der bewaffnete Dschihad zum geopolitischen Instrument. Saudi-Arabien und die USA versuchten in Afghanistan gemeinschaftlich, das »Reich des Bösen« an seiner empfindlichen Südflanke, in Zentralasien, zu schlagen und der Ausbreitung des Kommunismus in der islamischen Welt den Garaus zu machen. Als Verbündeter bot sich Pakistan an, wo 1979 Ex-Präsident Zulfikar Bhutto hingerichtet wurde – von einem neuen Militärregime, das auf Islamisierung setzte, womit es zugleich sich selbst legitimieren und alle Kräfte gegen traditionelle Rivalen, insbesondere Indien, mobilisieren wollte.

Man könnte die Liste der Ereignisse, die 1979 ihren Ausgang nahmen, noch weiterführen, bis man beim Golfkrieg, dem 11. September und dem Arabischen Frühling landet: Auch für die Eskalation des Kurdenkonflikts in der Region und die politische Gewalt in der Türkei spielte das Jahr 1979 eine große Rolle. Und in Westeuropa wurde man damals auch erster größerer, kriegsbedingter Migrationsbewegungen aus der Nahost-Region gewahr. Man könnte bei all diesen Entwicklungen auch die mitunter sehr unrühmliche Rolle betrachten, die westliche, vom Antikommunismus getriebene Politik spielte, indem sie auf autoritäre Herrscher und konservative islamische Ideologien setzte, was hier aber den Rahmen sprengen würde und andernorts erschöpfend dargestellt worden ist.[17]

Es waren 40 Jahre, in denen der politische Islam und der Sektarismus an die Stelle der bankrotten Ideologien arabischer Regime rückten. In Ermangelung echter Ideale und Identifikationsfiguren und angesichts wachsender Verunsicherung wandten sich viele dem Nächstliegenden zu – dem eigenen Stamm, der eigenen Konfessionsgemeinschaft –, was die gesellschaftlichen Gräben weiter vertiefte. Es waren 40 Jahre, in denen sich die großen Rivalen der Region ein Nullsummenspiel zur Verhinderung der Macht- und Expansionspläne des anderen lieferten und dabei immer wieder religiöse, konfessionelle Gegensätze schürten. 40 Jahre, in denen insbesondere die westlichen Staaten sich auf eine Logik einließen, die fatale Folgen haben sollte: die Bereitschaft, autoritäre, zum Teil gewalttätige Regime zu stützen und ihnen im großen Umfang Rüstungsgüter zu verkaufen, um die eigenen Sicherheitsinteressen zu wahren und terroristische Gefahren zu bekämpfen.

Neigt sich diese Ära nun dem Ende zu? Oder setzt der »Vierzigjährige Krieg« sich weiter fort? Der Ausgang ist ungewiss, weshalb sich insbesondere die Theoretiker des Friedens nach Münster oder Osnabrück wenden. Denn viel wichtiger als die Aha-Erlebnisse bei historischen Analogien soll ja eine Botschaft an die Akteure sein: Es ist möglich, selbst die verzwickteste, die aussichtsloseste Konfliktlage zu entflechten. Man kann sich gemeinsam aus dem tiefsten weltpolitischen Morast herauswinden, sofern ein großer Teil der Beteiligten zu dem Schluss kommt, dass ihm ein Ende des Krieges mehr bringt als dessen Fortführung. Herfried Münkler mahnt, dass man aus dem Westfälischen Frieden die Lehre ziehen könne, dass sich Interessen besser als Grundlage von Verhandlungen eignen als »absolute Wertungen«, womit auch religiös begründete Weltbilder gemeint sein könnten.[18]

Allerdings gab es damals im 17. Jahrhundert ebenso wie heute im Nahen Osten erhebliche Unterschiede zwischen den jeweiligen Parteien und ihren Motiven, ein Kriegsende herbeizuführen: eine Asymmetrie des Leidensdrucks gewissermaßen. Es gibt Betroffene – davon sind einige, aber nicht alle, bewaffnete Parteien –, die buchstäblich am Ende ihrer Kräfte sind. Dazu gehört etwa ein Teil der bewaffneten syrischen Opposition, der einst unter dem Label Freie Syrische Armee firmierte. Ebenso die politische Opposition im Ausland. Oder aber Syriens Zivilbevölkerung auf allen Seiten. Und es gibt solche, die sich eine Fortsetzung durchaus leisten können: etwa das syrische Regime, Russland, die Türkei, aber auch zahlreiche extremistische Gruppen auf allen Seiten, die nichts anderes als das Handwerk des Kriegs beherrschen. Daher rührt ein Gefälle, das ein symmetrisches Verhandeln durchaus erschwert.

Wer aber ist die Gruppe, die den Ausschlag gibt und einen Frieden voranbringen könnte? An diesem Punkt könnte das Beispiel des Dreißigjährigen Kriegs tatsächlich Aufschluss geben. Es ist vermutlich der interessanteste Aspekt, der, wie es scheint, bisher allerdings noch nicht zu Ende gedacht wurde.

Verschiedene Autoren, wie etwa der FAZ-Redakteur Rainer Herrmann,[19] werfen die Frage auf, wer in einem möglichen Westfälischen Frieden für den Nahen Osten die Rolle einer »Dritten Partei« übernehmen könnte. Vorbild ist eine Gruppe von Städten und Fürsten im Dreißigjährigen Krieg, die aus beiden Lagern kamen, dem katholischen und dem protestantischen, und die sich zusammenschlossen, um die Verhandlungen voranzutreiben (obgleich deren Rolle, was den Dreißigjährigen Krieg selbst betrifft, noch nicht vollständig erforscht ist).

Sollen etwa die Europäer diese Rolle in Syrien spielen, weil sie von den Ereignissen in Nahost zwar betroffen sind, aber nicht unmittelbar Konfliktpartei? Wenn ja, könnten die Europäer Druck ausüben, um sowohl die regionalen Mächte, wie Iran, Saudi-Arabien, Irak, Türkei oder Syrien, als auch die globalen Akteure Russland und die USA, zu einem Ergebnis zu drängen? Oder könnten andere betroffene Staaten im Nahen Osten selbst eine solche Fraktion bilden?

Die Suche nach dem großen Unbekannten, der »Dritten Partei«, scheint vorerst eingestellt. Dabei hat die internationale Gemeinschaft ihn vielleicht längst vor der Nase. Und sieht nur den Wald vor lauter Bäumen nicht.

VIERTES KAPITEL

... in dem eine syrische Tafelrunde gelobt, ihre Heimat nicht länger den Barbaren zu überlassen

In der Grafschaft Northumberland, zwischen sanften Hügeln und Klippen aus Basaltgestein, liegen die Ruinen eines Tempels, in dem römische Legionäre einst Mithras huldigten, einer Gottheit aus dem Orient. In Sichtweite des Tempels befindet sich ein unscheinbarer Platz namens *Limestone Corner*: Der Hadrianswall, bis heute eine der gewaltigsten Sperranlagen der europäischen Geschichte, erreichte dort seine nördlichste Ausdehnung. Ob den sonst so gewissenhaften Pionieren des Kaisers hier am 55. Breitengrad andere Befehle dazwischenkamen oder ob sie unter Zeitdruck standen? – In jedem Fall hoben sie den Nordgraben des Walls, wo sie auf Basalt gestoßen waren, nur zur Hälfte aus. Dieser Schlamperei von buchstäblich historischer Bedeutung ist es zu verdanken, dass man dort nun Relikte antiker Ingenieurstechnik bestaunen kann, nämlich das Verfahren, selbst härtestes vulkanisches Gestein zu sprengen: Die Römer meißelten Löcher in die Felsblöcke, trieben dann Holzkeile hinein und befeuchteten das Holz nach und nach mit Wasser. Die

Keile quollen auf; durch den Quelldruck brach das Gestein meist entlang der weicheren Quarzadern auseinander. Die Wirkung dieses physikalischen Gesetzes machte man sich nicht erst bei den Römern, sondern vermutlich auch schon im Alten Orient zunutze. Dennoch verblüfft es uns bis heute, dass Wasser selbst Basalt zum Bersten bringen kann. Gibt es womöglich auch im Politischen solche verborgenen Kräfte, die allein mit ihrer Beharrlichkeit und der Fähigkeit, in kleinste Zwischenräume einzudringen, ein hartes, unerbittliches und scheinbar monolithisches System aufbrechen können?

Nur wer von der Existenz solcher Kräfte überzeugt ist, kann der Arbeit an der Beendigung des syrischen Konflikts heute noch etwas abgewinnen. Alle anderen müssten das Land längst aufgegeben haben wie ein sinkendes Schiff.

Viele der alten Eliten und derjenigen, die noch genügend Mittel zur Verfügung hatten, um im Ausland ein neues Leben aufzubauen, haben das getan. Aber abseits der Schlachtfelder, der Genfer Verhandlungsräume und Pressekonferenzen, wo *en suite* seit Jahren das immer gleiche, nur mitunter in den Pointen variierende Schauspiel einer »politischen Lösung« aufgeführt wird, wollen sich einige nicht mit der Lage abfinden. Sie behaupten, ihre Stimmen repräsentierten die schweigende Mehrheit der Syrer im In- und Ausland. Sie begreifen sich als diejenigen, die weder auf Seiten der bewaffneten Opposition noch des Regimes stehen und die deshalb das Schicksal teilen, dass man sie durch Zuschreibung definiert. Sie alle lehnen die brutale Herrschaft des Regimes ab, sehen aber keine Lösung in einem Krieg gegen Assad. Man verschiebt sie deshalb oft von einem politischen Lager in das andere und macht sie mal zu Oppositionellen, mal zu Loyalisten, Mitläufern oder Opportunisten. Aber sie wollen nichts von alldem sein, sondern syrische Patrioten mit einem gesellschaftlichen Führungsanspruch, der sich aus vielen Elementen speist: ihrem Ansehen und ihrer herausragenden Rolle innerhalb einer syrischen Gemeinschaft etwa, als Clanchefs, Stammesführer, Ärzte, Intellektuelle oder sogar Militärs. Oder aus ihrer Abstammung von einer der historisch bedeutenden Familien, die schon in den 1920er Jahren die Unabhängigkeit Syriens vorangetrieben haben. Vor allem aber legitimieren sie sich selbst durch ihr Handeln: Sie haben sich zu einem Rat der Weisen zusammengeschlossen, zu einer Art Tafelrunde, und die will nicht warten, bis zwischen dem syrischen Regime und seinen Gegnern unter Vermittlung internationaler Mächte eine Lösung ausgehandelt wird. Denn darauf könnte sie unter Umständen sehr, sehr lange warten. Der »Rat der syrischen Charta« *(Majlis al-Mudawana al-Suriyyah)*, wie sich die Tafelrunde nennt, hat es sich zur Aufgabe gemacht, die Grundlagen eines neuen syrischen Gesellschaftsvertrages zu schreiben und – was vielleicht wesentlicher ist – dafür zu kämpfen, dass diese gemeinsam verabschiedeten Prinzipien auch Wirkung zeitigen. Über zwei Jahre haben sie sich im Verborgenen getroffen; im Jahr 2018 dann legten sie ihr Manifest der Öffentlichkeit vor.

Unter den Gründern dieser Initiative finden sich einige Namen, die schon einmal Einfluss auf Syriens Geschichte genommen haben: etwa Mustafa al-Kayali, ein Zahnarzt aus der Aleppiner Bourgeoisie und Enkel von Abd al Rahman al-Kayali, der 1928 den »Nationalen Block« *(al-kutla al-wataniyyah)* gegründet und mitgeholfen hatte, die französische Mandatsherrschaft zu beenden. Oder der Damaszener Sami

Khiyami, der einst, als das Assad-Regime sein Image durch die Ernennung einiger moderner, unabhängiger Experten aufpolieren wollte, nach London entsandt wurde, aber wenige Monate nach Ausbruch der Gewalt in Syrien den Dienst quittierte.

An ihrer Seite stehen Scheichs und Emire der Beduinen Syriens, die – um das Überleben ihrer Stämme ringend – zwischen dem Regime, der bewaffneten Opposition, den Kurden und schließlich dschihadistischen Gruppen wie *Al-Nusra* oder der Organisation »Islamischer Staat« hin- und hergeworfen wurden: Amir al-Dandal etwa, Scheich der Agedat, die in der Wüste zwischen den ostsyrischen Städten Deir ez-Zour und Bukamal siedeln. Dort, wo der Krieg gegen den IS zuletzt noch tobte. Auch der Name Al-Dandal findet sich in den historischen Quellen der Mandatszeit: Wegen Anzettelns eines Aufstands verurteilten die Franzosen seinen Großvater, Scheich Mushrif al-Dandal, in Abwesenheit zum Tode. Die Briten schützten ihn; die Orientalistin und Agentin Gertrude Bell soll ihn einen »Bastard« genannt haben – ihm dabei aber zugebilligt haben, dass er nicht nur mächtig, sondern auch besonders clever sei.

An Dandals Seite finden sich andere Stammesführer wie Scheich Abu Haddal Oweinan al-Asi von der Föderation der Schammar in Hasakeh, der zu Beginn des Aufstands in Syrien eine eigene Einheit kommandierte, um seinen Stamm und nahe gelegene Ölförderanlagen zu verteidigen; Scheich Abelilah al-Melhem aus dem Stamm der Aniza, die nicht nur in Syrien eine starke Föderation bilden, sondern auch mit dem saudischen Königshaus verwandt sind; Scheich Mamduh al-Tahhan vom Stamm der Al-Naeem, der unter anderem in Qunaitra im Süden Syriens siedelt; oder der für seinen

Rang noch durchaus jugendliche Prinz Mulhim Nasir al-Shibli vom Stamm der Fawa'ra im zentralsyrischen Homs.

Von kurdischer Seite stießen Männer wie Scheich Ibrahim Abu Talal al-Basha zu der Tafelrunde, dessen Vorfahren Anfang des 20. Jahrhunderts die Ruinen des Tel Halaf in Nordsyrien freilegten – unter Leitung des deutschen Abenteurers und Archäologen Max von Oppenheim. Oder Ahmad Shahin al-Barazi, ein bekannter Geschäftsmann und Bauingenieur sowie Nachkomme von Husni al-Barazi, des 15. syrischen Premierministers. Abdullah Rophael, Enkel eines prominenten maronitischen Scheichs, schloss sich als Vertreter der christlichen Konfessionen der Bewegung an: Sein Großvater hatte 1936 in einer Erklärung gemeinsam mit seinen alawitischen Landsleuten die Gründung eines einigen, multikonfessionellen syrischen Staates verlangt – und sich damit dem französischen Ansinnen widersetzt, Syrien konfessionell zu teilen.

Als Tochter einer einflussreichen und großen Damaszener Familie kam Sima Abed Rabbo hinzu, die sich zunächst der Opposition angeschlossen hatte und dann einen Ruf als Beraterin der Regierung des Emirats Dubai für Digitalisierungsfragen erhielt. Auch aus dem religiösen Establishment des alten Syriens kam Unterstützung, etwa in Gestalt des Sufi-Scheichs und ehemaligen Freitagspredigers der Großen Moschee von Aleppo, Badredddin Abu l-Huda al-Hussaini. Die Tafelrunde wurde rasch immer größer, und bis heute knüpft sie Bande und Beziehungen in alle Gemeinschaften und Gebiete Syriens. Aus anderen Konfessionsgruppen und Volksgruppen – Drusen, Ismailiten, Christen, Tscherkessen – haben sich Vertreter hinzugesellt. Sie kommen nicht als religiöse, sondern als soziale Führungspersonen. Sie sprechen immer im Namen ihrer selbst, ihrer Familie oder Gemeinschaft, niemals aber einer Regierung oder politischen Partei.

Ihre Kraft entfaltet die Bewegung gewiss auch aus dem Umstand, dass ihr nicht nur, wie sonst oft, erklärte Oppositionelle und Exilanten angehören, sondern eine Reihe von Notabeln aus dem Inneren des Landes, deren Namen aus gutem Grund bisher nicht in die Öffentlichkeit gelangt sind. Es handelt sich um Clanchefs, sogenannte *Mashayekh*, der syrischen Alawiten – jener Minderheit, der auch der Präsident und viele Spitzenfunktionäre des syrischen Regimes angehören. Es sind alte Familien, Clans und Gruppen, die sich vom Regime nicht vertreten fühlen. Sie bilden moderne Eliten: Kaufleute, Professoren, ehemalige Parlamentarier und Militärs, die auf eine Familientradition zurückblicken, welche älter ist als das Assad-Regime und zum großen Teil auch älter als die Republik. Das, was sie versuchen – Frieden zwischen den Volksgruppen durch einen neuen Gesellschaftsvertrag zu stiften –, dürfte das Regime eigentlich nicht stören, die Tatsache, dass sie sich überhaupt dazu berufen fühlen, allerdings schon: Damaskus allein will die syrische Gesellschaft vertreten und entscheiden, welche Stimmen die internationale Gemeinschaft hört und welche nicht. Und wer mit wem über Syriens Zukunft spricht.

Kontaktaufnahme mit den Feinden des Regimes bleibt Verrat – zumal, wenn auf der anderen Seite des Tisches Männer sitzen, die daheim in Syrien polizeilich gesucht werden, weil sie politischen Widerstand geleistet haben. Und so war es auch ein Wagnis, dass die Initiatoren der Tafelrunde – damals waren es noch die Oberhäupter von rund zwei Dutzend Stämmen, Clans und bedeutenden Familien – sich eines Tages recht spontan dazu entschlossen, ein Dokument feierlich mit ihrer Unterschrift zu besiegeln.

Es war ein nebliger, aber milder Novembermorgen im Jahr 2017, in Berlin, um 9 Uhr in der Frühe. Ein stadtbekannter Notar war zur Beurkundung erschienen und trug die Namen der Unterzeichner mit allen Patronymen, also den Namen der Väter und Großväter, andächtig vor. Die Scheichs der Beduinenstämme hatten sich in Ornat gewandet: Einige trugen die *Abayah* der Beduinen, einen mit goldenem Garn bestickten Übermantel. Andere hatten, aufgrund der kühlen Witterung, die aus dichterem Kamelhaar gewebte *Farwa* übergelegt. Scheich Ibrahim Abu Talal al-Basha unterzeichnete zuerst. Es folgten Mustafa al-Kayali, der Aleppiner, und reihum die anderen Gefährten.

Von einer »Charta für den Frieden« sprach die italienische *La Repubblica*, als das Papier im Januar 2018 bekannt wurde.[20] Die Zeitung *Die Welt* nannte sie einen »Verhaltenskodex für den Frieden«, den patriotische Syrer unter Risiko für Leib und Leben ausgehandelt hätten.[21] Die *Frankfurter Allgemeine Zeitung* widmete den »Rittern« eine ganze Seite und sprach von einer »mutigen Initiative«, die der schweigenden Mehrheit Syriens eine Stimme geben wolle.[22] Auch die große internationale Zeitung *Asharq Al-Awsat* (»Der Nahe Osten«), die in London erscheint, sich aber in saudischem Besitz befindet, berichtete auf ihrer Titelseite von der Erklärung.[23] Fortan wurde sie in den arabischen Medien und sozialen Netzwerken auch das »Berliner Dokument« genannt.

Dass alawitische und sunnitische Clanchefs beieinandersitzen, miteinander scherzen, rauchen und an die Zukunft ihres Landes denken, sei alles andere als selbstverständlich; schließlich habe der blutige Krieg die Konfessionen in Lager aufgeteilt und insbesondere das Bild der Alawiten als Knechte des Regimes gestärkt, so urteilte die französische *Le Monde*.[24] Der irakische TV-Sender *Al-Iraqiya* berichtete in den Abendnachrichten über die Initiative und fragte, inwiefern sie nicht ein Vorbild für andere Gesellschaften im Nahen Osten sein könne. Auch andere arabische Medien griffen die Geschichte auf.[25]

Ich muss gestehen, dass ich bei der Beurteilung dieser Bewegung nicht ganz objektiv sein kann. Ich hatte Gelegenheit, die Initiatoren bei ihrer Arbeit zu beraten und sie hin und wieder mit Diplomaten, Experten und anderen Vertretern der internationalen Gemeinschaft bekannt zu machen – an der Seite des Staats- und Verfassungsrechtlers Naseef Naeem. Dieser leitete zahlreiche Sitzungen, vermittelte zwischen den Gruppen, brachte seinen juristischen Sachverstand ein und beteiligte sich an den Diskussionen auch inhaltlich. Naeem ist selbst syrischer Christ, stammt aus der Umgebung von Homs und war früher als Rechtsanwalt in Syrien tätig.

Was aber hatten die Mitglieder der Tafelrunde und die Familien und Stämme, die hinter ihnen standen, eigentlich erreicht?

Das Dokument, welches in Berlin zuerst unterzeichnet wurde und seitdem immer neue Unterstützer zu gewinnen scheint, trägt den Titel »Verhaltenskodex für ein syrisches Zusammenleben«, und es versteht sich als eine Sammlung von Prinzipien, aus denen einmal, in naher Zukunft, ein neuer Gesellschaftsvertrag für das Land entstehen soll.[26]

Die elf Artikel sind denkbar knapp gehalten – auf pompöse Präambeln, wortreiche Bekenntnisse und arabische

Formalitäten wurde verzichtet: Diesen Verhaltenskodex soll jeder Syrer und jede Syrerin, die des Lesens mächtig sind, annehmen können, unabhängig von ethnischer Herkunft, religiös-konfessioneller Prägung und politischer Überzeugung.

Das Dokument bekennt sich zur territorialen Einheit Syriens und lehnt damit jedes Projekt von Besatzung, Abspaltung oder Bildung von Kleinstaaten auf syrischem Territorium ab. Das gilt – nur zu diesem Schluss kann man hier kommen – für einen kurdischen, »Rojava« genannten Teilstaat im Nordosten ebenso wie für die türkische Besetzung des Gebiets von Afrin und anderen Landesteilen, möglicherweise auch für amerikanische oder russische Präsenz in manchen Gebieten, sofern sie langfristig geplant sein sollte und Syriens Souveränität verletzt. Diese Details sind im Kodex allerdings nicht ausdrücklich erwähnt, ebenso wenig die Haltung der Unterzeichner zu den von Israel besetzten Golanhöhen und dem seit 1938 als Provinz Hatay zur türkischen Republik gehörenden Sandschak von İskenderun, auf welchen viele Syrer weiterhin Anspruch erheben.

Der Kodex fordert ferner von allen Syrern eine ehrliche Anerkennung der Lage ihres Landes: der Spaltung der Gesellschaft, die es erst ermöglichte, dass dieser Krieg so brutal und unerbittlich eskalierte, und aus der die Kriegsparteien so viel Kapital zu schlagen wussten – Arm gegen Reich, Stadt gegen Land, Sunniten gegen Alawiten, Kurden gegen Araber, Fromme gegen Säkulare.

Anders als die herrschende Baath-Partei in Syrien, das Assad-Regime, aber auch als viele offizielle Vertreter der Opposition im Ausland, wollen die Unterzeichner den Zustand der Negation offenkundiger Realitäten ein für alle Mal beenden. Die Herstellung einer gemeinsamen, integrierenden Gesellschaft ist kein Zustand, den sie voraussetzen, sondern einer, den sie anstreben. Die herrschende Staatsideologie des Baathismus hatte die gesellschaftlichen Unterschiede hingegen ausgeblendet oder tabuisierte sie sogar – und verstärkte sie damit selbstredend. Sie offen zu thematisieren, hätte das herrschende Regime und seinen Kampf gegen die Aufständischen in argumentative Schwierigkeiten gebracht, denn es behauptete ja, dass das syrische Volk ausnahmslos an seiner Seite stünde und man nur gegen Terror kämpfe, nicht gegen einen Teil des Volkes. Die Opposition wiederum verbreitete mehrheitlich die Ansicht, es handle sich um einen Volksaufstand aller Gemeinschaften gegen eine brutale Diktatur, was gewissermaßen die Kehrseite der Medaille der Regimepropaganda war. Was nicht wahr sein durfte, wurde in Abrede gestellt, der Sektarismus als eine wichtige Ebene des Konfliktes in der offiziellen Propaganda ausgeblendet, wobei man ihn implizit damit immer weiter beförderte. Bei der moderateren Opposition war dies womöglich ein unbeabsichtigter Effekt; andere, extremere Gruppen schürten Hass auf die als Kollaborateure und Profiteure des Regimes verschrienen Alawiten, um Kräfte zu mobilisieren. Und Assad und seine Getreuen spielten routiniert ihr Doppelspiel: nach außen an die Einheit des Volkes appellieren, nach innen die Angst der Minderheiten schüren und sie damit bei der Stange halten. Der bewaffnete Aufstand wurde überwiegend von der sunnitischen Mehrheit im Land getragen, die Minderheiten scharten sich so, wo sie sich nicht heraushalten konnten, zum großen Teil um das Regime. Dennoch waren Assads Sprecher und die der Opposition bemüht zu betonen, dass zahlenmäßig ja auch viele Sunniten in Assads

Armee kämpften und es in der Opposition auch Vertreter von Minderheiten gebe.

Der Kodex hingegen ruft auf anzuerkennen, dass es Syrer mit unterschiedlichen Identitäten gibt und dass die Politisierung der Identität Folgen hat – zum Schaden der Gesellschaft. Für die Unterzeichner besteht Syrien aus einer Vielfalt ethnischer, konfessioneller und kultureller Identitäten, die man offen ansprechen und behandeln soll, um zu verhindern, dass sie in Zukunft wie gläserne Trennwände zwischen den Gemeinschaften stehen.

Erstaunen dürfte manchen Leser des Dokuments der zweite Paragraph, der besagt, es gebe weder Sieger noch Besiegte, sondern nur Verlierer in diesem Krieg. Gemeint sind hier die Volksgruppen, die – unabhängig davon, auf welcher Seite sie mehrheitlich im Krieg gestanden haben – einen entsetzlichen Preis bezahlt haben. Während einzelne Kriegsgewinnler mit Schmuggel, Erpressung, dem Währungsverfall und der Not vieler Menschen in Syrien große Reichtümer anhäuften, verlor Syriens Volk auf ganzer Linie.

Die Initiatoren stellen sich hiermit der inzwischen weitverbreiteten Ansicht entgegen, wer für das Regime gekämpft habe – allen voran die Alawiten –, habe die sunnitische Mehrheit niedergerungen und dürfe nun von reicher Beute profitieren. Viele Regimeanhänger sind tatsächlich überzeugt davon, dass der demografische Zustand in Syrien heute einem Sieg der Minderheiten gleichkomme: Die überwältigende Mehrheit der rund 6 Millionen ins Ausland Geflohenen oder Vertriebenen sind Sunniten, die heute längst nicht mehr rund drei Viertel der syrischen Bevölkerung ausmachen wie vor 2011. Der Kodex bildet diese Realität ab, aber auch jene der alawitischen Minderheit: Schätzungen zufolge haben über 150 000 Alawiten – davon ein Großteil junge Männer – ihr Leben verloren. Zigtausende weitere sind invalide, vor dem Wehrdienst geflohen, oder sie verwahrlosen in einer der zahllosen kriminellen Banden des Regimes. In den Dörfern an der Küste, dem Kernland der Alawiten, prägen Frauen, kleine Kinder und Greise das Straßenbild – wie in Teilen Deutschlands oder Osteuropas im Herbst 1945.

Die Ablehnung von »Siegern und Besiegten«, wie sie im Kodex formuliert ist, grenzt sich auch ab von der Bemerkung von Präsident Assad aus dem Jahr 2017, man habe zwar viele Opfer bringen müssen, aber durch den Krieg eine »im eigentlichen Sinne gesündere und homogenere Gesellschaft« gewonnen.[27] Natürlich lässt Assad offen, ob er tatsächlich meint, dass das so sei, weil ein großer Teil der – grundsätzlich des Extremismus verdächtigen – sunnitischen Bevölkerung vertrieben ist. Aber seine Anhängerschaft weiß ebenso zwischen den Zeilen zu lesen wie seine Gegner. Und erst recht gilt dies für die Tafelrunde.

Dass es weder Sieger noch Besiegte gibt, hat für die Unterzeichner der Erklärung aber auch eine andere Bedeutung: Keine Seite, keine Volksgruppe und keine Gemeinschaft kann dann von sich behaupten, dass sie gänzlich unschuldig an der Misere sei.

Man könnte diesen Passus als eine Ungeheuerlichkeit betrachten: Hat das Regime nicht tagtäglich unter Beweis gestellt, dass es keinen Widerspruch duldet, und die Bevölkerung damit gezwungen, in den Krieg zu ziehen? Haben nicht Dschihadisten die Bewohner der Städte und Dörfer als menschliche Schutzschilde benutzt? Und brachten nicht die Rebellenkämpfer, etwa aus dem Umland von Aleppo, den Krieg gegen den Willen der Bevölkerung in die Städte? Den unterschiedlichen Gemeinschaften eine Mitschuld an der brutalen Eskalation zu geben, widerspricht vielen gängigen Deutungen des Syrienkonflikts, zumal die Zivilbevölkerung ja unbestreitbar die Hauptleidtragende ist. Man könnte sogar auf die Idee kommen, die Initiatoren wollten damit die Verantwortung des syrischen Regimes und anderer kriegführender Parteien herunterspielen. Um diesem Eindruck vorzubeugen, fordern sie zugleich, dass jeder Akteur entsprechend der Schwere seiner Schuld zur Verantwortung zu ziehen sei. Aber die Antwort auf die Frage, was mit Schuld und Unschuld der Volksgruppen gemeint sein könnte, findet sich im Problem des im zweiten Kapitel behandelten Sektarismus: Syriens Bevölkerung hat sich spalten lassen und zum Teil auf jene Logik eingelassen, die sie so oft hatte überwinden wollen.

Seit jeher gibt es kein einfacheres und zugleich kein wirkungsvolleres Mittel, zwei Menschen aufeinanderzuhetzen, als dem einen ins Ohr einzuflüstern, dass der andere bereit sei, ihn bei der nächsten sich bietenden Gelegenheit zu töten. Die meisten Opfer in diesem Krieg fielen nicht durch sektaristisch motivierte Massaker, begangen etwa von Dorfbewohnern an ihren andersgläubigen Nachbarn. Aber die Gleichgültigkeit, die Haltung, dass es um diese oder jene Gegend weniger schade sei als um andere, wenn man sie bombardiert, hat viel zur Verrohung beigetragen. Das syrische Regime mochte und mag brutal und unerbittlich sein, aber es interagiert nun einmal mit der ihm ergebenen Bevölkerung. Es ist ohne sie nicht handlungsfähig.

Und dasselbe gilt für diejenigen unter den bewaffneten Aufständischen, die den Kampf gegen das Assad-Regime als Feldzug gegen Alawiten, Schiiten und andere vermeintlich

Falschgläubige ansahen. Unter den extremeren Gruppen wirkten bald viele Ausländer mit: Erfahrene Guerillakämpfer aus der von den Arabern als »Turkestan« bezeichneten Region, also den Staaten Zentralasiens und der russischen Föderation, stießen zu salafistischen Rebellengruppen in Idlib und Aleppo. Irakische Sprengmeister boten ihre Dienste der Rebellengruppe »Islamische Front« an. Selbst bei den kurdischen Streitkräften im Norden fanden sich Brigadisten aus der Internationalen Linken ein. Das Regime stützte sich auf die Kampfkraft schiitischer Milizionäre aus dem Irak, Iran, Afghanistan und Pakistan. Ab 2014 griffen vermehrt ausländische Mächte auf dem Schlachtfeld ein: Russland, Iran, die Türkei, Israel und die Luftstreitkräfte der Internationalen Koalition gegen die Organisation IS. Und schließlich verhalfen ausländische Geldmittel, vor allem aus den Golfstaaten, den Rebellen zu beachtlichen militärischen Vorstößen gegen das Regime.

Diese Entwicklungen prägten das – bereits im dritten Kapitel diskutierte – Bild eines Stellvertreterkriegs, in dem die Syrer keine Rolle spielen und allein Opfer sind. Die Unterstützer der »syrischen Charta« wissen gleichwohl, dass das nur ein Teil der Geschichte ist. Dass der Krieg längst beendet wäre, vielleicht nie begonnen hätte, ja, dass es nicht einmal ein Assad-Regime geben würde, wenn die Syrer sich entschlossener gegen den Sektarismus, das Misstrauen zwischen den Konfessions- und Volksgemeinschaften, gestellt hätten, der sich mit einer weitverbreiteten Kirchturm-Mentalität verbindet. Eine Mentalität, die den Wert eines Menschenlebens anhand des Namens seines Dorfes, seiner Familie und seiner – womöglich nur vorausgesetzten – religiös-kulturellen Identität bemisst.

Die »syrische Charta« verlangt, dass nicht ganze Gruppen zur Rechenschaft gezogen werden und eine mögliche Verurteilung für die Gewalttaten nicht kollektiv geschehen solle. Schuld sei individuell und keine Sache der Gemeinschaft. Was einem Menschen mit europäischen Rechtsvorstellungen als selbstverständlich erscheinen mag, war unter den Syrern bei ihrer Beratung Gegenstand von Diskussionen: Insbesondere Prinz Mulhim von den Fawa'ra berichtete später, dass die Führer seiner Stammesföderation den Passus erst nach erheblicher Überzeugungsarbeit angenommen hätten. Unabhängig davon, was Gerichte sagten, so die Ansicht der Scheichs, habe das Kollektiv eine Mitschuld am Verhalten eines Einzelnen zu tragen und müsse deshalb auch gemeinsam für entstandenen Schaden aufkommen. So ist es seit jeher Brauch bei den Beduinen.

Dieses und andere Gespräche der Tafelrunden-Ritter zeigen, dass es in Syrien (und nicht nur dort) alles andere als selbstverständlich ist, sich gegenseitig von Kollektivschuld oder Sippenhaft zu befreien. Es war keine Seltenheit gewesen, dass salafistische Prediger aus Saudi-Arabien, Ägypten oder Kuwait den Aufständischen gepredigt hatten, die alawitische Gemeinschaft habe ihre Existenz verwirkt. Irgendwann unterbanden diese Staaten das Wirken solcher Hassprediger zwar, aber die Saat war ausgebracht, und die Organisation »Islamischer Staat« machte sich dankbar daran, dieses Werk zu vollenden: Für die Jesiden im Irak, aber auch für die Drusen und Alawiten in Syrien planten die Dschihadisten einen Genozid. Und um ein Exempel gegen mögliche Rebellion zu statuieren, massakrierten sie 2014 Hunderte junge Männer vom – nach ihrer Weltanschauung durchaus rechtgläubigen – Beduinenstamm der Shu'aitat.

Ihr ideologisches Pendant auf Seiten des Regimes fanden sie in der Gestalt von Militärs und Geheimdienstoffizieren, die schon zu Beginn des Aufstands kundtaten: Wer sich erhebt, muss damit rechnen, dass seine Familie, sein Dorf niedergemacht oder gar seine ganze Stadt bombardiert wird. So erging es 2012 der sunnitischen Stadt Rastan in der Provinz Homs, die das Pech hatte, Heimat zahlreicher zur sogenannten Freien Syrischen Armee übergelaufener hochrangiger Offiziere zu sein.

Angesichts dieser Entgrenzung der Gewalt kann man sich fragen, welche Macht eine Runde syrischer Patrioten dem entgegensetzen sollte, sei sie auch noch so nobel und engagiert. Vielleicht aber ist es gerade diese allumfassende Brutalität, die keine Zivilisten, sondern nur Kombattanten kennt, aus der die eigentliche Macht der syrischen Gesellschaft und ihrer traditionellen Notabeln entspringt. Manche ihrer Vettern, Enkel und Neffen tragen Waffen; ihre Stammesmitglieder, ihre spirituellen Patenkinder, ihre Studenten und Angestellten halten den Staat oder die Volkswirtschaft am Leben. Sie nutzen ihre vielfältigen Kontakte und ihre Autorität schon jetzt, um Korruption und Missbrauch im Alltag entgegenzuwirken und um zwischen Gemeinschaften und Familien zu vermitteln oder sich für das Recht auf Rückkehr ihrer Nachbarn zu verbürgen.

Und bedenkt man die Grundannahme von der Mitschuld der Bevölkerung, so sind Menschen wie die Verteidiger der Charta, Syriens alte »Zivilgesellschaft«, vielleicht die Einzigen, von denen eine eigene Lösung zu erwarten ist.

Syriens Regime und seine russischen Verbündeten nämlich senden immer wieder Signale in die Welt, dass sie bald den Wiederaufbau planen. Auch die europäischen Staaten sollen sich daran beteiligen, ihre Beziehungen zu Damaskus baldmöglichst normalisieren und Gelder zur Verfügung stellen. Im August 2018 machte in Berlin eine Broschüre die Runde, ein Masterplan, den Mitarbeiter des russischen Verteidigungsministeriums erstellt hatten: Detailliert war darin aufgelistet, wie viele Kubikmeter Zement und Tonnen Stahl notwendig wären, um dem syrischen Volk wieder ein Dach über dem Kopf zu bauen. Man hatte sogar ausgerechnet, wie viele Flugzeuge zu chartern wären, um die Flüchtlinge aus Europa zurückzuführen. Und überschlagen, was das Ganze kosten würde.[28]

Dahinter stand erkennbar nicht nur ein humanitäres Ansinnen, sondern der Versuch, Deutschland und andere europäische Länder, in denen Flüchtlinge sich aufhalten, politisch etwas unter Druck zu setzen. Deutsche und Franzosen etwa hatten immer wieder gelobt, nicht von einem Grundsatz abweichen zu wollen: keine Wiederaufbauhilfe, ohne dass das Assad-Regime unter Beweis stellt, dass es an einer politischen Lösung interessiert und bereit ist, in Zukunft auf einen Teil der Macht zu verzichten. Da das nicht zu erwarten war, wucherte der »Westen« – oder das, was noch von ihm übrig war – mit diesem einen noch verbliebenen Pfund, Hilfen für den Aufbau an den syrischen Staat zurückzuhalten.

Der russische Plan zielte nicht nur auf die Entscheidungsträger in der Außenpolitik, sondern gewiss auch auf diejenigen Parteien, die aus der Rückkehrfrage Kapital schlagen wollen – und sie zum Wahlkampfthema machen würden.

Wäre es da, so fragten sich manche um »Realismus« bemühte Politiker in den Hauptstädten, nicht besser, in den sauren Apfel zu beißen und den Vorschlag der Russen anzunehmen?

Das syrische Regime indes ließ immer erkennen, dass es von einer Rückkehr aller Vertriebenen und Geflüchteten eher wenig hält. Prominente Generäle und Geheimdienstler warnten die ins Ausland geflohenen Syrer sogar öffentlich: Man werde nicht vergessen, wer sich die Sache der Aufständischen zu eigen gemacht habe, und sie schonungslos verfolgen. Figuren wie diese Geheimdienstler und Militärs spielen für Damaskus traditionell die Rolle von Kettenhunden: gewerbsmäßige Tabubrecher, die man zwar maßregeln und von denen man sich distanzieren kann, deren Worte aber dennoch ihre gewünschte Wirkung zeitigen. Ein im Frühjahr 2018 verabschiedetes Gesetz verunsicherte die Syrer und die internationale Gemeinschaft zusätzlich, Bundeskanzlerin Merkel sah darin sogar angeblich einen direkten, gegen Deutschland gerichteten Affront: Es fordert die Bürger – auch die vertriebenen – auf, ihren Besitzanspruch auf Grundeigentum zu reklamieren. Falls sie es selbst nicht können, über Bevollmächtigte, etwa Verwandte bis zweiten Grades.[29] Andernfalls behält der Staat sich das Recht vor, das Land zu konfiszieren und gegebenenfalls eine festgesetzte Summe zur Entschädigung zu zahlen. Das Gesetz war keine kollektive Enteignungserlaubnis, und es war auch nicht das erste seiner Art in Syrien. Juristen wiesen sogar darauf hin, dass im Grundbuch eingetragener Besitz gar nicht betroffen sei und man nun sogar ohne Dokumente seinen Anspruch auf die vielen, oftmals illegal errichteten Immobilien und bebauten Grundstücke in Syrien geltend machen konnte. Aber es verschaffte dem Staat großen Spielraum, öffnete die Tür für Missbrauch und ermöglichte es womöglich sogar Dritten, die in diesen Häusern nie zuvor gelebt hatten, nun Anspruch zu erheben. Das Gegenteil müsste man ihnen erst einmal beweisen – und Letzteres fällt vertriebenen Syrerinnen und Syrern im Ausland nicht gerade leicht. In diesem Sinne interpretiert, war das Gesetz eine Drohung: Der Staat kann dir nehmen, was er will, und es entspricht Recht und Gesetz.

Vieles spricht dafür, dass die Machthaber in Damaskus kein Interesse an der Rückkehr der Vertriebenen haben, zumindest nicht in Gänze. Immerhin haben sie in diesem Krieg auch erkennbar das Ziel verfolgt, die Demografie des Landes zu verändern: um die Rebellion niederzuringen, indem man die Infrastruktur zerstört – Häuser, Bäckereien, Krankenhäuser, Supermärkte –, aus der die Aufständischen sich nährten; vielleicht aber auch, um das Gesicht Syriens für immer zu verändern.

Fast die Hälfte der Bevölkerung, hauptsächlich sunnitische Muslime, musste Haus und Hof verlassen, ob sie nun den Aufstand aktiv unterstützt hatten oder nicht. Das war, so scheint es, nicht nur ein bedauerlicher Kollateralschaden. Als 2011 im Zuge des sogenannten Arabischen Frühlings auch Syrer demonstrierten, skandierten sie den Slogan »Das Volk will den Sturz des Regimes«. Das Regime war gegenteiliger Auffassung und formte sich offenbar stattdessen ein neues Volk.

Seit biblischen Zeiten haben orientalische Despoten Volksgruppen verschleppt, vertrieben und anderswo neu angesiedelt. Sie wurden durch potenziell loyalere, leichter beherrschbare Untertanen ersetzt. Die Karten und Ortsnamen des Nahen Ostens zeugen noch davon, dass diese Volksgruppen früher einmal anderswo lebten. Grundsätzlich nicht neu also. Aber das Assad-Regime hat die Methode des »demografischen Strukturwandels« geradezu perfektioniert.

Seine Angehörigen, die Familie Assad, diverse Warlords, Geheimdienstler und Militärs, sind nämlich allem Anschein nach der Ansicht, dass Syrien mit 20 Millionen Menschen schlichtweg überbevölkert war. Und mit einer noch wachsenden Mehrheit von rund 75 Prozent Sunniten lasse es sich nicht glimpflich leben, wie der Bürgerkrieg in den 1980er Jahren schon zeigte und der jüngste Aufstand neuerlich bestätigte. Im Weltbild dieser Leute stehen Al-Qaida oder die Organisation »Islamischer Staat« nicht für die Verirrungen des sunnitischen Islams, sondern für dessen authentische Gestalt. Zumindest bestätigen sie sich selbst und ihre Anhänger fortwährend in dieser Haltung. Die Sunniten sind für sie feine Kerle, solange sie nicht zu viele werden und nicht auf die Idee kommen, die Macht über das Land zu übernehmen.

Was aber, wenn sich nun unter der in Syrien verbliebenen Bevölkerung am Ende doch die Haltung durchsetzt, dass es im Ergebnis ganz gut wäre, wenn alles so bleibt, wie es jetzt gerade ist? Es gäbe dann schließlich mehr vom Kuchen für diejenigen zu verteilen, die sich nicht erhoben haben: mehr Immobilien, Jobs, Wasser, Getreide, Öl- und Gasressourcen. Bisher mögen sich die meisten in Syrien noch nicht in diesem Sinne äußern. Aber auch in Syrien gibt es Stammtische. Und es arbeiten derzeit etliche daran, diese Haltungen mehrheitsfähiger zu machen.

Die Vorstellung, dass dieser Wandel der Bevölkerungsstruktur zu einem *Fait accompli* werden könnte, man die Syrer an ihrer Rückkehr hindert oder ihnen zumindest wirtschaftlich den Weg zurück verbaut, ist ein Albtraum: für diejenigen, die Hoffnung auf ein neues, gemeinsames Syrien noch nicht aufgegeben haben und an die Zukunft des Landes nach einem allfälligen Ende des Assad-Regimes denken; aber auch für diejenigen in Europa, die ihr politisches Schicksal an die Migrationsfrage knüpfen.

Vor diesem Hintergrund wird die syrische Gesellschaft plötzlich zu einem mächtigen Player in einem Spiel, von dem man bisher glaubte, nur das Regime, Russland, Iran oder die Türkei bestimmten es. Diese syrische Gesellschaft mag schwer zu greifen sein, aber sie ist die einzige Kraft, die wirklich verhindern kann, dass der derzeitige Zustand der Bevölkerung zu einer unumkehrbaren Tatsache wird. Und dass die Hälfte aller Syrer endgültig ein Volk im Exil bildet.

In den Worten des Aleppiner Arztes Mustafa al-Kayali werden es auch die Köpfe der syrischen Clans und Familien sein, die, »wenn sich in Damaskus unversehens die Machtverhältnisse ändern«, hervortreten und die Gesellschaft, den Staat und seine Institutionen auffangen, um sie vor dem Kollaps zu bewahren.

In unseren Rittern von der »syrischen Charta« und in vielen anderen gesellschaftlichen Initiativen nimmt ein Syrien Gestalt an, das eine unmissverständliche Antwort darauf geben will: Wir wollen unser Volk zurück und miteinander in Frieden leben. Wir glauben, dass wir den Sektarismus besiegen können – und irgendwann auch einmal die andere Geißel der arabischen Welt, den Despotismus. Vielleicht sind sie jene »Dritte Partei«, nach der all diejenigen so lange suchten, die dem Land gern einen Westfälischen Frieden bereiten wollen.

In ihnen tritt die schwer zu greifende Gesellschaft, tritt

das »graue« Syrien hervor und gibt sich zu erkennen. Die ethnische, religiöse und kulturelle Vielfalt, zu der sich die Charta bekennt, ist für diese Syrer kein abstraktes Multikulti, sondern eine Realität, die sie schon einmal selbst gelebt haben. Und es kann deshalb kein Zufall sein, dass sie, als sie erstmalig in die Öffentlichkeit traten, ein Symbol wählten, das für diese andere Realität Syriens steht: für Vielfalt, Beständigkeit und den unzerstörbaren Willen, der Barbarei zu widerstehen. Es ist das Weltkulturerbe Palmyra.

FÜNFTES KAPITEL

Warum Despoten antike Monumente lieben und Dschihadisten sie zerstören

Wenn das Ebenbild des Pharao Ramses II. ausgerechnet in einem Slum das Licht des Tages wiedersieht, spiegelt das auf eine überhaupt nicht ironische Art und Weise die Zustände in Ägypten wider.

Entdeckungen wie die jener Kolossalstatue, die im März 2017 im Armenviertel Matareya bei Kairo gefunden wurde, sind nichts Ungewöhnliches in Ägypten. Sie sorgen dennoch immer wieder und in sehr regelmäßigen Abständen für Begeisterung. Antike Schätze zählen zu den wenigen hochwertigen Ressourcen, die in Ägypten anscheinend noch im Überfluss vorhanden sind. Und immer, wenn gerade wieder die schlechten Nachrichten überhandnehmen, wenn sich Unruhen wegen sozialer Probleme, hoher Nahrungsmittelpreise oder Willkürakte durch die Staatsgewalt ankündigen, taucht etwas Wunderbares auf: das Grab eines Pharao oder Ministers, eine Totenmaske, kolossale Köpfe der mächtigen Herrscher Ramses und Amenophis, des jeweils Zweiten oder Dritten. Sie erinnern die Ägypter – und die ganze Welt – daran, dass ihre kleinen Probleme wirklich sehr klein sind, im

Angesicht von 5000 Jahren glorreicher Geschichte. Der aus der ägyptischen Hochkultur extrahierte Nationalstolz soll dabei wie ein Schmerztropf wirken, so wie in anderen armen, autoritär regierten Staaten etwa große Sportereignisse.

Und so scheint es, als hätten die ägyptischen Antikenbehörden immer eine ausreichende Zahl von Entdeckungen auf Lager, die der Öffentlichkeit zum günstigsten Zeitpunkt präsentiert werden: taktische Archäologie, so könnte man es wohl bezeichnen.

Neben der Ablenkung hat die Antike aber noch einen anderen politischen Nutzen. Die prächtigen Paläste und Statuen der Nil-Zivilisation, die Erzählungen und Legenden, die sich um sie ranken, sind vielfältig und erstaunlich, in ihrer Botschaft aber eindeutig: Wann immer Ägypten unter einem starken Herrscher lebte, ging es dem Land gut. Es prosperierte wirtschaftlich und kulturell. Jeder, ob Bauern, Frauen oder Priesterschaft, kannte seinen Platz und ordnete sich unter. Der Pharao befehligte eine starke Streitmacht. Er regierte weise und zertrat seine Feinde, wenn es die Staatsräson verlangte. Er herrschte über ein Ägypten, dessen zivilisatorische Errungenschaften die Bewunderung der Nachbarn auf sich zogen, empfing Tribute und diplomatische Gesandtschaften. Wehe aber, wenn ein schwacher, nachgiebiger Herrscher die Geschäfte übernahm und wenn sich zu viele verschiedene Gruppen in die Politik einmischten: Verrat, Chaos, Zerfall, Hungersnöte ließen dann nicht lange auf sich warten.

Präsident Abd al-Fattah al-Sisi sei wie Pharao Mentuhotep II., rief einmal begeistert der Archäologe und ehemalige Antikenminister Zahi Hawass aus – in Anlehnung an einen im Ausland weniger populären, aber für die ägyptische Reichsgeschichte sehr verdienstvollen Pharao der 11. Dynastie (21. Jahrhundert v. Chr.).[30] Den europäischen Politikern unserer Zeit mag das seltsam vorkommen, aber viele moderne Herrscher in Ägypten wollten und wollen, dass etwas vom Glanz der Pharaonen auf sie fällt. Es mochte ihnen dabei gelingen, bestimmte brachiale Formen der Machtausübung zu adaptieren, was aber den zivilisatorischen Fortschritt anbelangt, ist die Bilanz der vergangenen 60 Jahre im Gesamtvergleich eher durchwachsen. Ägypten ist ein großes Volk mit großen Problemen, für die es nach Ansicht der Herrschenden pharaonische Projekte braucht: damals, unter Gamal Abdel Nasser, den Assuan-Staudamm, der die alljährliche Nilflut zum Erliegen brachte. Oder heute, unter Sisi, den Bau eines zweiten Suezkanals oder einer neuen Verwaltungshauptstadt, wie sie nach dem Willen der Regierung in den kommenden Jahren rund 45 Kilometer östlich von Kairo entstehen soll.

Anlehnungen an die Zeit der Pharaonen hört man indes nicht nur aus dem Lager der Befürworter Sisis und anderer autoritärer Präsidenten, sondern auch von ihren Gegnern, insbesondere den Islamisten. Bereits in den 1960er Jahren nannten die im politischen Untergrund aktiven Muslimbrüder den charismatischen Autokraten Nasser einen »Pharao«[31]. Das war alles andere als liebe- oder respektvoll gemeint, schließlich ließ Nasser die Islamisten unerbittlich verfolgen. Laut ihrer Propaganda kannte Nassers Hochmut keine Grenzen, sie warfen ihm vor, er lasse sich vom Volk im Stile der Pharaonen wie eine Gottheit verehren und vereinnahme für seine politischen Reden sogar die Moscheen (Letzteres tat er hin und wieder, damit hatten sie wohl recht).

Ein Pharao kommt auch im Koran vor, und stärker noch als das Alte Testament stellt ihn das Heilige Buch der Muslime als hoffnungslosen Fall dar: überheblich und abergläubisch; einer, der den Bezug zur Realität verloren hat. Als islamistische Attentäter 1981 Nassers Nachfolger, den ägyptischen Präsidenten Anwar al-Sadat, bei einer Militärparade töteten, feierten Islamisten in der ganzen muslimischen Welt den Tod eines »Pharao«, der sich – irrtümlicherweise – für unsterblich gehalten habe.[32]

Politische Herrschaft und Archäologie allgemein haben eine lange gemeinsame Geschichte: Schon der Chaldäerkönig Nabonid von Babylon, der im 6. Jahrhundert v. Chr. lebte, begeisterte sich dafür, sumerische, also damals schon jahrtausendealte, Statuen ausgraben zu lassen, um sich damit in die Erbfolge einer großen Zivilisation zu stellen. Und die Geschichte der Archäologie ist nun einmal auch untrennbar mit jener der orientalischen Despoten verbunden. Über Forschungs- und Ausgrabungslizenzen für antike Stätten machte schon das Osmanische Reich Politik: Man pflegte damit diplomatische Beziehungen oder spielte auch des Öfteren – etwa in Zeiten des Imperialismus oder des Kalten Krieges – die konkurrierenden Mächte gegeneinander aus.

Andere Herrscher, etwa die Pahlavi-Dynastie der Schahs von Iran oder autoritäre arabische Präsidenten wie der Iraker Saddam Hussein, nutzten die Antike als Steinbruch zur Untermauerung ihrer eigenen Legitimation: Sie inszenierten sich als Wiedergänger mythischer Herrscher und ließen ihre ägyptischen Counterparts regelrecht bescheiden aussehen.

Als Schah Mohammad Reza 1971 anlässlich der 2500-Jahr-Feier des antiken Perserreichs nicht nur die bis dahin teuerste Party aller Zeiten feierte, sondern sich wie ein Nekromant an das Grab des Königs Kyros II. in Pasargadae stellte, um mit dessen Geist zu reden, waren viele gläubige Muslime in Iran mit ihrer Geduld am Ende. Saddam Hussein wiederum ließ seinen Namen in Ziegelsteine prägen, aus denen man liebevoll und detailreich das antike Babylon restaurierte. Einen Nachfahren Nebukadnezars nannte er sich selbst.[33] Die Schätze des Altertums, mit denen der Irak im Überfluss gesegnet ist, sollten im Dienst seiner Verehrung stehen.

Viele Orient-Archäologen sehnen sich heute insgeheim oder auch ganz offen in jene Zeit vor 2003 zurück, als diktatorische Regime die Schätze der Vergangenheit wie ihre Augäpfel hüteten. Als man Raubgrabung und Vandalismus mit der Todesstrafe ahndete (es sei denn, die Schätze waren von so hoher Qualität, dass es sich für die Herrscher und deren Verwandtschaft selbst lohnte, sie für den Hausbedarf zu plündern oder auf dem internationalen Kunstmarkt zu verhökern).

Wer noch vor dem Irakkrieg Gelegenheit hatte, durch das antike Hatra, den Palast von Khorsabad, oder die Königsstadt Ninive zu streifen, kann sich heute glücklich schätzen. Glücklich, gesehen zu haben, wie alles war, bevor der Irak eine große Heimsuchung erlebte, erst durch die Folgen der Invasion durch die Koalitionstruppen und danach durch dschihadistische Hooligans. Wer aber das Verhältnis von Macht und Kulturerbe im Nahen Osten verstehen möchte, kommt nicht umhin, sich mit einer anderen Seite dieses Erbes zu befassen – einer dunklen Seite, die viele Menschen in den nahöstlichen Staaten sahen und erlebten. Und dies nicht immer abhängig davon, ob sie dem Kulturerbe große Bedeutung beimaßen oder Stolz angesichts der Schätze ihres eigenen Volks empfanden.

Weil es diese dunkle, mitunter auch magische Seite gab, eigneten sich die antiken Statuen von Göttern und Regenten so vortrefflich als Projektionsfläche für den Hass der Fanatiker: In ihren Augen sind sie Götzen, Abbilder einer Zeit der Ignoranz *(jahiliyah)*, die abzulösen Gott die Botschaft des Korans herabgesandt hat auf den Menschen. Und die Tatsache, dass viele Autokraten diese Werke auch zur eigenen Vergötzung nutzen, verstärkte diesen Abscheu noch. Darüber hinaus lagen viele antike Tempel und Ruinenfelder außerhalb der modernen Siedlungen. Manche Menschen fürchteten sich dort vor Spuk und dem verzaubernden Blick der Statuen, der in Stein gehauenen Wunderwesen, denen man, aus dieser Angst heraus, nach den islamischen Eroberungen zum Teil schon die Gesichtszüge zertrümmert hatte.

All dies traf zusammen, als die Organisation IS nach ihrer Eroberung von Mossul und Ninive im Irak, und später von Palmyra in der syrischen Wüste, einen Vernichtungsfeldzug führte. Gegen Teile der Bevölkerung und gegen das kulturelle Erbe.

Der »Islamische Staat« verwüstete Kulturerbestätten mit geradezu industriellem Eifer. Er ging mit Bulldozern, Sprengstoff und mit Vorschlaghämmern vor, zerschlug assyrische Reliefs und hellenistische Statuen im Museum von Mossul. Die Stadt- und Tempelanlagen in Hatra und Nimrud fielen ihm ebenfalls zum Opfer. Besondere Erschütterung rief im Sommer 2015 die Sprengung zweier Tempel, Baal-Schamin und Baal, in Palmyra hervor. Lange war Palmyra ein beliebtes Ziel für Studienreisegruppen gewesen. Die Besucher schwärmten von den malerisch angelegten antiken Kolonnaden. Die großenteils in der Spätantike unter hellenistisch-römischem Einfluss entstandenen Ruinen erzählen von der syrischen Königin Zenobia, die den Römern widerstanden hatte. Und vom zeitweiligen multikulturellen und multireligiösen Miteinander an diesem Kreuzungspunkt der Handelswege und Kulturen.

Der selbsternannte »Islamische Staat« taktete die Zerstörung der Kulturstätten – oder zumindest die Veröffentlichungen dazu – strategisch, sodass man den Eindruck gewinnen musste: Wenn gerade militärische Erfolgsnachrichten ausblieben, man weder ein großes Selbstmordattentat noch eine Hinrichtung von Geiseln ins Internet stellen konnte, oder aber wenn man der Überzeugung war, dass sich diese groteske Zurschaustellung von Brutalität irgendwann abnutzen würde, hatte man noch die Kulturstätten als sicheren Vorrat, um einen internationalen Aufschrei auszulösen.

Die Sprengungen von Palmyra erschütterten viele. Kulturinteressierte, aber auch Menschen, die dadurch zum ersten Mal überhaupt von dieser antiken Stätte hörten. Der Moment, als der prächtige und bis dahin gut erhaltene Baal-Tempel zu Staub zerfiel, wurde wohl auf allen Kontinenten in den Abendnachrichten gezeigt. Die Organisation IS hatte beachtliche Mengen Explosivstoffe an dem Monument angebracht und die Sprengung in Zeitlupe aufgenommen. Noch brachialer muteten die Bilder von IS-Kämpfern und ihren Sympathisanten an, die an verschiedenen Kulturstätten im Irak eigenhändig mit Hämmern auf antike Statuen und Reliefs einschlugen: Barbaren bei der Verrichtung ihres abscheulichen Geschäfts. So gingen auch diese Aufnahmen um die Welt. Es bestätigte sich abermals, was der Politologe und Dschihadismus-Forscher Asiem El Difraoui einmal über das Verhältnis zwischen Terror und Medienökonomie gesagt hat: Der sogenannte Islamische Staat bekomme kostenlos so viel Zeit für Imagewerbung im Fernsehen und in Sozialen Medien, wie selbst Weltkonzerne wie Apple oder Coca-Cola sich nicht leisten könnten.[34]

Wollte der IS allein schockieren? Oder steckte hinter der Verwüstung des Kulturerbes noch ein anderes Kalkül? Handelten die Täter am Ende gar nicht nur aus Lust an der Randale, sondern aus tiefer liegenden, ideologischen Motiven?

Eine Figur, die nicht etwa aus Kalkstein, sondern aus Fleisch und Blut besteht, kann darüber Aufschluss geben. Man hat sie wiederholt für tot erklärt, bis sie 2017 in der Türkei dem Haftrichter vorgeführt wurde. Seitdem gibt es ein juristisches Gezerre um Abu Khaled al-Kambodi, einen Australier mit südostasiatischem »Migrationshintergrund«, dessen bürgerlicher Name Neil Prakash lautet.[35]

Prakash galt als Posterboy der Organisation IS. Sein sympathisches, bescheidenes Gesicht tauchte in verschiedenen Anwerbe-Clips auf, die man, anders als die besagten Zerstörungsorgien, normalerweise nicht in westlichen TV-Programmen sah.

Eine eher zufällige Entdeckung führte dazu, dass ich mich eingehender mit seiner Person beschäftigte. Marcel Mettelsiefen, Dokumentarfilmer, Fotograf und Mitherausgeber unseres Magazins *zenith*, begleitete im Sommer 2016 einen kurdischen Trupp ins Dorf Al-Hawl, das etwa 40 Kilometer nördlich der damaligen syrischen IS-Hochburg Rakka liegt.

Unter dem Beschuss der von US-Spezialkräften unterstützten Kurden hatten sich IS-Kämpfer kurz zuvor von dort zurückgezogen, offenbar um den begehrten Märtyrertod doch noch etwas hinauszuzögern. In einem Container unweit des Marktplatzes, der offenbar als lokale Propagandazentrale gedient hatte, hatten die Dschihadisten allerhand Fahnen, Flugblätter und Zeitschriften hinterlassen, aber auch ein Archiv mit Datenträgern für den internen Dienstgebrauch. Mettelsiefen griff in eine Kiste mit provisorisch beschrifteten DVDs und lieferte das Material einige Tage später zur Auswertung in der *zenith*-Redaktion ab.

Die gespeicherten Daten vermittelten einen Eindruck der internen Arbeitsabläufe, aber auch der Vielfalt der medialen Angebote der Organisation IS: Es fanden sich einzelne Bild- und Tondateien, vor allem Gesänge und Explosionen, und sogenannte *Artworks*, mit denen ein mittelmäßig ausgerüsteter Cutter schnell ein Video erstellen kann, das den Standards der IS-Marke entspricht. Neben technisch und dramaturgisch eher aufwendig produzierten Clips, die Geständnisse von Gefangenen und Hinrichtungen zeigten, gab es einige Erklärvideos: Wie stellt man an der heimischen Werkbank einen Schalldämpfer her, um damit im Ausland Verräter zu liquidieren? Warum ist eine Glock – eine halb automatische Pistole österreichischer Bauart – des Dschihadisten Lieblingswaffe?

Am aufschlussreichsten schienen mir allerdings Videos, welche die gute Seite der Organisation IS zeigen sollten: Recht und Ordnung, Dienst am Bürger, Ambulanzen, Notfallärzte, glückliche Geburten der ersten Staatsbürger im Kalifat. Sympathische Geschichten mit authentischen Kronzeugen; solche, die beweisen, dass sich keineswegs nur Halbirre und Sadisten diesem Projekt anschließen, sondern verantwortungsbewusste, talentierte Menschen.

Prakash war einer dieser Helden aus einer Reihe von Episoden mit dem Titel *Stories from the Land of the Living*. In einem der Videos berichtet er von der seelischen Verstörung, die sich seiner bemächtigt habe, als er zum ersten Mal gemeinsam mit seiner Mutter von Australien in deren Heimat Kambodscha gereist sei. Prakashs Mutter war Buddhistin. Der Anblick von Menschen, die dort in Tempeln leblose Statuen anbeteten und ihnen Opfer darbrachten, habe den letzten Impuls gegeben, sich dem Islam zuzuwenden, bekennt Prakash. Seitdem wisse er aus eigener Erfahrung, was *shirk* sei – die vom Koran verbotene und verfemte Beigesellung anderer Gottheiten zu Allah, dem Einen und Allmächtigen. Prakash hält in der Episode auch eine ausführliche Rede über seine Heldenreise und Initiation: Erfahrungen als Migrantenkind in der westlichen australischen Mehrheitsgesellschaft, Zweifel an seiner Identität und schließlich sein Weg zum »Islamischen Staat« nach Syrien (ein Weg, den er laut australischen Ermittlungsbehörden im Jahr 2013 über Malaysia angetreten haben soll).

Während seines Vortrags steht Prakash vor den Trümmern einer antiken Statue, bei der es sich vermutlich um die der assyrischen Löwen von Arslan Tash handelt. Die kolossalen Figuren hatten lange Zeit auf einem Platz in der – sonst eher schmucklosen – Stadt Rakka gestanden. 2014 wurden sie mit einem Radlader auf Geheiß des Kalifats zertrümmert. Prakash posiert selbstbewusst vor den Trümmern, zeigt aber weder Hass noch Häme, sondern erklärt, weshalb es die heilige Pflicht der Muslime sei, Götzenbilder zu vernichten: Sie stünden für die Unmündigkeit des Menschen, der seelenlosen Stein vergöttert. Und nur der Islam könne ihn aus dieser selbst gewählten Ignoranz befreien.

Der persönliche Erfahrungsbericht Prakashs sollte offenbar erklären, warum die Organisation IS ihre Anhänger zur Zerstörung von Kulturerbe ermächtigte. Fast schien es, als fürchteten sie, dies könne die Dschihadisten bei der lokalen Bevölkerung in Misskredit bringen. Diese empfand trotz aller möglichen Vorbehalte ja einen ausgeprägten Stolz auf die Hochkulturen der Vergangenheit. Nun sah sie nicht nur Tempel und Statuen zu Staub zerfallen, sondern womöglich auch die Einkünfte zerrinnen, die sie früher einmal aus der Mitarbeit bei Grabungen, der Instandhaltung der Ruinen oder dem Tourismus erzielt hatte. Man rechnete zwar nicht damit, dass in naher Zukunft wieder Busladungen mit Studienreisenden im Kalifat vorstellig würden, aber bisher hatten Nimrud oder Palmyra noch viele Besatzer überstanden. Wenn der sogenannte Islamische Staat sie zur Plünderung und Zerstörung der Kulturstätten anhalten wollte – woraus sich nicht nur etwas Handgeld für die Raubgräber, sondern auch größere Summen für die Kriegskasse abschöpfen ließen –, dann musste er schlüssige Argumente liefern.

Die IS-Propaganda präsentierte also noch eine Reihe von Erklärungen, die in Europa weniger Aufmerksamkeit erhielten: Einerseits berief man sich auf den Propheten Muhammad, der bei seiner triumphalen Rückkehr nach Mekka ja allerhand Statuen und Götzen, die seine Zeitgenossen noch verehrten, aus der heiligen Kaaba hinaus habe werfen lassen. Darüber hinaus hieß es, erst die westlichen Kolonialmächte hätten die Götzen und Tempel des Alten Orients ausgegraben und den Muslimen die Erinnerung an einen Kult aufgezwungen, den sie dank des Islams – der die Relikte der Vielgötterei geschleift hätte – längst überwunden haben sollten.[36] Der Vorwurf spielte auf die archäologischen Expeditionen des 19. und frühen 20. Jahrhunderts an und auf den Umstand, dass europäische und amerikanische Altertumsforscher bis heute Grabungslizenzen in der arabischen Welt begehren.

Dieses Argument mochte vorgeschoben sein und von einem fragwürdigen Geschichtsbild Zeugnis geben. Aber man sollte es dennoch näher betrachten, denn es betrifft die kulturelle Identität der gesamten nahöstlichen Region, von der Türkei über Syrien, Libanon, Irak, Jordanien, Israel, Palästina, Ägypten bis tief in die Arabische Halbinsel.

Die Dschihadisten gehen davon aus, dass sich nicht nur der Prophet, sondern auch die Kalifen, die ihm nachfolgten, an der Zerstörung vorislamischen Kulturerbes beteiligt hätten – eine Vorstellung, die im Übrigen auch unter sogenannten Islamkritikern weit verbreitet ist.[37] Vor allem aber hätten sich die Muslime um das Kulturerbe nicht gekümmert, geschweige denn sich damit identifiziert. Beides sind Zerrbilder der historischen Wirklichkeit. Es gab durchaus Akte von planmäßiger Zerstörung unter den muslimischen Herrschern, auch Vandalismus, Schatzgräberei und Zweitverwertung guten Baumaterials. Eine der berühmtesten Episoden in diesem Zusammenhang ist wahrscheinlich die des Kalifen Al-Mamun, der im 8. Jahrhundert einen bis heute begehbaren Tunnelschacht in die ägyptische Cheops-Pyramide schlagen ließ. Darüber hinaus kannten arabisch-muslimische Geografen des Mittelalters ebenso wie der modernen Zeit viele antike Schauplätze, auch wenn diese nach Jahrhunderten bereits teilweise versunken waren. Nicht alle mussten also von europäischen Forschern nachträglich entdeckt werden. Die Ruinen des Alten Orients und der klassischen Antike trugen oft volkstümliche Bezeichnungen – entlehnt der Welt des Alten Testaments oder anderer Mythen und Legenden.

Wie stark sich spätere Bevölkerungen des Nahen Ostens mit der Antike identifizierten, hing auch davon ab, wie präsent und sichtbar deren Schätze waren: Wer einmal vor den mächtigen Pyramiden von Gizeh bei Kairo gestanden hat, stellt sich nicht die Frage, ob die Ägypter vergangener Jahrhunderte wohl ein Verhältnis zum Altertum hatten. Die Pyramiden waren sichtbar und Teil der Realität. In ihrem Schatten trugen sich politische Ereignisse und sogar Schlachten zu.

Beim spätantiken syrischen Palmyra, das über Jahrhunderte weitab von der urbanen Zivilisation lag, ist die Lage etwas komplizierter. Erst recht in Mesopotamien, wo man die Wiege der Zivilisation einst aus Lehmziegeln gebaut hatte: ein wirtschaftlich und ökologisch zwar sinnvolles, aber nach mehreren Tausend Jahren nicht mehr sonderlich ansehnliches Material.

Als im 19. Jahrhundert aber europäische Expeditionen im Nahen Osten anrückten und auf den Spuren Alexanders des Großen, König Salomons und Nebukadnezars wandelten, erweckten sie nicht nur die steinernen Zeugen zum Leben. Sie berührten die Gründungsmythen jener Bevölkerungsgruppen, die in der Ankunft des Islams nicht den Beginn ihrer Geschichte sehen, sondern ihn weit davor datierten. Das waren vor allem ethnische und konfessionelle Minderheiten. Und wenn es, wie die Archäologie nun unter Beweis stellte, eine große Vergangenheit vor dem Islam gab, waren sie, die Nichtmuslime, dann nicht die ursprünglichen Bewohner des Nahen Ostens?

Israel ist wohl das prominenteste Beispiel für dieses Phänomen: Erst kamen die Heiligland-Archäologen und machten sich an die historische Beweisführung der biblischen Geschichten. Auch wenn die meisten dieser Entdecker keine Juden, sondern Christen waren, schlug sich die neue Bibel-Begeisterung auch in der jüdischen Nationalbewegung nieder, dem Zionismus. Die Juden der arabischen Welt ließen sich, anders als viele Aschkenasen, von dieser Begeisterung zwar zunächst weniger anstecken. Aber die biblische Geschichte des jüdischen Volkes war nun ein Gegenstand von Wissenschaft und Politik, bis zu territorialen Forderungen.

Ein anderes Beispiel: Im Libanon hatte einst die Seemacht der Phönizier floriert. Viele Libanesen, allen voran die katholischen Maroniten, begeisterten sich allmählich ebenfalls für ihre antiken Vorläufer, insbesondere, als die Mandatsmacht Frankreich nach dem Zusammenbruch des Osmanischen Reichs den Libanon von Syrien trennte und einem neuen Staat mit – damals – christlicher Bevölkerungsmehrheit zur Unabhängigkeit verhalf. Viele Maroniten wollten keine Araber mehr sein und sahen die muslimische Geschichte erst recht nicht mehr als Teil ihrer Identität. Der Vollständigkeit halber sei angemerkt, dass ausgerechnet die Entdeckung der phönizischen Nekropole von Sidon 1887 nicht auf das Konto von Europäern geht, sondern auf das eines osmanischen Forschers namens Osman Hamdi Bey. Ausgerechnet ein muslimischer Universalgelehrter, ein Türke noch dazu, schenkt schenkte diesen Neu-Phöniziern im Libanon also einen Baustein für ihre Identitäts- und Mythenbildung.

Im Irak entdeckten derweil die christlichen Assyrer einen Teil ihrer Geschichte wieder: Ein irakisch-chaldäischer Katholik namens Hormuzd Rassam aus Mossul lernte die Archäologie von den Briten. Bereits 1852 übernahm Rassam – als einer der ersten »Orientalen« überhaupt – die Aufsicht über zwei bedeutende Ausgrabungen: Ninive und Nimrud, die bedeutenden Königsstädte der Assyrer-Reiche. Die Entdeckung der Gilgamesch-Tontafeln und des berühmten

Kyros-Zylinders hätten eigentlich genügen müssen, um aus Rassam einen der berühmtesten Archäologen der Welt zu machen.[38] Aber ihm fehlten wohl nicht nur »die bestrickende Fähigkeit des werdenden Diplomaten und Weltmannes, seine Entdeckung in farbiger Darstellung« vorzutragen, wie Ceram in seiner ohne Zweifel farbigen Darstellung *Götter, Gräber und Gelehrte* resümierte.[39] Rassam war für die Erlangung dieses Ruhmes vermutlich auch nicht weiß genug.

Als Sohn eines Diakons der assyrisch-chaldäischen Kirche interessierte sich Rassam nicht nur für die antike Vergangenheit, sondern auch für die Wiedererweckung einer assyrischen Identität. Seit dem 17. Jahrhundert war zwar in offiziellen Dokumenten von Assyrern die Rede, denn die assyrischen Stämme lebten unter osmanischer Herrschaft als Minderheitsgemeinschaft *(millet)* in einer Art Verwaltungsautonomie. Aber Rassams Schriften brachten nun gewissermaßen eine assyrische Nationalbewegung in Gang. Während des Ersten Weltkriegs scheiterte diese durch eine politische Fehlkalkulation ihres Patriarchen, der ein Bündnis mit Russland gegen die Osmanen eingehen wollte. Und an der Seite der Armenier wurden auch assyrische Christen in die syrische Wüste getrieben oder anderweitig Opfer der genozidalen Politik des osmanischen Enver-Regimes. Die Idee einer assyrischen Identität bestand jedoch fort und gewann immer wieder an Virulenz, je nachdem, in welchem Zustand sich die Staaten befanden, in denen assyrische Christen lebten.

In Europa war das 19. bekanntlich das Jahrhundert der Schicksalsgemeinschaften, die dann verspätet zu Nationen wurden. Ein romantisches Geschichtsbild beförderte die Einigung Deutschlands, Italiens oder die sich später im Staat

Israel vollendende zionistische Bewegung. Aber auch die Idee einer arabischen Nation ließ sich davon inspirieren, und die Araber waren bei Weitem nicht die Einzigen im Nahen Osten, die ihre bisherige Identität hinterfragten oder neu entdeckten.

Mandäer, Mazdakiten, assyrische Christen, Zorastrier – bei vielen nichtmuslimischen Gemeinschaften des Nahen Ostens ist unstrittig, dass sie dem Islam vorausgegangen sind. Andere historische Bezüge mögen konstruiert sein und sich aus Legenden nähren. Aber vor dem Hintergrund dieser Entwicklung ist es nicht verwunderlich, dass viele Minderheiten eine starke Bindung zu den Zeugnissen der vorislamischen Epochen ausprägten. Sie sind Ausdruck der vielfältigen Identitäten des Nahen Ostens und nicht zuletzt Sehnsuchtsorte, die an eine glorreiche Vergangenheit erinnern.

Das bedeutet nicht, dass Muslime in der arabischen Welt die biblische, phönizische, assyrische oder sumerische Kultur nicht auch stolz als Teil ihrer eigenen Identität betrachten. Zumal das Goldene Zeitalter des Islams ohne diese kaum vorstellbar gewesen wäre und man die muslimische Kultur mitunter – analog zur Religion – als Vollendung und Veredelung ihrer Vorgängerkulturen deutet. Aber für Extremisten wie den sogenannten Islamischen Staat galt es, diese Geschichte auszulöschen und zu überschreiben: Mit der Vernichtung ungläubiger, ketzerischer Minderheiten und ihrer Zeugnisse sollte der kulturelle Genozid vollendet werden. Nichts durfte bleiben, was an eine andere als die islamische Identität erinnerte. Oder zumindest das, was man für eine solche hielt.

An diesem Punkt schließt sich nicht nur der Kreis zwischen dem Thema der Minderheiten und der Zerstörung von

Kulturerbe, sondern auch zur unheilvollen Rolle diktatorischer Regime in der arabischen Welt: Sie inszenierten sich zugleich – und tun dies bis heute – als Nachfolger altorientalischer Herrscher, als Bewacher ihrer Hinterlassenschaft und als Schutzgaranten für die Minderheiten. Wer sich die Prunkreliefs der Könige und Pharaonen des Altertums anschaut, dem sollte es nicht schwerfallen, die Parallelen zu entdecken: Viele Völker unterworfen zu haben und von ihnen Tribute zu empfangen, hat fast jedem Despoten des Nahen Ostens zur Ehre gereicht.

Es steht zu hoffen, dass die weltweite Aufmerksamkeit, die dem durch Kriege geschundenen Kulturerbe zuteilwurde, einmal ein neues Bewusstsein prägt: eines, das sich von Sektarismus, Despotismus, Dschihadismus und anderen Geißeln des Nahen Ostens nicht mehr vereinnahmen lässt. Die Zeit dafür könnte besser nicht sein. Denn die zerstörerischen Attacken auf das antike Erbe haben vielen Menschen im Nahen Osten womöglich erst vor Augen geführt, wie reich und vielfältig ihre gemeinsame Kulturgeschichte ist. Und dass man dieses Erbe bewahren und wieder neu errichten kann.

SECHSTES KAPITEL

Unheilige Allianzen: Wer das Christentum im Orient bewahren will, sollte sich dabei nicht auf die Kirchen verlassen

Wenn es jemand geschafft hätte, die Türkei in die Europäische Union zu bringen, dann nur ein Staatsmann vom Schlage Mehmed Emin Ali Paschas. Geschliffene Manieren, verhandlungssicheres Französisch, nachdenkliche Augen, ein schlankes, ebenmäßiges Gesicht: Man muss sich schon fragen, weshalb die europäischen Mächte auf den Plätzen ihrer Hauptstädte allen möglichen Generälen Denkmäler errichteten, aber niemand an ihn gedacht zu haben scheint, den einstigen Botschafter, Außenminister und insgesamt fünffachen Großwesir des Osmanischen Reiches. Als eindeutig prowestlicher und reformbegeisterter Osmane hätte er es verdient gehabt, dass man ihn in Bronze verewigt. Und sonderlich viel hätte es nicht gekostet, denn Mehmed Emin Ali Pascha war von kleiner Gestalt.

Sein Name bleibt mit zwei bedeutenden historischen Ereignissen verbunden: dem Krimkrieg, in dem das Osmanische Reich an der Seite Frankreichs, Großbritanniens und des Königreichs Sardinien gegen Russland siegte; und den

Staatsreformen, den sogenannten *Tanzimat*, die das Osmanische Reich im Inneren veränderten.

Das bedeutende Reichsedikt *(Hatt-ı Hümayun)* von 1856 trägt Mehmed Emin Ali Paschas Handschrift, weshalb es sich auch nicht nur sprachlich wesentlich von anderen osmanischen Erklärungen unterscheidet: konkret, wenig floskelhaft und weitreichend in seinen Konsequenzen. Mit diesem Edikt wollte das Osmanische Reich seine nichtmuslimischen Untertanen als gleiche Bürger anerkennen. Der Sultan gelobte darin, ihre Sicherheit, ihren Besitz und ihre Würde ohne Ansicht ihrer Konfession zu schützen. Für die nichtmuslimischen Minderheiten – erwähnt sind insbesondere Christen und Juden – sollten darüber hinaus alle zuvor erteilten Privilegien und Rechte weiter gelten. Niemand sollte gezwungen werden dürfen, seine Religion zu wechseln, die freie Ausübung des Glaubens genoss den besonderen Schutz des Staates. Zur Verwaltung der nichtmuslimischen Glaubensgemeinschaften sollten fortan Kommissionen eingerichtet werden. Die Nichtmuslime sollten in den Streitkräften dienen; einzelne gesetzliche Bestimmungen würden fürderhin von den Behörden in ihre jeweiligen Sprachen übersetzt.

Der Plan war nicht schlecht, aber in der Rückschau betrachtet ging er wohl nach hinten los. Jedenfalls sofern man ihn an seinen Integrationserfolgen misst.

Die damalige osmanische Herrschafts- und Verwaltungspraxis, welche die Reichsuntertanen in Konfessionsgemeinschaften unterteilte, entsprach gewiss dem Zeitgeist. Sie war nicht zuletzt dem Umstand geschuldet, dass viele Minderheiten in entlegeneren Landesteilen lebten und sich am besten selbst organisierten: im Osten Anatoliens, am Euphrat, in den Bergen Kurdistans oder des Libanon. Insbesondere die verschiedenen christlichen Konfessionen folgten einer gewissen religiösen Stammeslogik, die mitunter an die Priesterherrschaft der Hebräer im Alten Testament erinnert: Wo keine mächtigen Feudalherren die Geschicke lenkten, rückten die Popen in politische Führungspositionen. Und das Osmanische Reich hatte diese Kultur in einer Weise gefördert, die die Gesellschaften des Nahen Ostens ebenso stark, wenn nicht sogar stärker prägen sollte als die kolonialen Eingriffe der Europäer im 19. und 20. Jahrhundert: Während der Sultan-Kalif als Beherrscher aller Gläubigen und sein oberster Rechtsgelehrter, der Şeyhülislam, für Muslime zuständig waren, sollten religiöse Würdenträger der Nichtmuslime, ob Bischöfe oder Patriarchen, sich um ihre jeweilige Konfessionsgemeinschaft kümmern. Sie standen der Obrigkeit als Ansprechpartner zur Verfügung und vereinten rechtliche, politische und religiöse Macht auf sich. Sie hatten sozusagen ihr Haus sauber zu halten und darauf zu achten, dass die Christen parierten.

Unglücklicherweise bestärkten die europäischen Mächte damals diese Entwicklung, indem sie in den religiösen Minderheiten ein Potenzial zu ihrer eigenen Machtentfaltung sahen. Den Christen im Osmanischen Reich ging es bis ins späte 19. Jahrhundert insgesamt nicht besser oder schlechter als anderen, aber da innere politische Konflikte des Reiches zuweilen die Gestalt von Pogromen gegen Minderheiten annahmen, wurden auch Christen Opfer solcher Anfeindungen – meist nicht direkt durch den Staat, sondern durch andere Gruppen und Konfessionsgemeinschaften, wobei wiederum die Behörden oftmals eine unrühmliche Rolle spielten, weil sie nichts dagegen unternahmen.[40]

In den europäischen Staaten des 19. Jahrhunderts, insbesondere in Frankreich, wo Medien und öffentliche Meinung die Außenpolitik nun mitbestimmten, galt der Schutz der katholischen Christen unter dem Halbmond als eine heilige Pflicht. Im Geiste dessen, was man heute wohl als eine auf Werte oder humanitäre Belange ausgerichtete Intervention betrachten würde, hatten sich die aggressiv expandierenden Mächte jeweils Schutzbefohlene gesucht, die zu ihren Interessen passten. Und die osmanische Herrschaft hatte diesen Bestrebungen zunächst wenig entgegengesetzt: Die russische Zarin Katharina die Große etwa deklarierte schon Ende des 18. Jahrhunderts kurzum die orthodoxen Christen, die zahlenmäßig einen Großteil der christlichen Gemeinschaften im Orient ausmachten, zu ihren Untertanen.

Frankreich erklärte sich unter anderem zur Schutzmacht der katholischen Maroniten. Großbritannien nahm sich, um ein Gegengewicht dazu zu bilden, der – nichtchristlichen – Drusen in der Levante an. Und das Deutsche Reich, das spät auf der Weltbühne erschien, wollte seine schützende Hand über die Juden unter der Herrschaft der Osmanen halten. Es war sonst niemand anders übrig geblieben, und beim Wettstreit um die prestigeträchtigen religiösen Stätten im Heiligen Land konnte es jedenfalls nicht schaden.

Die europäischen Mächte, die Mehmed Emin Ali Paschas Reformedikt mit vorangetrieben hatten, händigten nun sogar eigene Pässe an osmanische Bürger aus, die den Minderheiten entstammten. Sie gewährten ihnen vor Gericht konsularischen Beistand, forderten Immunität ein und verlangten mitunter sogar, dass nicht osmanisches, sondern das jeweilige Recht des europäischen Staates zur Anwendung komme. Dies verstärkte die – gefühlte und reale – Rechtsungleichheit, zumal zahlreiche Fälle von Missbrauch dieses

Privilegs durch Kriminelle aktenkundig wurden. Nicht nur, dass die bürokratischen Reformen unerwünschte Nebenwirkungen hatten. Sie kamen wohl auch etwas zu spät, wenn man betrachtet, dass in vielen christlichen Teilen des Reiches, insbesondere in den europäischen Provinzen, bereits ein Nationalismus Einzug gehalten hatte, den die Osmanen kaum noch stoppen konnten. Die Lebensrealität der Christen in den orientalischen Provinzen, wo sie Minderheiten waren, sah deutlich anders aus. Und im osmanischen System war, wie auch in den Systemen anderer islamischer Imperien, die Ungleichheit der Untertanen im Grunde bereits angelegt. Reformen hin oder her. Sie setzt sich im Nahen Osten auch in der Gegenwart fort: Da die osmanische Justiz auf den Traditionen der islamischen Rechtsauslegung (Scharia) basierte, viele Untertanen des Sultans aber keine Muslime waren, mussten andere Lösungen her. Im Erb- oder Personenstandsrecht schlug und schlägt sich dies bis heute nieder: Laut Scharia darf ein Nichtmuslim keine Muslima heiraten, ein Christ oder ein Druse wiederum nur eine einzige Ehe führen – zumindest nur eine zur selben Zeit. So gibt es heute selbst in den arabischen Republiken unterschiedliche Rechtsprechungen und sogar Gerichte für unterschiedliche Gemeinschaften, wenn es etwa um Fragen der Eheschließung, des Erbrechts oder des Personenstandes geht.

Mit solchen Details, die einen schier in Teufels Küche bringen, wollte sich die osmanische Herrschaft nicht beschäftigen. Insofern war die Rechtsautonomie, die man den »Schutzbefohlenen«, also den nichtmuslimischen Minderheiten zuerkannte, ein pragmatisches Modell. Eines, das so lange gut ging, wie die Minderheiten weitgehend unter sich in entlegenen Gebieten lebten.

Zu Problemen führte dieses Vorgehen allerdings in städtischen Ballungszentren, wo sie dann tatsächlich Minderheiten darstellten. Dort, wo es damals wie heute vorkommen konnte, dass die einen fasteten, während die anderen einen Schweinebraten mit einem Glas Rotwein zu sich nahmen. Wo Christen, Juden und Muslime miteinander Handel trieben und Immobiliengeschäfte machten. Wo der Spross des einen zum Militärdienst ging und der des anderen zu Hause blieb. Und wo es auch damals schon vorkommen konnte, dass jemand sich versehentlich in einen Sohn oder eine Tochter aus der falschen Konfession verliebte.

Diese konfessionelle Unterteilung der Gesellschaft nahm ein beträchtliches Ausmaß an und prägt viele Nachfolgestaaten des Osmanischen Reiches bis heute. Selbst zwischen christlichen Gemeinschaften, etwa Griechisch-Orthodoxen, Aramäern, Katholiken oder den wenigen durch europäische Missionare zum Protestantismus konvertierten Christen, waren Eheschließungen kaum denkbar, obwohl das osmanische Recht dem im Grunde nicht im Wege gestanden hätte. Doch aus Sorge um das Fortbestehen der Gemeinschaft, vor allem aber wohl um den eigenen Machterhalt, verweigerten die religiösen Oberhäupter oftmals ihren Segen.

Dass also die Kirchenleute ihren Gemeinschaften einen guten Dienst erwiesen haben, darf man im Hinblick auf die Christen des Orients in der Gesamtschau eher bezweifeln. Wer ein System, das bereits auf Macht, Hierarchien und Bevormundung aufbaut, noch mit politischen und rechtlichen Vollmachten ausstattet, muss sich nicht wundern, dass es diese im eigenen Interesse nutzt.

Das galt damals wohl ebenso wie heute. Das Gedenken der vielen engagierten Gottesmänner, die sich über die Jahrhunderte für das Wohlergehen ihrer Gemeinden aufopferten, verblasst leider angesichts einer anderen Realität: Bischöfe und Patriarchen, die sich zu zuverlässigen, willfährigen Genossen despotischer Regime machten. Und die ihnen Anbefohlenen als Tributzahler und dumme, unmündige Schafe halten.

Bischöfe und Patriarchen wie jener der Syrisch-Orthodoxen Kirche erklärten, so berichteten mir Gläubige im kleineren Kreis, dass man die bewaffneten Rebellen wohl oder übel vernichten müsse. Man versteht ja, dass sich ein Kirchenmann in Syrien nicht allzu mutig gegen das Regime auflehnt; aber niemand zwingt ihn, das Gegenteil zu tun. Jean-Clément Jeanbart, Erzbischof der griechisch-melkitischen Kirche von Aleppo, pries in einem Gespräch mit der Genfer Zeitung *Le Temps* den Kampf des Regimes gegen den Islamismus und bezeichnete die massenhafte Flucht von Zivilisten als eine Erfindung der CIA.[41] Sein Damaszener Patriarch, Gregorius III. Laham, pries das Regime in vielen Medienauftritten und erklärte 2015, dass nur so viele Syrer nach Deutschland gekommen seien, weil sie auf eine Einladung der Bundeskanzlerin reagiert hätten, nicht etwa, weil sie unter Krieg und Vertreibung litten.[42] Die Liste ließe sich lange fortführen, doch Bischöfe und Patriarchen machten sich nicht nur zu willfährigen Propagandisten autoritärer Regime, sondern arbeiteten auch aktiv mit deren Geheimdiensten zusammen. Ein kritischer Geist, der sich diesem System verweigerte, scheint unter den Männern Gottes der Region die Ausnahme, nicht die Regel zu sein.

Dass der geweihte Mann in der Soutane ein legitimer

Vertreter einer christlichen Gemeinschaft sei, beruht also auf dem fatalen Missverständnis, dass die kirchenhierarchische Stellung selbstverständlich mit einer Vertretung der christlichen Gemeinschaften einhergehe. Viele in Europa haben bis heute diese Diskrepanz nicht begriffen, sodass noch immer, wenn auf internationalen Konferenzen über den sozialen Frieden, die Konflikte und die Lage der bedrückten Minderheiten im Nahen Osten diskutiert wird, deren religiöse Würdenträger eingeladen sind. Sie mögen im Einzelfall politisches Verständnis haben, oft ist jedoch das Gegenteil der Fall. Denn sie denken nun einmal selbst in hierarchischen, autoritären Machtstrukturen. Sie haben – historisch und auch aktuell – den despotischen Regimen zu viel zu verdanken, um als alternative Stimmen sprechen zu können. Und vor allem hat sie niemand aus den christlichen Gemeinschaften gewählt, damit diese sie vertreten. Schon durch diese Interessenkollision sind sie zwar geeignet, für die Kirchen, nicht aber für die christlichen Gemeinschaften zu sprechen. Zumindest, wenn man diese als etwas anderes betrachten möchte denn als Stämme, die sich von Priestern durch die Wüste führen lassen und beten, dass hin und wieder einmal ein Wunder geschieht.

Christ sein ist im Nahen Osten heute – und war es auch schon in früheren Zeiten – nicht eine primär religiöse, sondern vor allem eine kulturelle und gesellschaftliche Angelegenheit. Sich als Christ zu definieren, mag verschiedene Gestalt annehmen, aber es vereint Fromme mit Säkularen, die heute auch im Orient einen erheblichen Teil der Christen ausmachen, innerhalb ihrer Gemeinschaft. Mit dieser Feststellung einhergehen muss die Erkenntnis, dass die Christen einer zivilen Repräsentation bedürfen. Vor allem, wenn verhandelt wird, ob das Christentum im Nahen Osten eine Zukunft haben soll oder ob die Christen sich samt und sonders in die Emigration begeben. In den von Terror und Gewalt zerstörten Teilen Syriens und des Irak, wo Christen und christliche Kultur betroffen sind, zeigt sich die besondere Dringlichkeit. Aber auch in der Türkei oder in Ägypten: Die internationale Gemeinschaft muss direkt mit den zivilen Vertretern der christlichen Minderheiten sprechen, anstatt sich nur auf die Regierungen und Regime zu verlassen, die vorgeben, sie zu schützen.

Ob ein Mensch mehrere Religionen haben kann, darf als umstritten gelten. Dass man verschiedene kulturelle Prägungen in sich vereinen kann, hingegen nicht. So lässt sich auch in diesem Fall die konfessionelle Logik – der Sektarismus – nur dann überwinden, wenn man einerseits das Christliche als eine kulturelle Prägung ansieht und andererseits klar und deutlich zwischen den Vertretungsansprüchen von Kirche und Gemeinschaft unterscheidet. Dafür wäre es wohl notwendig, dass man die Popen an die Wahrnehmung ihrer eigentlichen Pflichten erinnert: Seelsorge, geistlicher Beistand, moralische Erziehung. Und die Bewahrung der jahrtausendealten christlichen Kultur in einer äußerst unchristlichen Zeit.

SIEBENTES KAPITEL

Ich kann beim besten Willen kein Hakenkreuz erkennen. Oder: Darf man mit Sozialnationalisten reden?

Ein Profi hätte mehr Verheerung angerichtet. Aber Sanaa Mehaidli war ein Mädchen von nicht einmal 17 Jahren, und ihre Organisation besaß noch wenig Know-how in Sachen Selbstmordattentat. Mit einem Peugeot voller Sprengstoff rammte sie am 9. April 1985 einen Konvoi der israelischen Besatzungsarmee im libanesischen Jezzine und tötete zwei Soldaten. In ihrem Abschiedsvideo, auf einer VHS-Kassette, trägt Sanaa, eine Christin, ein korallenrotes Barett; neben ihr eine schwarz-weiß-rote Fahne mit einem Symbol, das *Zaubaa*, »Wirbelwind«, genannt wird. Es sieht aus wie ein Propeller mit vier nach rechts gestellten Sichelflügeln. Ein Schelm, wer Böses dabei denkt?

Das Zeichen der Syrischen Sozialen Nationalistischen Partei (SSNP) weht heute wieder vielerorts in der Levante: auf Transparenten über der Geschäftsmeile Al-Hamra in Beirut, an Häusern in den Küstendörfern. Paramilitärs in Syrien haben sich die *Zaubaa* an den Kampfanzug geheftet. Hin und wieder sieht man sogar gepanzerte Fahrzeuge damit beflaggt. Die SSNP ist die einzige Parteimiliz neben der schiitischen *Hizbullah*, die offiziell vom Libanon aus in den Syrienkrieg eingegriffen hat und das Assad-Regime verteidigt: zwischenzeitlich mit rund 5000 Mann, syrischen und libanesischen Freischärlern. Und sie ist eine der Kräfte, denen man begegnet, wenn man sich auf die Suche nach alternativen Gesprächspartnern in Syrien macht.

»Wir kämpfen nicht für Bashar al-Assad, sondern gegen die Zerschlagung Syriens«, sagte mir einmal der SSNP-Vorstand Hassan Saqr, Unternehmensberater, Mitte 40, Tennisspieler, griechisch-orthodox und Fan von Bayern München. Das Parteizentrum dieser »Nationalsyrer«, die im Arabischen auch *Qaumiyin* genannt werden, liegt zwischen den Vierteln Hamra und Rausheh im Beiruter Westen. An den Wänden des leicht heruntergekommenen Büroturms hängen Fahnen und Plakate mit den Konterfeien ihrer Märtyrer. Etwas nerdig sehen sie aus, und ziemlich militant. Das Zentrum wirkt wie eine Mischung aus Bürgeramt und Rockerheim. Und die Assistentin des Vorstands erinnert an ein Biker-Girl – Lederhosen, Absatzstiefel, eine Menge Mascara im Gesicht.

Auch Schlägereien gibt es immer wieder. Ende April 2016, als Studenten vor den Toren der Amerikanischen Universität in Hamra zu Ehren ihres 1982 ermordeten Führers und Ex-Präsidenten Bashir Gemayel aufliefen, etwa. Die SSNP fühlte sich provoziert. Schließlich hatte einer ihrer Leute Gemayel damals umgebracht, weil er mit den israelischen Besatzern kooperierte.

»Unsere Männer haben noch den Mumm zuzupacken«, erklärte Saqr. Schwärmerisch pflichtete die Assistentin bei. Bei den Nationalsyrern trauen sie sich noch was.

Ihre Bewegung polarisiert, hat aber wieder Zulauf. Doch

wer sind die *Qaumiyin*? Versprengte, zurückgebliebene Faschisten? Nostalgiker einer Idee von »Großsyrien«, das sich von Zypern bis an den Tigris und vom Taurus bis an das Rote Meer erstreckt? Das war einmal mehr oder weniger die Idee ihres Gründers Antun Sa'ada, der die Partei 1932 zunächst als eine Art Untergrundorganisation aufbaute – beeinflusst von sozialistischen Wirtschaftstheorien, rassischem, nationalromantischem Gedankengut und einem Faible für die Ästhetik des NS-Staates, was damals im Nahen Osten nicht ganz ungewöhnlich war. Wegen eines angeblich von ihm geplanten Staatsstreichs gegen die Souveränität des Libanon wurde Sa'ada zum Tode verurteilt und 1949 in Beirut hingerichtet.

Politisch hat die SSNP nie etwas zuwege bringen können. Ihr Selbstbewusstsein beeinträchtigt das nicht: Sie sieht sich als ultrasäkular und setzt dem in der Levante verbreiteten Konfessionalismus die Idee einer gemeinsamen syrischen Nation entgegen: nicht, wie ihr hin und wieder vorgeworfen wird, eine syrische Rasse im Sinne der europäischen Rassentheorien des 19. und 20. Jahrhunderts, wohl aber eine aus gemeinsamer Kultur und Abstammung hervorgegangene Nation, die sich gegen äußere Feinde und religiöse Fanatiker wehren muss, was die SSNP wiederum mit quasi-religiösem Eifer propagiert.

In der Gruppierung finden sich Schlägertypen und Intellektuelle, es gibt Richtungskämpfe wie in einer »echten« Partei, die nicht bloß, wie im Libanon oft der Fall, Gesindetross eines Clanchefs ist. Politisch sind die Nationalsyrer ein Juniorpartner der »Bewegung 8. März«, gemeinsam mit der *Hizbullah* oder der »Freien Patriotischen Bewegung« des Michel Aoun. Sie haben einige wenige Abgeordnete im libanesischen Parlament; hin und wieder stellen sie Minister. Sie nehmen also teil am System. Dass ihre Ideologie aber die bestehenden Nationalstaaten und Grenzen zwischen Syrien, dem Libanon, Jordanien, dem Irak und Palästina insgesamt ablehnt, müsste sie in ein ähnliches Dilemma bringen wie fromme Salafisten, die Demokratie für Aberglauben halten, aber trotzdem Parteien gründen und wählen. Heuchelei, Pragmatismus oder »Marsch durch die Institutionen« (Rudi Dutschke)?

In Syrien, vor allem unter den Minderheiten wie Christen, Alawiten und Ismailiten, konnten sich die Nationalsyrer in den vergangenen Jahren als weniger korrupte, verlässlichere Kraft neben der herrschenden Baath-Partei darstellen. Von Gewährsleuten in der SSNP ist zu hören, dass sie in manchen Monaten fast 100 neue Mitglieder aufgenommen haben. Auch säkulare Sunniten, die sich von den Religiösen abgrenzen wollen und sich daher ebenfalls als Minderheit betrachten, bekennen sich zu ihr.

Die *Nusur al-Zawba*, »Adler des Wirbelwinds«, wie sich der bewaffnete Arm der Partei nennt, operieren vor allem in von Minderheiten bewohnten Gebieten in Homs, Damaskus, dem Qalamun-Gebirge oder dem »Christental« Wadi Nasara. Auch unter den Drusen des Südens in Suwaida, die sich nicht gern vom Regime vereinnahmen lassen, versuchten die Nationalsyrer stärker Fuß zu fassen. Die Armee war dort nicht besonders gut gelitten, da die Drusen befürchteten, dass ihre jungen Männer fern der Heimat, in Aleppo oder Idlib, in der Schlacht verheizt würden.

Bei vielen Syrern im Regime-Gebiet besitzt die SSNP einen besseren Leumund als die paramilitärischen Nationalen Verteidigungskräfte, die das Assad-Regime in Ermangelung effizienter und loyaler regulärer Streitkräfte aufbauen ließ. Und angeblich beteiligen sich die »Adler« der Nationalsyrer seltener an Plünderung und Schutzgelderpressung von Zivilisten als andere Milizen.

Als ihre Freiwilligen im Jahr 2013 vermehrt im syrischen Krieg auftauchten, hielt mancher sie aufgrund ihres libanesischen Akzents erst für *Hizbullah*-Kämpfer. Im Hauptquartier in Beirut heißt es, das Oberkommando der Miliz befinde sich in Beirut, man koordiniere sich aber eng mit der syrischen Armee. Ungeklärt sind Fragen zu Sold und Herkunft ihrer Mittel: Während Sympathisanten der Bewegung in Syrien berichten, die SSNP zahle mehr Sold als andere Milizen und kümmere sich finanziell sehr gut um die Familien der Gefallenen, gibt die Parteispitze an, man könne diesen nur eine symbolische Unterstützung von 23 Dollar monatlich bieten. Niemand kämpfe für Geld, sondern um die Zerstörung Syriens durch Islamisten, Zionisten und westliche Geheimdienstschergen zu verhindern. »Spenden unserer Unterstützer im Ausland kommen bar an und lassen sich so nicht zurückverfolgen«, so berichtete Parteivize Hassan Saqr in Beirut.

Ähnlich wie die *Hizbullah* – wenn auch in geringerem Umfang – verfügt die SSNP über ein Netz syrischstämmiger Geschäftsleute in Südamerika, wo Parteigründer Antun Sa'ada selbst eine Zeit lang lebte. Über die Finanzen mag es auch deshalb widersprüchliche Angaben geben, weil das Haus Makhlouf, aus dem Assads Mutter und sein notorischer Milliardärsvetter Rami stammen, den Nationalsyrern traditionell zugewandt ist. Und das, obwohl die Partei unter Hafiz al-Assad lange verboten war. Rami Makhlouf unterhält über seine wohltätige Stiftung *Al-Boustan* zwar eine eigene Miliz, dennoch ist es möglich, dass er auch die *Qaumiyin* bezahlt. Zur Verwirrung trägt bei, dass es in Syrien inzwischen mehrere Bewegungen unter dem Banner des Wirbelwindes gibt: Ali Haydar, ein Ismailit aus Salamiyyah und Assads »Minister für nationale Versöhnung«, steht einer davon vor, die aber wenige Mitglieder besitzt und vom Beiruter Hauptquartier als abtrünnig betrachtet wird. Joseph Sweid, ein Damaszener Christ und Ex-Minister, führte einen stärkeren Flügel an, der zwar das Regime stützt, sich aber dennoch deutlicher als autonome Kraft positionieren wollte. Inzwischen hat die Amtsgeschäfte der Partei in der Hauptstadt ein gewisser Elias Shaheen übernommen. Darüber hinaus gibt es noch eine Gruppe, die Makhlouf nahestehen und sich gestohlene Mitgliederlisten einverleibt haben soll.

In der Ideologie der SSNP vermengen sich extrem rechte und extrem linke Diskurse. Es wird von aufopfernden Eliten, von Volkswiderstand und Mobilisierung schwadroniert. Und wahrscheinlich sind die Nationalsyrer damit näher am populistischen Spektrum in Europa als jede andere nahöstliche Partei. Das Unbehagen in der Gegenwart weckt Sehnsucht nach Geschichte und Grandeur – und nach einer mesopotamisch oder mediterran geprägten Identität, die angesichts des Scheiterns von Islamismus und pan-arabischen Ideologien durchaus nachvollziehbar ist. Die Nationalsyrer wollen integrativ sein, nur mit den Juden in Israel wird es wohl schwierig: Dass sie das »zionistische Projekt« ablehnen, ist eine Sache. Aber sie gehen weiter als andere arabische oder islamische Bewegungen, die stets betonen, nur mit dem Zionismus, nicht aber mit Juden ein Problem zu haben. SSNP-Kader verorten Landnahme, Rassismus und Unterdrückung anderer Völker schon im Alten Testament und unterstellen den Juden also, dies alles sei tief im Judentum verankert.

Antun Sa'ada erklärte selbst, die Juden, anders als etwa Armenier, Kurden oder andere in den syrischen Kulturraum eingewanderte Gruppen, seien quasi nicht integrierbar. Sie teilten nicht die wesentlichen Merkmale der Kultur und Abstammung der Syrer. Und sie würden niemals loyal zum syrischen Volk und zur großsyrischen Sache stehen, sondern hingen einer rückwärtsgewandten Religion und Weltanschauung an.[43] Dies bezog Sa'ada nicht nur auf die jüdische Immigration ins Heilige Land im 20. Jahrhundert, sondern auch auf die orientalischen Juden in Damaskus, Aleppo, Beirut oder Bagdad, deren Vorfahren zum Teil ja bereits in antiker Zeit in den syrisch-mesopotamischen Kulturraum »eingewandert« waren. Deshalb sind seine Schriften auch nicht antizionistisch, sondern eindeutig antijüdisch zu verstehen.

Einige seiner Anhänger, so war es vor nicht langer Zeit im von Sa'ada gegründeten Parteiblatt *Al-Nahda* nachzulesen, rufen noch heute zum Kampf gegen die Juden auf – vor allem gegen die »Juden im Innern«, also diejenigen Araber und Syrer, die angeblich mit Juden und Zionisten kooperieren oder eine Normalisierung der Verhältnisse anstreben.[44]

Man fragt sich bei der Auseinandersetzung mit den Nationalsyrern, unter denen es viele kluge Köpfe gibt, was es mit dieser antijüdischen Obsession wohl auf sich hat. Sie bestreiten ihre Anlehnungen an die NS-Ästhetik und weisen sogar darauf hin, dass der faschistische Gruß mit dem erhobenen rechten Arm bei ihnen nicht üblich sei, anders als bei den syrischen Baathisten. Und der »Wirbelwind« sei nicht etwa vom Hakenkreuz, sondern von einem altmesopotamischen Symbol inspiriert: vier Tänzerinnen bei einem Frühlingsreigen.

Die namentliche Ähnlichkeit – sozial-nationalistisch und national-sozialistisch – gilt manchem im Westen schon als überführendes Indiz dafür, wes Geistes Kind die SSNP von Anfang gewesen ist. Allerdings muss man der Fairness halber anmerken, dass es im Arabischen deutlich weniger ähnlich klingt: Sozial ist hier *ijtima'i*, was »gesellschaftlich« bedeutet, und nicht *ishtiraki*, was »sozialistisch« heißt und auch in der arabischen Übersetzung von »Nationalsozialistische Deutsche Arbeiterpartei« (NSDAP) vorkommt.

Ihre Ablehnung Israels als jüdischer Staat geht, wie gesagt, über den herkömmlichen Antizionismus, der in der arabischen Welt sehr weit verbreitet ist, hinaus. Aber eine genaue Betrachtung der nationalsyrischen Auffassung lässt vielleicht nachvollziehbar werden, warum viele anscheinend sehr kultivierte, säkulare und auf den ersten Blick nicht des Fanatismus verdächtige Syrerinnen und Syrer eine derart persönliche Ablehnung gegenüber Israel erkennen lassen und sogar die Existenz eines jüdischen Volkes bestreiten. Für sie handelt es sich beim Zionismus nämlich nicht um eine nationalstaatliche Bewegung.

Israel ist in dieser Deutung ein Produkt des Sektarismus – ein historischer Präzedenzfall, der ein Hauptanliegen der Nationalsyrer konterkariert, nämlich die Überwindung konfessioneller, ethnischer Spaltungen. Das Projekt Israel wird damit zur Antithese ihrer eigenen Ideologie. Und für besonderen Ärger sorgt die Tatsache, dass die Juden mit diesem Projekt nicht scheitern, sondern erfolgreich sind.

Für solche nahöstlichen Details interessieren sich die rechtsextremen Politiker wohl wenig, die hin und wieder nach Beirut und Damaskus kommen, um die SSNP zu besuchen. Auch der NPD-Mann Udo Voigt war einmal da. Man diskutierte über Terrorismus und das Problem mit Flüchtlingen. Auf die Frage, ob er wisse, was Leute wie Voigt von Syrern und Libanesen halten, reagierte der Parteivorstand Saqr gelassen: »Solange aus Europa sonst niemand mit uns redet, unterstützen wir ganz gezielt solche, die die europäischen Regierungen ärgern.« Auch zur faschistischen »Goldenen Morgenröte« in Griechenland habe man beste Beziehungen. Auf deren Weblog wurde sogar schon Sanaa Mehaidlis gedacht, der ersten Christin, die sich in einem Selbstmordanschlag gegen Israel opferte. Für den Glauben an Großsyrien.

Solche Einstellungen bedenkend, stellt sich also die Frage: Darf man mit Sozialnationalisten reden? Die europäischen Staaten tun es bereits – womöglich ohne es zu wissen. Denn es gehört zu den Merkwürdigkeiten des Syrienkonflikts, dass ausgerechnet die Nationalsyrer zu Mittlern zwischen Damaskus und einigen europäischen Regierungen wurden. Sie geben sich zwar meist nicht als Parteigänger der SSNP zu erkennen, aber die Bewegung verfügt über Netzwerke kluger Köpfe mit internationalen Beziehungen und weiß sie zu nutzen. Zwei der inzwischen bekanntesten sind die Brüder Tariq und Khaled al-Ahmad, Letzterer ein weltläufiger Mittdreißiger, der für Präsident Assad Kontakte zu westlichen Diplomaten, humanitären Organisationen und Geschäftsleuten in Europa und den USA pflegt. Auch im Umfeld der Präsidentengattin, Asma al-Assad, fanden einige SSNP-Anhänger Gehör. Sie berieten die First Lady in Imagefragen und betreuten, insbesondere zu Beginn des Krieges, zahlreiche ausländische Journalisten.

Der »Reformflügel« bei den Nationalsyrern in Syrien gilt als Sammelbecken für Ultra-Säkularisten. Diese Leute lehnen den Baathismus ab als einen verstaubten Versorgungsapparat für Funktionäre, der ideologisch noch dazu weitgehend bankrott ist und weder den Sektarismus noch den religiösen Fundamentalismus nachhaltig einhegen konnte.

Einige, so ist aus Parteikreisen in Damaskus zu hören, legen der Führung sogar nahe, den antijüdischen Diskurs zu dämpfen. Man müsse, so die SSNP-Realos, stärker zwischen Judentum und Zionismus differenzieren, auch um in Zukunft vernünftige Beziehungen mit den Europäern, Amerikanern und Russen zu unterhalten. Bisher wurde dies abschlägig beschieden – angeblich, weil man die Partei jetzt, in dieser kritischen politischen Gesamtlage, nicht spalten wolle. Die Traditionalisten, die die Worte des Parteigründers Sa'ada so wichtig nähmen wie andere die Verse des Koran, dürfe man nicht entfremden.

In manchen Kreisen in Syrien gilt es dennoch als chic, Nationalsyrer zu sein: Man kann auf das System zwar schimpfen, sich aber zeitgleich seines Schutzes erfreuen. Die SSNP genießt ein gewisses Maß an Narrenfreiheit. Auch für säkulare Sunniten, die im Machtapparat weniger gut vernetzt sind als etwa die Alawiten, bietet die Partei Schutz und das, worauf es letztendlich ankommt: Netzwerke.

Lehrer, Sozialwissenschaftler, etliche Mitglieder der gebildeten Damaszener Mittelschicht bekennen sich heute zur nationalsyrischen Bewegung. Und insbesondere die Jugendorganisationen der Partei in Syrien und im Libanon verfügen noch über ein anderes Alleinstellungsmerkmal: einen relativ liberalen Umgang mit Sexualität. Bei den *Qaumiyin* lerne man junge Frauen aller Konfessionen kennen, und die seien »ziemlich locker«, antwortete mir kürzlich noch ein Parteigänger auf die Frage, was ihn schon früh für die nationalsyrische Bewegung begeistert habe.

Und was viele ihrer Anhänger in Syrien einerseits zu interessanten Gesprächspartnern macht – ein gewisser intellektueller Anspruch und Interesse an politischer Philosophie –, diskreditiert sie andererseits auch wieder: Sie neigen dazu, die Verhältnisse in Syrien, die Brutalität des Assad-Regimes ausschweifend zu verharmlosen. Wer mit SSNP-Anhängern heute über Syrien streitet, muss sich an die apologetischen Argumentationsmuster der europäischen Linken während des Kalten Krieges erinnert fühlen, etwa wenn es um die Gewaltexzesse Stalins, Maos oder der Roten Khmer ging: Brutalität sei relativ, die andere Seite allemal schlimmer und die Hauptschuld an der Krise im Zweifel bei den Imperialisten und Zionisten dieser Welt zu suchen. Mit dem Begriff »Salon-Regimisten« sind sie wohl am treffendsten beschrieben: links in der Theorie, bourgeois im Lebenswandel, rechts in ihrem Essentialismus, dergestalt, dass bestimmte Kulturen oder bestimmte Religionen, etwa der Islam, einfach so sind, wie sie sind, und deshalb in ihrer Gänze abzulehnen. Damit sind sie von jener seltsamen Rechts-Links-Mischung, die derzeit auch in Europa wieder Schule macht, gar nicht weit entfernt.

Ob es ihnen eines Tages gelingt, sich in Syrien als Machtalternative zu Assad und den Baathisten anzubieten? Ganz ausschließen kann man das nicht. Wenn es mit der nationalsyrischen Bewegung aber weitergeht wie bisher, wird ihr in Zukunft eher eine andere Rolle zufallen: als theoriefeste, allzeit motivierte Avantgarde, die auch den kommenden despotischen Regimen als nützliche Idiotin dient.

ACHTES KAPITEL

... in dem Millionen zu einem Grabmal pilgern und die Machtverhältnisse im Islam verändern

Wohin das Auge schaut: Menschenmassen, die sich geduldig in- und umeinander schieben. Familien mit Kindern haben Schals zu Stricken verknotet, an denen sie sich zusammenhalten. Die Frauen, fast sämtlich in schwarze Tschadors gehüllt, sind klar im Nachteil, wenn es darum geht, sich in der Menge zu erkennen: Deshalb haben die Anführer der Pilgerzüge beschriftete Tücher in grellen Farben ausgegeben. Die Tücher legt man zum Dreieck gefaltet über die Schultern, was ein wenig an die Pfadfinderkluft erinnert. Aber beim Pilgerfest von Kerbela wird schließlich auch gewandert – und im Freien kampiert.

Aufgepasst, jetzt kommt der Zug. Vorn mühen sich die Fahnenträger, im Gleichschritt zu marschieren. Die Burschen in der zweiten Reihe tragen Stirnbänder in Rot, Grün, Schwarz und Weiß. Die Schlägel in der linken ausgestreckten Hand sausen jetzt im Takt auf große Trommeln nieder. Der Rhythmus, erst langsam und behäbig, zieht ganz allmählich an. Die Übrigen, die keine Trommel vor sich hertragen, schlagen sich im gleichen Takt mit der Rechten auf die Brust.

Kaum hat sich der *Maukib*, der Pilgerzug, in Bewegung gesetzt, kreuzt seinen Weg die Konkurrenz auf Rädern. Auf das Gestell eines 7,5-Tonners, dicht an dicht mit Fahnen geschmückt, haben sie einen halsbrecherisch schwankenden Turm aus Lautsprechern montiert. Daraus schallt klagender Sprechgesang, mit Echo-Effekt und bis zum Anschlag übersteuert. Und nur wenige Meter weiter springt eine Gruppe junger Männer im Gleichtakt zu einem monotonen Beat auf und ab, an dem auch Anhänger von Technomusik Gefallen finden könnten: »Um-ts-um-ts-um-ts-um-ts-um-ts, Hussein!«

Ruhig und geduldig geht es an der Hendlbraterei zu: Brust oder Keule, jeder bekommt was ab. Hinter dem Stand, den eine kuwaitische Stiftung betreibt, brutzeln Tausende Geflügelleiber an Drehspießen. Auf dem Münchner Oktoberfest würden für einen solchen Schmaus wohl zehn Euro fällig werden. Bei den Kuwaitis gibt es alles kostenlos. Und das ist keine Ausnahme, sondern die Regel.

Auf den Straßen Kerbelas werden frisches Obst oder Schalen voller Reis gereicht, garniert mit Mandelsplittern und Rosinen. Privatleute, Familien, Stiftungen, die Bewohner Kerbelas sind auf den Beinen, um Millionen Pilger zu versorgen. Wer nicht zu hohe Ansprüche ans Essen hat, kann sich so zwei Tage lang durchschlagen – und stiftet dabei noch Segen, anstatt als Schnorrer dazustehen. »Die Kerbala'is verdienen mit den Pilgern das ganze Jahr viel Geld«, sagt ein pilgernder Iraker. Da könnten sie ja auch mal spendabel sein. Und die Großmut scheint auch auf die meisten Gäste abzufärben. »An *Arba'in* sind alle Brüder. Und wenn sie wieder aus Kerbela zurückgekehrt sind, benehmen sie sich wieder unmöglich«, fügt der fromme Kritiker hinzu und verschwindet lachend in der Menge.

Es ist der 20. Tag des Monats *Safar* im islamischen Mondkalender. Ein Tag, der in diesem Jahr in den Herbst fällt. Das Pilgerfest *Arba'in* ist der Höhepunkt und zugleich der Abschluss eines Massenauflaufs, wie er nicht seinesgleichen kennt. Innerhalb von rund fünf Wochen besuchen ganze Völkerscharen diesen Wallfahrtsort: mindestens dreimal so viele wie in einem ganzen Jahr nach Lourdes kommen und mehr als 60-mal so viele, wie im Jahr 2016 den Jakobsweg gewandert sind.

Solche Vergleiche könnte man noch lange fortführen, politische Brisanz besitzt aber nur einer: Gegen das Fest *Arba'in* nimmt sich die *Hadsch*, die Pilgerfahrt nach Mekka und Medina, die jeder gläubige Muslim einmal im Leben absolvieren sollte, eher bescheiden aus. Im Pilgermonat Dhu l-Hidscha gibt es dort Kontingente von insgesamt 2,5 Millionen Pilgern, die statistisch kontrolliert werden. Hier, in Kerbela am Mittellauf des Euphrat, weiß niemand, wie viele tatsächlich zu *Arba'in* kommen. Schätzungen belaufen sich auf 12 bis 22 Millionen Menschen – eine präzisere Erfassung scheint für die Veranstalter auch von nachgeordneter Bedeutung. Es gibt zwar Hubschrauber und Überwachungskameras, die man dafür benutzt. Aber eigentlich scheint man ganz froh zu sein, wenn alle sagen: Es sind schier unermesslich viele.

Wichtig ist: Die Besucher werden immer mehr und immer internationaler; der Rekord ist ein Dauerzustand und Ausdruck zunehmender Macht. Kerbela mit rund einer Million Einwohnern in der gleichnamigen Provinz ist oben auf der Weltrangliste, zumindest was das Pilgern angeht, und damit dort, wo es nach Meinung vieler Schiiten hingehört. Jene, die beinahe als notorische Verlierer in die islamische Geschichte eingegangen wären, sind heute in Siegerlaune.

Für die einen ist die Pilgerstätte Kerbela ein Sehnsuchtsort, der Trost und Hoffnung spendet – für die anderen eine Erinnerung daran, dass der Tod ihres Imams noch lange nicht gerächt ist. Darum weht manchmal eine rote Fahne über dem Schrein Husseins, der heute nicht nur das Herz eines Wallfahrtsortes, sondern der weltweiten schiitischen Gemeinschaft bildet. Aber was hat es mit *Arba'in*, was auf Arabisch nichts anderes heißt als »vierzig«, auf sich?

Für die meisten Muslime auf der Welt ist die Schlacht von Kerbela im Jahr 680 nur ein historisches Ereignis. Ein beklagenswertes zwar, das man hätte verhindern können, aber eben auch nicht mehr. Die Mehrheit der Muslime, die Sunniten, sind – bis auf eine kleine Minderheit – nicht willens, die Verantwortung für diese Tragödie zu übernehmen. Denn sie sehen sich nicht in der Nachfolge des damaligen Siegers und empfinden für den Verlierer sogar mitunter Sympathie. Bei der Schia verhält es sich anders, zumindest bei denjenigen, die schiitische Tradition aus religiöser Überzeugung oder kulturell-folkloristischem Interesse pflegen. Sie definieren sich als Gemeinschaft der Anhänger der damals unterlegenen Partei: der tapferen Märtyrer ebenso wie der Versprengten, Mutlosen, Zu-spät-Gekommenen der Geschichte, die auf ewig dafür büßen, dass sie Hussein nicht beigestanden haben.

Der in historischen Chroniken bezeugte Hergang der Ereignisse lässt sich als Eskalation eines Erbfolgestreits zusammenfassen. Hussein, Sohn des Kalifen Ali und Enkel des Propheten Muhammad, wollte den Anspruch seines Hauses auf das Kalifat und damit auf die geistliche und politische Führung der Muslime durchsetzen. Husseins aristokratisches Geschlecht war im Konkurrenzkampf mit dem Haus der Umayyaden auf die Seite gedrängt worden. Er warf den Umayyaden vor, sich das Erbe des Propheten nicht nur unrechtmäßig angeeignet zu haben, sondern es überdies durch einen liederlichen Lebenswandel zu entwerten. Sein Bruder Hassan hatte diesen Konflikt nicht zum Äußersten treiben wollen: Er starb 670 in Medina, weitab vom neuen Machtzentrum Damaskus – als Frührentner gewissermaßen, überhäuft mit Ehrendoktorwürden. Nichts für Hussein, den angesichts der Kaltschnäuzigkeit, mit der die Umayyaden das Kalifat in der eigenen Sippe weiterreichten, großer Tatendrang ergriff. Jeder Mann gleichen Alters kann nachvollziehen, welche Kräfte es in einem 53-Jährigen freisetzt, wenn er eine Sinnkrise überwindet und es noch einmal wissen will.

Husseins Streitmacht von nur 72 Verwandten, Sklaven und Getreuen zog nach Kufa, jener Stadt am Euphrat, wo schon Husseins Vater, der Kalif Ali, einem Attentat erlegen war. Die Kufaner aber liebten das Haus Alis – immerhin das Haus des Propheten – und waren auf die Umayyaden eher schlecht zu sprechen. Deren Streitkräfte allerdings fingen den Enkel des Propheten ab. Sie gingen zunächst sicher, dass die Verstärkung, die Hussein erwartete, am Euphrat wieder kehrtgemacht hatte und den Imam damit allein dem Schutze Gottes überließ.

Die Umayyaden vernichteten das schon zahlenmäßig heillos unterlegene Aufgebot Husseins. Und mit seinen grausamen, in allen Details beschriebenen Martern beginnt für die Schiiten eine eigene – in die islamische Offenbarung eingefasste – Heilsgeschichte: das Martyrium als Triumph des reinen Gewissens über die brutale Gewalt.

Hussein wusste nach dieser Erzählung, dass er in sein Ende ritt, tat es aber trotzdem, um die Muslime für alle Zeiten zu ermahnen: Tyrannei, Bestechung und die willkürliche Aneignung des islamischen Erbes durch die herrschende Macht sind nicht hinzunehmen. Besser verliert man aufrecht seinen Kopf, als dass man sich krümmt. Auf die Gnade Gottes, aber nicht die der Menschen solle man vertrauen.

Diese Botschaft sollte sich nicht nur an die schiitischen Muslime richten – zumal man von einer religiösen Spaltung zwischen Sunna und Schia wohl erst Jahrhunderte später sprechen kann.

Man kann in der Legende vom Leben und Sterben des Imams Hussein eine Anlehnung an die christliche Symbolik der Erlösung sehen. In der islamischen Geschichte nimmt sich Husseins Schicksal eher ungewöhnlich aus, denn deren Heilsbringer waren eher Siegertypen. Selbst Jesus wurde ja im Nachhinein dazu gemacht: Der Koran zweifelt zwar nicht an den Wundern Christi – auch nicht an der jungfräulichen Empfängnis –, wohl aber daran, dass ein so herausragender Prophet sich von Knechten an ein Kreuz hätte schlagen lassen.[45]

Die Prozessionen rund um den Grabschrein Husseins erinnern in Teilen an die Karwoche, an die Riten der *Semana Santa* in der iberischen Kultur. Überall dort, wo der Islam mit anderen Weltreligionen in Berührung kam, haben diese auch in ihm ihre Spuren hinterlassen. Das gilt auch für den Hinduismus und die buddhistischen Kulturen mit ihrer Verehrung von Reliquien. Und ebenso für antike Traditionen wie den Osiris-Kult, der das Totenfest als Ritual der alljährlichen kosmischen Erneuerung zelebriert.

Gleich zwei Pilgerfeste im Kalender der schiitischen Muslime drehen sich um das Martyrium Husseins: Während sie an *'Aschura*, dem 10. Tag im Trauermonat *Muharram*, die eigentliche Schlacht von Kerbela betrauern – sich dabei mitunter selbst geißeln und Passionsspiele ausrichten –, ist *Arba'in* eher ein Fest der Hoffnung. Husseins Schwester Zainab, von den Umayyaden zunächst als Geisel nach Damaskus verschleppt, konnte jene davon abbringen, auch noch Husseins Sohn Zain al-Abidin zu töten. Damit lebte die Blutlinie der Imame fort. Und sie durfte eine Gedenkfeier für die gefallenen Märtyrer halten. Gemäß der Heiligenlegende ist es der 40. Tag, an dem die Leichname Husseins und seiner Getreuen endlich die Totenruhe fanden.

40 Tage wandelt die Seele nach dem Tod in einer Zwischensphäre, so glauben viele Menschen im Orient, bevor sie in Erwartung des jüngsten Tages diese Welt verlässt. Diese 40 Tage gelten auch heute noch als Zeit der Pietät und Trauer: Man stört sie nicht durch Feste oder erfreuliche Ankündigungen.

An *Arba'in* liegen in Kerbela die gegensätzlichen Gefühlszustände nahe beieinander und spürbar in der Luft: Einkehr und Ekstase, Totenklage und Volksfeststimmung. Wer aber die arabischen Schiiten für extrovertiert hält, weil sie den Tod ihres Imams so lautstark beweinen, der hat noch keine Asiaten am Schrein Husseins erlebt.

Draußen reißt der Himmel auf, es ist früher Nachmittag, und einige Tausend asiatische Pilger schieben sich auf der Straße der Märtyrer durch die Vereinzelungsanlage, wo Polizisten hastig die Leiber auf Waffen und Sprengstoffgürtel abtasten. Viele Pilgerzüge stammen aus Iran, Tadschikistan, Afghanistan und Aserbaidschan. Beim Anblick der goldenen Kuppel über dem Schrein Husseins beginnen sie einen andächtigen Gesang und wiederholen in einer eingängig schleifenden Melodie: »*Labaika ya Hussein* – Dir zu Diensten, oh, Hussein!« Klagen und Wimmern sind dort zu vernehmen, gleichwohl nicht schlimmer, als man es an einem Karfreitag auf der Via Dolorosa hört. Dann aber nähert sich ein Zug pakistanischer Schiiten und setzt andere Maßstäbe. Als die Pakistaner ins Innere des Heiligtums vordringen, weichen selbst die irakischen und iranischen Pilger etwas verstört zur Seite. Obwohl es eigentlich gar keinen Platz mehr gibt, wohin man weichen kann. Aus tausend dunklen Augen schießen jetzt die Tränen. Die Pakistaner bewegen sich in einem tänzelnden Rhythmus nach vorn, viele schlagen sich mit beiden Händen auf den Kopf. Natürlich ragen Abertausende Smartphones in die Höhe und erweisen dem Imam Hussein Reverenz.

Bald schon kommt niemand mehr vor oder zurück. Über den Köpfen schwebt jetzt ein Rollstuhl, von Hand zu Hand dem Schrein entgegengehoben. Darin kauert, ohne sich festhalten zu können, ein offenbar schwer behindertes Kind. Die Masse der Gläubigen ist jetzt Familie: Irgendwer wird vorn schon dafür sorgen, dass die Hand des Kindes den segensreichen Schrein berührt, und es hoffentlich dann wieder über die Köpfe der Gläubigen zurückreichen.

Dass Menschen von dem Besuch solcher Pilgerstätten nicht nur seelische, sondern auch körperliche Genesung erhoffen, ist nicht verwunderlich. Allein der 80 Kilometer lange Fußmarsch von der heiligen Stadt Nadschaf nach Kerbela, den die *Arba'in*-Pilger, sofern sie es können, unternehmen, ist ein ganzheitliches Ertüchtigungsprogramm: Man geht dabei in sich und zugleich in der Gemeinschaft auf. »*Ma'jurin* – Gott vergelte es Euch!«, rufen sich die Pilger dabei gegenseitig zu. An buchstäblich jeder Ecke hört man in Kerbela

Aufrufe, doch Tee zu trinken, und erfrischt sich dann mit einem Gläschen *Hamedh*, einem landestypischen Heißgetränk aus der Schale getrockneter Zitronen. Auf diesem Marsch werfen die Wallfahrer seelischen Ballast ab, üben sich in Bescheidenheit, halten sich fit. Die schiitische Geistlichkeit ist zwar zurückhaltend bei der Frage, ob die Pilgerfahrt zur Wunderheilung führt. Aber versetzen der Glaube und die Energie solcher Gemeinschaft nicht ohnehin schon Berge?

Die von manchen Schiiten zur Schau gestellte ekstatische Verehrung Husseins bietet freilich Angriffsflächen für die Kritik anderer, vor allem sunnitischer Muslime: Den Schiiten wird Übertreibung vorgeworfen, weil sie Hussein angeblich höher stellen als Muhammad, den Propheten des Islams. Andere sehen darin eine Vergöttlichung und »Beigesellung« *(shirk)*, welche das wichtigste Prinzip des Islams in Frage stelle: die Einzigartigkeit und Einheit Gottes, dem allein Anbetung gebührt. Und für wieder andere, extremere Gruppen aus dem sunnitischen Spektrum ist damit sogar der Tatbestand des Unglaubens *(kufr)* erfüllt. Die Schiiten haben sich über Jahrhunderte gegen diesen Vorwurf gewehrt. Sie sehen sich als Opfer von Verleumdung, als ewig Missverstandene.

Bereits im Jahr 851 ließ der Abbasiden-Kalif Al-Mutawwakil den Schrein Husseins in Kerbela und die ihn umgebenden Behausungen zerstören. Inwiefern er damit die Anhänger Husseins diskriminieren wollte, ist fraglich. Aus schiitischer Perspektive aber gilt dieses Kapitel der Geschichte als einer von vielen Belegen dafür, dass die von der sunnitischen Glaubensrichtung dominierte Staatsmacht seit der Frühzeit des Islams nichts unversucht gelassen habe, um das Haus des Propheten, Alis und Husseins (auch »*Al al-Bayt* – Familie des Hauses« genannt) und das Gedenken an sie auszurotten. Wenn auch ohne Erfolg.

1802 kam über Kerbela ein Unheil, das noch weit längere Schatten werfen sollte als Mutawwakils Vandalismus: Aus der Wüste des heutigen Saudi-Arabien kamen Beduinenkrieger unter der Führung eines gewissen Abd al-Aziz bin Muhammad Ibn Saud, ein Vorfahr des gleichnamigen Staatsgründers im 20. Jahrhundert. Die Ideologie der Angreifer war eine toxische Mischung aus islamischem Reformeifer und Traditionsversessenheit und ging auf die Lehren des sunnitischen Gelehrten Muhammad Ibn Abd al-Wahhab zurück – bis heute ist sie die offizielle Lesart des Islams in Saudi-Arabien. Der »Wahhabismus« verurteilt alles, was nach seinem Dafürhalten von der ultimativen Botschaft Gottes, dem Koran, ablenkt.

Die schiitische Vorstellung, dass die Imame göttliche Rechtleitung erfahren, also gewissermaßen Botschaften nach dem Koran empfangen, waren und sind dem Wahhabismus ebenso ein Graus wie islamische Mausoleen voller Gold, Geschmeide und Geschenke. Doch man darf bezweifeln, dass Ibn Sauds Krieger sich damals vornehmlich mit theologischen Details befassten: Sie schleppten an Beute fort, was reiche Pilger aus drei Erdteilen dort hinterlassen hatten. Laut dem Bericht eines britischen Kolonialbeamten in Indien erschlugen die Wahhabiten bei ihren Angriffen auf die schiitischen Schreine 5000 Menschen innerhalb eines einzigen Tages.[46] Selbst wenn die Zahl der Opfer vielleicht übertrieben war: Der Überfall aus der Wüste erschütterte selbst die Paläste in Konstantinopel und Teheran, der Hauptstadt der Kadscharen-Dynastie im schiitischen Reich Iran.

Sunniten mochten einwenden, dass nicht nur Schiiten

unter der Wut der Wahhabiten litten: Ibn Sauds Krieger griffen auch Mekka und Medina an, wo sie Friedhöfe der Gläubigen und die Prophetenmoschee demolierten. Und schließlich waren es sunnitische Mächte, namentlich das Osmanische Reich und der ägyptische Regent Muhammad Ali Pascha, die die Wahhabiten damals rücksichtslos bekämpften. Dennoch: Das Schiitentum hatte ein kollektives Trauma erlitten – und sich schutzlos der Aggression durch andere Muslime ausgesetzt gesehen.

Immer wieder bemühten Schiiten seitdem auch den Vergleich mit der Schlacht von Kerbela in einer folgenschweren Logik: Tyrannische Herrscher, die dem sunnitischen Islam anhingen, erklärten sie darin zu Wiedergängern Yazids. Das Schicksal der schiitischen Gemeinschaft setzten sie mit den 72 Märtyrern gleich, die bei der Schlacht von Kerbela an Husseins Seite fielen.

Und so starb der Imam noch einmal, als die irakische Armee des Regimes von Saddam Hussein im März 1991 als Reaktion auf einen schiitischen Aufstand in Kerbela einfiel. Nach Saddams Sturz 2003 durch die Koalitionstruppen verglich ein hochrangiger schiitischer Geistlicher den von Amerikanern in Kerbela eingesetzten Zivilverwalter, John Berry, mit dem Kalifen Yazid.[47] Wo immer es politisch opportun war, ließen sich die Gefühle der Massen mit dem Gedenken an Hussein ansprechen.

Es ist jetzt früher Nachmittag. Draußen vor dem Komplex um den Schrein Husseins, die *'Ataba Husseiniya*, warten fahnenschwenkend die nächsten Pilgergruppen auf den Einzug in das Heiligtum. Vom Dach lässt sich die Esplanade überblicken, auf der sich ebenfalls Zigtausende Pilger versammelt haben. Nicht einmal ein Stehplatz im Freien ist heute leicht zu ergattern, man wird von der Menge in Bewegung mitgespült. Hinter der Esplanade erstrahlt die *'Abbasiya*, ein Zwillingsbau, gewidmet Husseins Halbbruder Abu Fadl al-Abbas. Dieser steht zwar nicht im Range eines Imams, aber sein Mut, sein Opferwille und sein detailreich erzähltes Martyrium machen auch ihn verehrungswürdig: Allein soll er damals zum Euphrat vorgedrungen sein, um den durstleidenden Verwundeten etwas Wasser zu besorgen, als die Feinde ihm der Reihe nach die Gliedmaßen vom Leibe schlugen. Die iranischen Pilger haben Abbas, den sie auch »Abulfaz« nennen, besonders lieb. Er soll zudem auch sehr gut ausgesehen haben.[48] Allenthalben hört man Persisch, rund zwei Millionen Iraner haben die Behörden in diesem Jahr an den Grenzen und Flughäfen gezählt.

Iranische Präsenz ist in Kerbela nicht neu: Anfang des 20. Jahrhunderts waren rund drei Viertel der Stadtbevölkerung Iraner. Der traditionelle Baustil der Heiligtümer gilt als persisch-safawidisch, worin die Feinde der Schiiten auch eine Bestätigung ihres – historisch falschen – Urteils sehen, alles am Schiitentum, bis hin zu den Inhalten des Glaubens, sei, anders als der Islam, nicht aus der arabischen Kultur hervorgegangen, sondern von außen eingeschleppt.

Seit dem Sturz Saddam Husseins durch die USA und ihre Verbündeten hat Iran seine Präsenz im Nachbarland Irak Jahr für Jahr ausgebaut. Sie ist beinahe proportional zum Aufkommen der iranischen Pilger in Kerbela gewachsen. Man kauft dort iranische Produkte, beauftragt iranische Baufirmen und sieht, trotz eines gewissen Misstrauens gegenüber iranischen Expansionsabsichten, in der Islamischen Republik einen leidlich zuverlässigen Verbündeten.

Auch in den Empfangsräumen der *Husseiniyah*, wo die schiitische Stiftung ihre VIP-Gäste bewirtet, bestimmen Iraner das Bild: Politiker, Ratgeber, Sicherheitsexperten, Männer mit dunklen Anzügen, gestutzten Bärten und höflichem Benehmen. Die Iraner haben Erfahrung mit der Organisation großer Pilgerstätten; sie betreiben mehrere im eigenen Land.

Laut Amer Abdul Jabbar, Iraks ehemaligem Transportminister, der die *Husseiniyah* in Kerbela berät, hat man derzeit noch wenig Kontakt zu ausländischen Stiftungen. Nur mit den Iranern tausche sich die Verwaltung des Schreins regelmäßig aus. Insbesondere in Fragen der Sicherheit gebe es in Kerbela viel nachzuholen. Es sei den Behörden zwar gelungen, die Opferzahlen bei Anschlägen gegen schiitische Pilger deutlich zu reduzieren. Dennoch blieben die Risiken beträchtlich – die Gläubigen seien schließlich ein weiches Ziel für Terroristen. Die geheimdienstliche Koordination mit den Iranern in der Terrorabwehr sei da noch viel wichtiger als die Unterstützung im bewaffneten Kampf, sagt Abdul Jabbar.[49] Er spielt dabei auf die Rolle der Iraner beim Aufbau jener paramilitärischen Verbände an, die seit Jahren das militärische Geschehen im Irak bestimmen: *Al-Hashd al-Sha'bi*, in den westlichen Medien allgemein als »schiitische Milizen« bekannt.

Unten, vor dem Schrein, hat das Fest am späten Nachmittag seinen Höhe- und Siedepunkt erreicht. Geordnet nach Landsmannschaften, marschieren jetzt junge Paramilitärs im Tarnfleck auf die *Husseiniya* zu. Einige halten die Bilder gefallener Kameraden hoch. Ein Einpeitscher am Rande schreit Parolen in ein Megaphon: »Ich bin Schiit, und mein

Vater ist der *Hashd al-Sha'bi – shi-i-ia, shi-i-ia.*« Nicht allen Teilnehmern scheint das Gekrächze zu behagen, sagt ein Blick in die Gesichter. Im Inneren der *Husseiniya* ist derweil der *Maukib* der libanesischen *Hizbullah* eingezogen, über den Pilgerhäuptern tanzen seine Fahnen: grünes Sturmgewehr auf gelbem Grund. Dahinter dann die ersten *Hashd*-Verbände: Junge Männer in schwarzer Montur tragen zum Trommelwirbel eine Choreografie vor, die an Kung-Fu-Filme erinnert. Von irgendwo donnert die ohnehin schon naturgewaltige, aber jetzt noch hundertfach effektverstärkte Stimme eines Schlachtensängers. Der sucht das Echo seines Publikums, lässt es seine gereimten Liedzeilen vollenden und ruft manchmal einfach »hoppa, hoppa«. Im Text geht es um die Helden von Mossul, den Kampf gegen Daesh, die Organisation »Islamischer Staat«, jene Vorboten der Endzeit. Er lobt den wunderbaren Großayatollah Ali al-Sistani, der die Iraker 2014 aufrief, dem Spuk des IS ein Ende zu bereiten und sich freiwillig zu den Waffen zu melden.

Die ehrwürdigen schiitischen Geistlichen, darunter auch Sistani, der höchste unter ihnen, mögen das Gegröle am Schrein Husseins eher frivol und ungehörig finden. Aber es gibt nun einmal viele Arten und Weisen, Hussein die Aufwartung zu machen. Und es wäre jetzt nicht opportun, dem *Hashd* die Stimmung zu vermiesen. Hätte es ihn nicht gegeben, so hört man an diesem Tag in Kerbela immer wieder, hätte der IS, der die Schiiten hasst, Husseins Schrein dem Erdboden gleichgemacht. Und das Werk Yazids vollendet.

Draußen dämmert es inzwischen. Vor dem Speisesaal der *Husseiniya* wird noch Hammelfleisch an Hungrige verteilt. 2,5 Tonnen soll der Rekord-Dönerspieß beim Angrillen gewogen haben, so viel wie ein 600er Mercedes. Die Stimmung ist jetzt erschöpft und weitgehend friedlich. Irgendwo in der Stadt soll ein Journalist verprügelt worden sein. Dessen Zeitung, eine saudische, hatte behauptet, dass viele junge Schiitinnen jedes Jahr in Kerbela ihre Unschuld zurückließen. Wie bei einem Rock-Festival. »Ganz ehrlich, selbst wenn du es hier machen wolltest, wo bitte? Hier sind doch überall Leute«, gibt ein junger Iraker überzeugend zu bedenken, als das Gespräch am Teestand auf das Thema kommt.

In der Menge suchen die Zugführer der Pilger versprengte Mitreisende zusammen, um den Heimweg anzutreten. Der ist immer beschwerlicher als der Hinweg – und nicht minder gefährlich. Am nächsten Tag werden die Medien von 80 Todesopfern eines Sprengstoffattentats berichten, geschehen auf einem Rastplatz südlich von Bagdad. Die Pilger wird es nicht davon abhalten, im nächsten Jahr wieder zu *Arba'in* zu kommen. Es werden mehr werden, zumal sich Kerbela pilgerfreudigen Iranern als günstige Alternative zu Mekka und Medina anbietet: Aufgrund der Spannungen zwischen den Regierungen Saudi-Arabiens und Irans haben sie nur begrenzten Zugang zu den Heiligen Stätten. Und anders als die saudischen Behörden an ihren Pilgerstätten sieht man in Kerbela keinen Anlass für eine Obergrenze: Es sollen ruhig 15, 20 oder auch 30 Millionen kommen. Wer hätte gedacht, dass man Husseins Tod eines Tages mit der Statistik rächen wird?

Wenn alljährlich in Kerbela die Pilgermassen auflaufen, ist dies nicht nur ein Karneval schiitischer Kulturen, sondern auch eine Machtdemonstration. Besonders in Saudi-Arabien, aber auch in anderen Nachbarstaaten mag das für Unbehagen sorgen. Sind die Schiiten weiter auf dem Vormarsch? Und wird der Sektarismus, in Form des sunnitisch-schiitischen Konflikts, weiter um sich greifen?

Für diese landläufige Deutung gibt es gewiss Anhaltspunkte. Ob sie sich bewahrheitet, hängt maßgeblich davon ab, inwiefern sich der Schiismus politisiert. Oder ob er in den folgenden Jahren eher eine kulturelle Ausprägung annimmt. Man kann der Sektarismus-Hypothese nämlich durchaus entgegenhalten, dass sich die islamische Welt durch den Einfluss des Schiismus ein Stück weit normalisiert. Denn die religiöse Deutungshoheit des Wahhabismus, einer extremen Strömung innerhalb des sunnitischen Islams, sowie die Vorstellung eines globalen islamischen Kulturkreises mit Mekka und Medina im Zentrum sind keineswegs eine historische Selbstverständlichkeit. Bevor nämlich das Königreich Saudi-Arabien im 20. Jahrhundert mit seinem Ölreichtum und seinem Missionierungseifer den Anspruch als Führungsmacht der islamischen Welt behaupten konnte, gab es mehrere Zentren des Islams. Diese waren und sind Ausdruck der Globalität und Diversität einer Religion, die sich zu Recht als Weltreligion betrachtet und deren Anhänger nicht nur in der arabischen Welt, sondern mehrheitlich in Afrika oder Süd- und Südostasien leben.

Entsprechend entstanden Zentren islamischer Gelehrsamkeit und Wallfahrtsorte auf diesen Kontinenten – im malischen Timbuktu, dem tunesischen Kairouan, den iranischen Städten Mashhad und Qom, in Jerusalem, Kairo, Istanbul oder Delhi, um nur einige wenige zu nennen. Und natürlich in den schiitischen Pilgerstätten Nadschaf und Kerbela. Der im tansanischen Daressalam geborene Oxford-Historiker Faisal Devji stellte kürzlich die These auf, dass Saudi-Arabien in Zukunft seine Rolle als gefühltes Zentrum des Islams einbüßen könnte. Devji erinnert daran, dass die meisten Muslime in Britisch Indien noch im 19. Jahrhundert kaum einen Begriff von Mekka und Medina hatten. Und dass muslimische Fürsten und Imperatoren vergangener Jahrhunderte sich eher selten an die Wirkungsstätten des Propheten des Islams begaben. »Der Islam wird am Ende seine Heimat in Asien finden, wo heute bei Weitem die meisten seiner Anhänger leben und sich globaler Reichtum und globale Macht zusehends hin verlagern«, schrieb Devji in der *New York Times*.[50]

Wenn Devji recht behält, so wäre das Ergebnis der Albtraum eines jeden Muslims, der von der einen uniformen, islamischen *umma* (der Gemeinschaft aller Gläubigen) und dem alleinigen Geltungsanspruch des sunnitischen Islams saudisch-wahhabitischer Lesart träumt. Aber die Konkurrenz könnte das Geschäft beleben und neue Perspektiven eines Dialogs eröffnen.

Dass der Weltislam vielfältiger wird, oder genauer gesagt seine vielfältigen Gesichter wieder stärker wahrgenommen werden, muss nicht bedeuten, dass er toleranter wird: Im schiitischen Islam gibt es ebenso wie im sunnitischen oder im wahhabitischen Geistliche, die gegen andere Religionen oder andere Glaubensrichtungen im Inneren des Islams hetzen. Aber sie ernten auch immer mehr und immer lautere Widerrede. Vor zweieinhalb Jahrzehnten erlebten die klassischen islamischen Autoritäten eine heftige Erschütterung durch das Aufkommen von Satellitenfernsehen und, wenig später, des Internets. Bei diesem Konkurrenzkampf um das Gehör der Gläubigen setzten sich allerdings die Lautesten und Radikalsten durch. Heute zeichnet sich in vielen muslimischen Ländern, die zum Teil traumatische Erfahrungen mit dem Extremismus und Dschihadismus gemacht haben, ein gegenläufiger Trend ab: Behörden, aber auch große Teile der Bevölkerung wenden sich hin zu eigenen, regionalen Traditionen. Man wird auch in Zukunft weiter nach Mekka und Medina pilgern, sich aber zu Hause vielleicht nicht mehr in saudisch finanzierten Moscheen und Medressen von saudischen Imamen den Islam beibringen lassen.

Ein Islam, der auf alle Lebenslagen eine Antwort hat, ganz gleich, unter welchen kulturellen Umständen ein Muslim heute lebt, könnte also bald wieder aus der Mode kommen. Und damit vielleicht auch das lange Zeit von Saudi-Arabien propagierte Weltbild, wonach der sunnitische – oder gar der wahhabitische – Islam der einzig wahre ist und alles andere Abweichung, Irrglaube oder Perversion. Auf dem Weg der Weltgemeinschaft der Muslime hin zur Diversifizierung des Islams leisten europäische Muslime bereits einen großen Beitrag. Und vielleicht kann auch der zunehmend international vernetzte schiitische Kulturkreis einen solchen leisten. Etwa, indem er sich der politischen Dienstbarmachung durch Saudi-Arabiens Konkurrenten, die Islamische Republik Iran, entzieht. Einige der bedeutendsten schiitischen Geistlichen im Irak denken in diese Richtung und sind inzwischen sogar mit der saudischen Führung in den Dialog getreten. Und auch in Iran gibt es hochrangige Gelehrte, die sich zunehmend offen gegen die Politisierung des Schiismus stellen. Dabei haben sie aber noch einen weiten Weg vor sich. Und eines der drängendsten Probleme, das sie dabei auf Jahre zurückwerfen könnte, ist längst noch nicht gelöst.

NEUNTES KAPITEL

... in dem wir einigen der mächtigsten Männer des Irak begegnen und erfahren, was aus ihnen wird

Es war einer jener Tage, an denen man auch heute noch erahnen kann, wie Bagdad einst gewesen ist. Die Luft war kühl, der Himmel blau und nur von einem leichten gelblichen Abgasdunst getrübt. In Deutschland steckte man an diesem Dezembertag ein zweites Licht auf dem Adventskranz an. Im Irak hatten sie das Geburtstagsfest des Propheten Muhammad erst wenige Tage zuvor begangen. Auf der Abu-Nuwas-Straße, der einst prachtvollen Corniche am Tigris, lief der Verkehr flüssig. Unbelästigt und sich selbst genügend thronte das Standbild des Abu Nuwas: In der Hand hält der große Poet, Spötter und Zeitgenosse des Kalifen Harun Al-Raschid einen Trinkbecher. Damit deutet er rein zufällig hinüber zu den Kiosken der jesidischen Schnapshändler auf der anderen Straßenseite. Dass die offenbar ganztägig geöffnet hatten, sprach für ein stabiles allgemeines Sicherheitsgefühl, denn sie hatten sonst oft im Fadenkreuz von Terrorgruppen und extremistischen Milizen gestanden: ein ebenso leicht zu treffendes wie verdienstvolles Anschlagsziel.

Auch ein paar Kilometer weiter, in der Straße der Buchhändler, der *Shari'a al-Mutanabbi*, nahm das geschäftige Treiben seinen Lauf. Wie immer wurde viel geschmökert und geplaudert und sehr wenig gekauft. Es war nicht mehr ganz so wie vor 2007, als eine Autobombe die Buchläden zerstört und 26 Menschen in den Tod gerissen hatte. Aber es erinnerte auch nicht mehr viel an die Zeit des großen Terrors, die von 2006 bis 2008 währte und auch als »Irakischer Bürgerkrieg« bezeichnet wird.

Züchtig gekleidete junge Frauen streiften in Kleingruppen umher und schossen mit ihren Smartphones unablässig Fotos voneinander. Das ehrwürdige Café *Shahbandar*, eröffnet 1917, hatte kürzlich ohne viel Tamtam sein 100-jähriges Bestehen gefeiert. Drinnen saßen ältere und mittelalte Herren, rauchten, blätterten durch Zeitungen oder schauten gedankenverloren durch den blauen Dunst des Wasserpfeifentabaks auf die zahllosen Schwarz-Weiß-Fotos und die an den Wänden ausgehängten Zeitungsseiten, die von der Geschichte dieses Ortes erzählen. Selbst hier, wo die Betonwüste Bagdad noch ein bescheidenes touristisches Potenzial vorweisen konnte, ließ sich kein Ausländer blicken. Kürzlich hatten Vertreter der US-Nachrichtendienste in Bagdad ihre Kollegen an den befreundeten Botschaften darüber informiert, dass mit einem erhöhten Anschlagsrisiko zu rechnen sei: Die Organisation »Islamischer Staat« sei wieder in den Untergrund gegangen und werde sich demnächst im Großraum Bagdad auf spektakuläre Attentate konzentrieren. Die Warnung sollte sich nicht bestätigen, aber sie wirkte lange nach.

Die Bewohner der irakischen Hauptstadt ließen sich an diesem Dezembertag 2017 nicht davon beeindrucken. Abends, auf der anderen Seite des Tigris, in Mansour, schob man sich buchstäblich über die Bürgersteige. Tausende waren zu Fuß unterwegs, diesmal vor allem Kleingruppen junger Männer, die sich in Schale geworfen hatten, aber auch Familien mit Kinderwagen. Es war kalt geworden, und man gönnte sich gern ein paar winzige Tässchen zähflüssiger, aromatisch-süßer Trinkschokolade, die am Straßenrand angeboten wurde, von Händlern in Tarbusch und Pluderhosen.

Plötzlich löste sich eine seltsame Gestalt aus der Menge. Sicherheitsleute und Spezialkräfte sind in Bagdad oft Furcht einflößend angezogen. Sie tragen dicke Plattenträgerwesten, Zielmonokel, manchmal ist sogar das Gesicht vermummt. Aber dieser hier übertrieb: An der weißen Panzerung war er nun deutlich als ein *Imperial Storm Trooper* aus dem Filmepos *Star Wars* zu erkennen. Einer also, der für das Böse kämpft. Er brachte Werbehandzettel für das jüngst eröffnete Einkaufszentrum *Babylon* unters Volk – eine Mall, die nicht nur baulich von der sündigen Ära des Nebukadnezar inspiriert sein soll, sondern die Albträume frommer Eiferer Wirklichkeit werden lässt: Im Atrium der Mall stand ein sechs Meter hoher Christbaum und davor ein junger Mann, der auf einer recht erbärmlich klingenden, elektronisch verstärkten Violine beliebte Weihnachtslieder fiedelte.

Später an diesem Abend empfing mich Abu Esra‘ bei sich zu Hause in der Grünen Zone von Bagdad. Ein gemeinsamer Bekannter hatte das Treffen arrangiert. Wir wollten über die gegenwärtige politische Lage im Irak und in Syrien sprechen. Ein Hintergrundgespräch, denn Abu Esra‘ war für seine tiefe Abneigung gegenüber westlichen Medien bekannt und für seinen Widerwillen, Interviews zu geben, weil man, wie er mehrfach öffentlich gesagt hatte, ihm ohnehin nur das Wort im Mund herumdrehe.

Der 68-Jährige trat vor seine Villa, als er unseren Wagen auf dem Grundstück eintreffen sah, und kam mit langen Schritten auf uns zu, was einen gewissen Verstoß gegen das Protokoll bedeutete: Im Irak lassen die mächtigsten Männer, zu denen er zweifellos gehörte, ihre Gäste von einem Majordomus zunächst in den Empfangsraum führen, den *Mudif*, wo diese für mindestens ein paar Minuten ausharren, auf brokatbespannten Polstersesseln im Stil des mesopotamischen Barock. Das rückt das Machtverhältnis gerade und erhöht etwas die Spannung für den großen Auftritt, bei dem man sich als Hausherr dann besonders jovial und bescheiden zeigen kann. Nicht so Abu Esra', der fast ein Meter neunzig groß ist und sich im Irak meist nach unten beugen muss, um seine Gäste zu begrüßen.

Seine informelle Höflichkeit mochte daher rühren, dass unser gemeinsamer Bekannter ihn früher einmal in Sicherheitsfragen beraten hatte – damals, als Abu Esra', im Westen bekannter als Nuri al-Maliki, den Irak als Ministerpräsident regierte. Und zwar so rigoros regierte, dass viele ihn fürchteten, manche ihn hassten und andere ihn sogar für einen grausamen Diktator hielten. Westliche Diplomaten und Vertreter der Vereinten Nationen hatten Maliki vorgeworfen, er, der Regierungschef und Mitgründer der schiitischen Da'wa-Partei, unterdrücke die sunnitische Minderheit und fördere dadurch den Terror. Maliki hatte seine eigenen Kabinettsmitglieder zur Fahndung ausschreiben und verhaften lassen. Angeblich führte er während seiner Amtszeit schwarze Listen mit den Namen von Oppositionellen, Kritikern und anderen lästigen Individuen, die er liquidieren ließ.

Wo Chaos herrscht, blühen Gerüchte und Legenden. Und in der politisch vergifteten, von Terror, Korruption und

Paranoia geprägten Ära Maliki wucherten sie wild. Über viele namhafte Politiker, so hieß es, habe Maliki ein Dossier mit kompromittierendem Material gehortet: Er erpresse sich Loyalität mit belastenden Akten über deren Verwicklung in Mordfälle, Veruntreuung, sexuelle Perversionen oder Kollaboration mit den Geheimdiensten des Saddam-Regimes. Was im Umkehrschluss bedeutete, dass viele der neuen Machtelite des Landes Dreck am Stecken hatten und gut Beleumundete die Ausnahme darstellten. Einige Jahre zuvor hatte mir einer der höchsten schiitischen Kleriker, der politisch sonst eher schmallippige Ayatollah Bashir al-Najafi, noch gesagt: »Gott hat uns vom Diktator Saddam befreit, er wird uns, so er will, nun auch den Diktator Maliki vom Hals schaffen.«

Ob das nun Gottes Werk war oder nicht, die Iraker wurden Maliki wieder los, aber vermittels einer Menschheitsplage, die den Preis vielleicht nicht wert war: 2014 verjagte die Organisation »Islamischer Staat« die irakischen Streitkräfte aus der Millionenstadt Mossul und erbeutete dabei Hunderte Millionen US-Dollar und militärisches Hightech-Gerät aus amerikanischer Produktion – ein Teil der Antwort auf die Frage, wie der IS sich damals ausrüstete und finanzierte.

Dort, wo die Dschihadisten schon Jahre zuvor im Schatten geherrscht hatten, wehten nun auch offen die schwarzen IS-Fahnen. Der Staat war am Ende, die Regierung blamiert. Bagdad gab den Kurden im Nordirak die Schuld für diese Niederlage, die wiederum zeigten mit dem Finger auf die irakische Armee, der sie vorwarfen, faul und korrupt zu sein. Alle fragten sich, warum die USA nicht mit ihren Luftstreitkräften eingegriffen hatten. Und Maliki stand da als Ministerpräsident, der Mossul aufgegeben oder angeblich gar verkauft hatte. Während sich im Sommer 2014 im Großraum Bagdad immer mehr dschihadistische Zellen zu erkennen gaben und den IS bei seinem Vorstoß auf den Internationalen Flughafen flankierten, wurde Maliki schließlich abgesetzt.

Allerdings doch nicht so ganz: Er bewahrte seinen Einfluss in der Da'wa-Partei, die auch seinen Nachfolger Haider al-Abadi stellte, und erhielt das Amt eines Vizepräsidenten. Dennoch war jener Tag im Sommer 2014 für ihn einer der dunkelsten Momente seines politischen Lebens, so berichtete er es mir zumindest. Er selbst war sich auch drei Jahre später keiner Fehler bewusst, sondern sah sich als Opfer einer Verschwörung, hinter der maßgeblich die Amerikaner steckten. Die hätten es ihm angeblich übel genommen, dass er sie nicht bei ihrer Politik gegen das Assad-Regime in Syrien unterstützt habe. Aber vor allem den Vorwurf, er habe die Politik im Irak konfessionalisiert und die sunnitische Minderheit in die Arme der Dschihadisten getrieben, wollte Maliki nicht auf sich sitzen lassen: Er habe Schiiten und Sunniten, welche die Autorität des irakischen Staates in Frage stellten, gleichermaßen bekämpft. Aber am Ende hätten sich alle gegen ihn gewandt, weil sie einen Sündenbock gebraucht hätten.

Wie er da saß, in seinem intarsienverzierten Sessel und in einem verhältnismäßig großen, leeren Raum, wirkte der gefürchtete Nuri al-Maliki tatsächlich allein gelassen. Wie ein ehemals geliebter, aber vom Leben gezeichneter Star, der nach dem Ende seiner Karriere gerade den ersten größeren Absturz hinter sich hat. Und der ahnt, dass noch viele folgen werden. Nun begann Maliki auch noch, in der dritten

Person von sich selbst zu reden, sodass ich mich unwillkürlich an Lothar Matthäus erinnert fühlte und fürchtete, mein stummes Lächeln könnte angesichts der ehrlichen Rührung meines Gesprächspartners eher deplatziert wirken. »Ausgerechnet Nuri al-Maliki soll nun ein Sektarist gewesen sein?«, rief er bewegt aus.[51]

Denn nach Malikis Version der Geschichte hatten sich die irakischen Sunniten von den aufständischen Dschihadisten instrumentalisieren lassen. »Sie boykottierten die Wahlen und schlossen sich stattdessen zu terroristischen Organisationen zusammen«, erklärte er. Diese hätten die demokratische, gewählte Regierung stürzen und so viele Schiiten wie möglich töten wollen, wobei sie auf die Stützung Saudi-Arabiens hätten zählen können: Das wahhabitische Königreich habe um jeden Preis verhindern wollen, dass die irakische Demokratie Schule in der Region machen könne. »Die Schiiten haben ja nicht einfach die Macht übernommen, sondern durch Wahlen«, fügte Abu Esra' hinzu. Die Sunniten wiederum hätten dieses Kräfteverhältnis nicht akzeptiert und deshalb entsprechende Gegenwehr aus dem schiitischen Lager sich selbst zuzuschreiben.

Gespräche wie jenes mit dem einst mächtigsten Mann des Irak leben immer von Zuspitzungen und Verkürzungen – schließlich will er ein bestimmtes Selbstbild transportieren. Das ist – wenn auch aus anderen Gründen – ebenfalls das Schicksal des Journalisten, weshalb es wohlfeil wäre, jedes Wort eines Politikers auf die Goldwaage zu legen. Aber die Art und Weise, wie Abu Esra' die Begriffe Sunniten und Schiiten in diesem Zusammenhang benutzte, offenbarte eine Diskrepanz, womöglich sogar eine Form der politischen Schizophrenie: Er wehrte sich gegen den Vorwurf, er teile die Gesellschaft in Sunniten und Schiiten ein und mache diese Unterscheidung zur Grundlage seines politischen Handelns und Denkens. Aber in seiner Analyse der Ursachen des Konflikts trat dieses Muster doch fortwährend zutage. Es war ein Muster, dem ich im Irak – und in anderen vom Sektarismus befallenen Gesellschaften – sehr oft begegnet bin und das sich in einer Art immer weiterdrehenden Zirkelschluss zusammenfassen lässt: Nicht ich selbst denke in Kategorien von Sunniten und Schiiten, aber meine politischen Gegner tun es, weshalb ich es mir wohl oder übel zu eigen machen muss, um ihre Pläne zu vereiteln.

Das Ende von Malikis Regentschaft wurde durch zwei Ereignisse besiegelt, die politisch noch längst nicht aufgearbeitet sind: die Machtübernahme der Organisation »Islamischer Staat« in der nordirakischen Stadt Mossul am 10. Juni 2014 und das Massaker von Camp Speicher bei Tikrit zwei Tage später. Der Fall von Mossul stellte die irakische Regierung als handlungsunfähig bloß, weil die Streitkräfte sich angesichts der Feuerkraft der Dschihadisten weitgehend kampflos zurückzogen. Es war ein symbolischer und politischer Sieg für den IS, der allerdings weder fachkundige Beobachter noch die politischen Eliten in Bagdad überraschen konnte: Monate zuvor beherrschten die dschihadistischen Brigaden bereits aus dem Untergrund die Stadt, die für Teile der Staatsmacht längst zur No-go-Area geworden war. Diese Einheiten konnten sich auf stabile Netzwerke unter der Bevölkerung stützen, bevor sie schließlich triumphal nach Mossul einrückten. Maliki gibt heute maßgeblich den USA die Schuld für den Sturz der Regierung, die nicht eingeschritten seien, obwohl sie die schwer bewaffneten Konvois aus der Luft beobachtet hätten und ihre Zielkoordinaten kannten. Der Grund, den er in unserem Gespräch für die Zurückhaltung Washingtons anführte, klingt etwas aberwitzig: Man habe einen Vorfall kreieren wollen, um ihn, Nuri al-Maliki, aus dem Amt zu jagen, und zwar, weil er sich geweigert habe, die amerikanische Politik in Syrien zu unterstützen, die damals den Sturz des Assad-Regimes verfolgt habe. Darüber hinaus beschuldigte Maliki auch die autonome Regierung des Kurden-Präsidenten Masud Barzani in Erbil eines Komplotts: Dieser habe die Zentralregierung in Bagdad schwächen wollen, um umstrittene, von sunnitischen Arabern bewohnte Gebiete seinem Herrschaftsbereich einzuverleiben.

Der Fall von Mossul mochte viele Iraker, die Maliki bis dahin unterstützt oder zumindest ertragen hatten – vor allem Schiiten in der Hauptstadt und in südlichen Landesteilen –, nicht nur in ihrer Überzeugung bestärkt haben, dass die Regierung korrupt und die Armee nicht mehr vertrauenswürdig sei, sondern auch in ihrem Ressentiment gegen die mehrheitlich sunnitischen Bewohner Mossuls, denen unterstellt wurde, großenteils den Aufstand zu unterstützen.

Mancher mutmaßte gar, Maliki habe den Fall von Mossul benutzt, um in der Krise die Schiiten und womöglich sogar die Kurden im Nordirak hinter sich zu versammeln – ein Kalkül, das Politikwissenschaftler als *rallye 'round the flag effect* bezeichnen und das gewiss zum Instrumentenkasten der meisten nahöstlichen Machthaber zählt: Man steuert mutwillig auf eine – unter Umständen sogar existenzielle – Gefahrenlage zu, um sich dann als starker Führer, als Retter in der Not, zu empfehlen. In den Jahren zuvor hatte Maliki mehrmals unter Beweis gestellt, dass er ein unerbittlicher

Heerführer sein konnte, etwa im innerschiitischen Konflikt von 2008, als er im Südirak die Mahdi-Armee seines Kontrahenten Muqtada al-Sadr bekämpfte. Damals gleichwohl unter dem Feuerschutz der USA.

2014 war die Lage eine andere, und das Massaker vom 12. Juni erschütterte – anders als der Fall von Mossul – die Machtbasis der Regierung Maliki. Mehrere Tausend Kadetten der irakischen Luftwaffenakademie Camp Speicher[52] in Tikrit gerieten an diesem Tag in einen Hinterhalt, dessen Umstände bis heute schwer zu erklären sind. Unbewaffnet, schutzlos und in Zivil, weil ihre Vorgesetzten ihnen angesichts der unübersichtlichen Lage Heimaturlaub erteilt hatten, wurden sie von Kämpfern der Organisation »Islamischer Staat« gefangen genommen. Angeblich hatten sich zahlreiche lokale Milizionäre aus Tikrit und Umgebung, der Heimat des früheren Staatschefs Saddam Hussein, dem IS angeschlossen, darunter ehemalige Anhänger der seit 2003 verbotenen Baath-Partei. Für die einen war das Folgende ein strategischer Zug, welcher der dschihadistischen Logik folgte, in aller Welt Angst im Herzen der Feinde zu säen. Für die anderen war es eine Gelegenheit, um furchtbare Rache an den Schiiten zu nehmen, an denjenigen, die sie für ihre eigene Misere verantwortlich machten. Offenbar führten die Aufständischen die gefangenen Kadetten, die großenteils noch im Teenageralter waren, zur Selektion: Sunniten, Schiiten und andere, die man wiederum den Schiiten zuordnete. Denn für den IS gibt es nur rechtgläubige – sunnitische – Muslime und *kuffar*: Ungläubige. Eine solche Selektion ist nicht nur an und für sich obszön, sondern auch sinnlos in einem Land, in dem ein Großteil der Bevölkerung in gemischten Haushalten lebt und es darüber hinaus, wie bereits erörtert, keine so wesentlichen Unterschiede im Glauben gibt. Um zu überleben, konnten die nicht sunnitischen Kadetten nur versuchen, glaubhaft machen, dass sie aus mehrheitlich sunnitischen Landesteilen stammten, in denen man die Aufständischen unterstützte. Das Schicksal der anderen dokumentierte der IS in einem seiner blutigsten Propagandavideos: Unter anderem am Ufer des Tigris wurde die jungen Männer der Reihe nach exekutiert, laut Angaben irakischer Medien, die sich auf Zahlen von Menschenrechtsgruppen und der irakischen Justiz berufen, starben mehr als 1500 der jungen Soldaten. Einige Quellen gehen sogar von bis zu 1700 Todesopfern aus.[53]

Speicher ist der Name eines US-amerikanischen Piloten, der während des Golfkriegs 1991 über dem Irak abgeschossen wurde und in dessen Gedenken die Besatzungstruppen die Militärbasis benannt hatten. Im Irak wird jener Name wohl für sehr lange Zeit mit dieser Schreckenstat verbunden sein: Sie war ein vorläufiger Höhepunkt in der Eskalation der Gewalt seit der Invasion der Koalitionstruppen 2003. Aus Sicht vieler Schiiten in der Hauptstadt und im Süden des Landes und für Teile des politischen Establishments ging es nun auch um etwas Persönlicheres: Es waren »unsere Jungs«, die man fahrlässig geopfert hatte, obwohl bekannt war, oder zumindest bekannt hätte sein müssen, dass der IS und seine Verbündeten in Tikrit operierten.

Am Tag nach dem Massaker entschloss sich Großayatollah Ali al-Sistani, der ranghöchste Geistliche der irakischen Schiiten, zu einem ungewöhnlich politischen Schritt: Er verfasste eine Erklärung, die von den Medien und zahlreichen Experten als *Fatwa*, als islamisches Rechtsgutachten, aufgenommen wurde. Sistani erhob darin die Verteidigung der Heimat gegen den Terrorismus zur gemeinschaftlichen Pflicht aller wehrfähigen Iraker. Die Erklärung richtete sich nicht gegen die eine oder andere Bevölkerungsgruppe und wandte sich auch nicht explizit an Schiiten.[54] Vom Aufbau schiitischer Milizen war erst recht keine Rede. Aber nachdem Sistanis Vertreter, Scheich Abd al-Mahdi al-Kerbala'i, sie am 14. Juni 2014 im Heiligtum der *Husseiniya* von Kerbela verlesen hatte, hallte es aus Tausenden Kehlen wider: »*Labaika ya-hussein!* – Zu Diensten Dir, Hussein!«[55] Zu diesem Zeitpunkt konnte niemand mehr daran zweifeln, dass die bevorstehende Mobilmachung einen schiitischen Charakter haben würde. Und in den mehrheitlich von Sunniten bewohnten Stadtvierteln und Gebieten des Irak, unabhängig davon, ob sie unter IS-Herrschaft standen oder nicht, ja sogar bei den Kurden im Nordirak, stellte sich ein großes Unbehagen ein.

Quasi über Nacht wurde daraufhin der mächtige paramilitärische Milizenverband »Volksmobilisierung« *(Al-Hashd al-Sha'bi)* gegründet. Das entsprechende Dekret war eine der letzten Amtshandlungen Malikis. Sistani und zahlreiche andere einflussreiche Figuren forderten nun aber auch seine Ablösung. In längeren Verhandlungen zwischen den irakischen Polit-Oligarchen, dem schiitischen Sicherheitsestablishment und nach Gesprächen mit den Amerikanern und Iranern – zwei zwar verfeindete Mächte, von deren jeweiliger Unterstützung der irakische Staat aber nach wie vor abhing – fand man einen Konsens-Kandidaten: den Finanzpolitiker und Technokraten Haider al-Abadi aus Malikis eigener Da'wa-Partei. Maliki behielt das zeremonielle Amt eines Vizepräsidenten, das ihm weiter die Privilegien und Annehmlichkeiten eines hochrangigen Regierungsmitglieds garantierte. Und einen Posten, von dem aus er weiterhin einen gewissen Einfluss auf das politische Geschehen nehmen konnte.

Davon, dass Maliki tatsächlich die politische Verantwortung für das Desaster von Camp Speicher übernommen hätte, kann keine Rede sein. Aber zumindest mit seinem erkennbaren Bedeutungsverlust hat er – gemessen an den sonstigen Verhältnissen in der irakischen Politik – gebüßt. Andere Protagonisten dieses Systems haben davon profitiert, obwohl sie nicht weniger für die Jahre der Regierung Maliki stehen als er selbst, für deren Fehler und für die zunehmende Verschärfung des schiitisch-sunnitischen Gegensatzes. Wer ihre gemeinsamen Biografien und ihren jeweiligen Werdegang nicht kennt, wird schwerlich nachvollziehen können, wie der Irak in diese Lage geraten ist. Und wie er da wieder herausfinden kann.

Hadi al-Ameri, von seinen Freunden Abu Hassan genannt, bemüht sich weniger um ein staatsmännisches Auftreten als Maliki. Seine Umgangsformen sind eher hemdsärmelig. Ungeschliffen, könnte man sagen, ohne ihn damit zu beleidigen. Abu Hassan lacht viel und gerne und entblößt dabei eine Lücke zwischen den Schneidezähnen, laut Volksmund ja angeblich ein Merkmal vieler von Natur aus fröhlicher Menschen. Sein grauer Haarschopf ist voll und bürstig geschnitten; der Nacken im Verhältnis so kurz und quadratisch geformt wie der ganze Mann darunter. Den Respekt seiner Anhänger erwarb sich Abu Hassan nicht als politischer Redner oder gar als Intellektueller im Exil. In einer Zeit, in der Nuri al-Maliki im Damaszener Exil saß und sich mit dem Verfassen von Schriften und dem Aufbau oppositioneller

Netzwerke befasste, fraß Ameri buchstäblich Dreck, und zwar im bewaffneten Untergrund. Er ist stolz darauf und macht aus seinem Herzen keine Mördergrube, weswegen er seine Verachtung nicht verhehlt gegenüber zwei Arten von Menschen, denen er im Nahen Osten des Öfteren begegnet ist: Vertreter westlicher Regierungen und Intellektuelle.

Ameri wurde 1954 im heutigen Bundesstaat Diyala geboren, einer ethnisch und religiös durchmischten Gegend an der iranischen Grenze, in der Sunniten, Schiiten, Araber, Kurden und Turkmenen leben. Er schloss sich früh dem schiitischen Widerstand gegen Saddam Hussein an und trat der *Badr*-Brigade bei, die bereits im Ersten Golfkrieg zwischen Iran und Irak kämpfte – allerdings auf Seiten der Iraner, im Verbund mit einer schiitischen Exilgruppe, die sich »Hoher Rat für die Islamische Revolution im Irak« nannte, aber, anders als die Iraner, keinen direkten Einfluss auf die Operationen der *Badr*-Brigade ausübte. Darin unterschieden sich die *Badr*-Brigade und ihre Anhänger wesentlich von anderen Schiiten im Irak, die unter dem Saddam-Regime leiden mochten, aber nicht daran dachten, zum Feind überzulaufen. Ohne Zweifel war Ameri ein Dissident, der die iranische Unterstützung nur nutzen wollte, um ein tyrannisches Regime zu stürzen. Aber er überschritt damit dennoch eine Linie, vor der andere zurückwichen. Der iranische Revolutionsführer Ayatollah Khomeini hatte damals gehofft, einen Großteil der irakischen Schiiten auf seine Seite ziehen zu können. Und ebenso hatte das Saddam-Regime sich bemüht, die arabische Minderheit in Iran für sich zu mobilisieren. Keines der beiden Vorhaben zeitigte den gewünschten Erfolg, eben von schiitischen Freischärlern vom Schlage Ameris abgesehen. Auch Versuche der Iraner, schiitische irakische

Kriegsgefangene in die Guerillareihen von *Badr* einzugliedern, erwiesen sich als wenig fruchtbar.

Ameri, der seinen Verrat mit dem Kampf für eine höhere Sache rechtfertigte, machte später unter Maliki politisch Karriere. Er wurde Transportminister, erhielt Zugriff auf beträchtliche Geldsummen, konnte in dieser Funktion aber vor allem ein bedeutendes Projekt abschließen: die nachhaltige Verankerung von *Badr*-Netzwerken, die sich um seine alten Kampfgefährten spannten, in der Verwaltung und im Sicherheitsapparat. Dies gelang ihm mithilfe iranischer Sponsoren und unter den Augen der amerikanischen Besatzungsmacht. Manche Kritiker sahen das als Unterwanderung an. Und die Führung der *Badr*-Brigade um Ameri wird sich wohl immer mit dem Verdacht konfrontiert sehen, sie habe andere Loyalitäten und verfolge eine andere Agenda als den irakischen Patriotismus. Immerhin hatte die Brigade ja schon einmal im Dienste der Islamischen Republik gestanden, die von vielen Menschen im Irak als ausgreifende, gierige Kolonialmacht *light* gesehen wird – und zwar nicht nur von den irakischen Sunniten, sondern auch von den Schiiten, die den Iranern vermeintlich näherstehen. Dass die Amerikaner Ameris Aufstieg zwar nicht billigten, aber doch geschehen ließen, gibt vielen bis heute Rätsel auf.[56]

Schiitische, von Iran unterstützte Gruppen aus dem *Badr*-Umfeld verübten später nach Erkenntnissen von US-Geheimdiensten sogar Anschläge auf Koalitionstruppen. Aber womöglich ging man davon aus, dass man die *Badr*-Anhänger durch Einbindung domestizieren könne und dass dies notwendig sei, da sie insbesondere bei den ärmeren Schichten unter den Schiiten großen Rückhalt genossen. Immerhin konnten die Amerikaner darauf zählen, dass die auf Rache sinnenden *Badr*-Leute die Anhänger des alten Saddam-Regimes rücksichtslos verfolgten. Und bei innerschiitischen Machtkämpfen verhielten sie sich zumindest loyal zur Regierung Maliki, die wiederum mit den USA kooperierte. Im Zweifel konnten sie großen Schaden anrichten, wenn man sie vollständig von der Macht isolierte. Und der Irak war schlechterdings nun auch eine Demokratie, die ihre politischen Vertreter wählte. Ameris Gefolge konnte Stimmen mobilisieren. Die nun »Organisation *Badr*« genannte Gruppe gründete eine kleine politische Partei und verteilte ihre Anhänger systematisch auf Behörden, Polizeikräfte und Spezialeinheiten. Insofern war es nicht verwunderlich, dass sie es auch in relativ kurzer Zeit schaffte, eine beträchtliche Streitmacht aus Milizionären aufzustellen, als Ayatollah Sistani im Sommer 2014 die Iraker zu den Waffen rief.

Ameri setzte sich an die Spitze dieser sogenannten Volksmobilisierung oder *Al-Hashd al-Sha'bi* gegen die Organisation »Islamischer Staat«. Er befehligte erfolgreich eine ebenso bedeutende wie verlustreiche Operation um den Ort Jurf al-Sakhr südöstlich von Bagdad, von wo die Dschihadisten nicht nur die Hauptstadt und die Ruinen von Babylon, sondern auch die schiitischen Heiligtümer von Nadschaf und Kerbela und die Routen der Pilger attackieren konnten. Der Einsatz im Oktober 2014 war eine Art Feuertaufe für den *Hashd* und wurde entsprechend klangvoll »Operation 'Aschura« getauft – weniger als die Reminiszenz an die Schlacht von Kerbela tat es nicht. Iranische Revolutionsgardisten, zu denen Ameri nach wie vor beste Kontakte unterhielt, hatten ebenfalls Anteil an diesem Prestigeerfolg.

An die 500 IS-Kämpfer sollen in dieser Schlacht getötet

worden sein. Wie viele Milizionäre auf Seiten des *Hashd* fielen, ist bis heute nicht bekannt.

Ich hielt mich während dieser Zeit für einige Tage in Nadschaf auf, wo sich einer der größten Friedhöfe der Welt befindet und viele schiitische Familien ihre Toten beerdigen lassen. Am Schrein des Imams Ali, wo die Verstorbenen ihr letztes Geleit erhalten, marschierten Leichenträger manchmal im Abstand von wenigen Minuten vorbei. Und an einem Nachmittag schien es mir, als sei mindestens jeder dritte Tote in eine irakische Fahne gehüllt, was ihn als Märtyrer auswies.

Der IS war nahe an das Machtzentrum des Irak herangekommen. Für Ameri und seine Gefolgschaft gab es keinen Zweifel daran, dass dieser Kampf nicht an den irakischen Staatsgrenzen haltmachen würde. Der IS und andere extremistische Gruppen bedrohten die Schiiten in der ganzen Welt, sie praktizierten den *takfir*, erklärten also Schiiten zu Ungläubigen, die den Tod verdienen.

Die Volksmobilisierungseinheiten spielten auch eine bedeutende Rolle bei der Wiedereroberung Mossuls, die fast ein Jahr dauerte und erst im Sommer 2017 abgeschlossen war. Vor allem aber gewannen sie den Krieg an der Propaganda-Front, denn der Sieg über die Organisation »Islamischer Staat« sollte ein Sieg des irakischen Volkes sein – und die überwiegend schiitischen Milizionäre unter dem Kommando Ameris und anderer Veteranen betrachteten sich selbst als das Volk. Zweifellos wäre dieser Sieg nicht ohne die Luftschläge der USA, Frankreichs und anderer internationaler Verbündeter möglich gewesen. Und auch die mit amerikanischer Hilfe und Ausrüstung neu belebten Spezialkräfte der irakischen Armee leisteten einen Beitrag, der wohl kriegsentscheidend war. Die Verbündeten hatten sich sogar auserbeten, dass der *Hashd* in bestimmte Stadtteile nicht vordringen würde, um zu verhindern, dass sich die Freiwilligen an der sunnitischen Bevölkerung Mossuls rächen würden. Sie bekämpften die Truppen des IS vor allem im Umland Mossuls, teils mit dessen eigenen Methoden des Guerillakriegs, und ihrer Führung gelang es, den *Hashd* als den militärischen und moralischen Sieger über die Dschihadisten darzustellen.

Ameri war eine jener Figuren, die aus der Gründung der Allianz mit einem gestärkten politischen Profil hervorgingen. Als ich ihn im Dezember 2017 fragte, ob er höhere Ambitionen hege, entblößte er abermals seine heitere Zahnlücke und lachte. Damals gingen in Bagdad bereits Gerüchte um, denen zufolge Ameri und seine *Badr*-Partei die Allianz mit der von Ministerpräsident Abadi geführten Regierungspartei, die sich »Rechtstaatliche Koalition« *(I'tilaf Dawlat al-Qanun)* nannte, verlassen und eine neue politische Kraft aufstellen würden.

Das tat er dann auch. Gemeinsam mit Gefolgsleuten und Verbündeten aus dem *Hashd* gründete er wenige Wochen später eine politische Vereinigung mit dem programmatischen Namen *Fath*, was im islamischen Kontext »Sieg« oder »Eroberung« bedeutet.

Während sich in anderen Ländern dieser Welt politische Parteien bewaffnete Milizen halten, um ihren Forderungen Nachdruck zu verleihen, verhält es sich im Irak derzeit umgekehrt: Milizenführer, die sich im Kampf behauptet haben, stellen politische Parteien auf. Die Kämpfer des *Hashd* sind heute per Gesetz der Aufsicht – und dem Kommando – des Ministerpräsidenten unterstellt. Offiziell sind sie nun eine paramilitärische Streitkraft, ein Zweig des Sicherheitsapparats. Gleichzeitig aber streben die prominentesten Kommandeure dieser Gruppen nach politischer Macht und nutzen diese Einheiten als Mobilisierungsbasis. Man muss sich das so vorstellen, als würde ein Oberst der Armee, während er sich noch im Dienst befindet, gegen seinen eigenen Verteidigungsminister bei einer Wahl antreten und die Soldaten seines Bataillons zum Wahlkampf auf die Straße schicken.

Der *Fath*-Vereinigung Ameris schlossen sich die politischen Arme zweier Milizen an, die sich die *Hizbullah*-Brigaden *(Kata'ib Hizbullah)* und die »Liga der Rechtschaffenen« *('Asaib Ahl al-Haqq)* nennen. Beide hatten sich nicht nur im Kampf gegen den IS besonders hervorgetan, sondern gelten auch als sehr schiitisch, sehr kompromisslos und sehr iranfreundlich, dergestalt, dass sie nicht nur den iranischen Ayatollah Khamenei als Revolutionsführer anerkennen, sondern auch eng mit dem Sicherheitsapparat der Islamischen Republik verwoben sind.

Im Irak muss jeder mit jedem können, über ideologische Grenzen hinweg. Das parlamentarische System, das Wesen von Parteien, die Stammeskultur und die alten Netzwerke aus der Zeit des Widerstands – Strukturen also, die tendenziell miteinander konkurrieren – haben diesen Pragmatismus befördert. Aber Hadi al-Ameri ist gewiss ein Grenzfall, was diese Logik anbelangt. Ausgerechnet bei den Kurden im Nordirak, die den Milizenverband des *Hashd* mitunter mehr fürchten als den IS, gilt er zwar als ein Schurke, aber als einer, mit dem man vernünftig reden kann. Anders als Ministerpräsident Abadi, der für eine gewisse Arroganz bekannt ist, soll Ameri zugänglich für die Klagen der kurdischen Seite sein – vielleicht, weil er aus der ethnisch gemischten

Diyala-Provinz stammt und verschiedene kurdische Führer noch aus dem gemeinsamen Widerstand gegen das Saddam-Regime kennt.

Doch viele arabische Sunniten, religiöse ebenso wie säkulare, zeichnen von ihm ein anderes Bild: Für sie ist Ameri nicht nur ein polarisierender schiitischer Politiker und ein Statthalter Irans, sondern eine veritable Hassfigur.

Über sadistische Neigungen und seine Brutalität im Umgang mit seinen Feinden zirkulieren viele Gerüchte im Irak. Er selbst, so man ihn darauf anspricht, wiegelt ab und lacht herzhaft über das, was man ihm vorwirft: etwa, dass er Sunniten, die unter Terrorismusverdacht standen, in den Jahren des Bürgerkriegs zwischen 2005 und 2008 persönlich gefoltert und mit einer Bohrmaschine exekutiert haben soll, weshalb man ihm den gruseligen Spitznamen »Mister Black & Decker« verlieh.[57] Es scheint Abu Hassan aber auch zupasszukommen, dass er als ein Mann gilt, mit dem im Zweifel nicht zu spaßen ist. Der eine oder andere im Irak soll sich ruhig vor seiner Rache fürchten, so auch die Anhänger und die der Kollaboration verdächtigen ehemaligen Untertanen des sogenannten »Islamischen Staats«.

Nach der Einnahme Mossuls häuften sich die Berichte von Hinrichtungen und standrechtlichen Erschießungen. Wenn man ausländischer Dschihadisten habhaft werden konnte, informierte man verbündete Geheimdienste, die diese Kämpfer verhörten und – laut Berichten von Angehörigen irakischer Milizen – auch eine Bearbeitungsgebühr, vulgo ein Kopfgeld, dafür bezahlten. IS-Kämpfer aus dem Irak und aus Staaten, bei denen weder ein politisches noch ein geheimdienstliches Interesse bestand, um auf diese Weise zu verfahren, erwartete ein anderes Schicksal: Einige wurden der Justiz übergeben und schnell abgeurteilt, andere vor Ort liquidiert, bevor eine polizeiliche Ermittlung über ihre Verwicklungen in den IS eingeleitet werden konnte.

Als ich Ameri auf diese Praxis ansprach und fragte, was mit den Irakern geschehe, die teils aus freien Stücken, teils aber auch aus Zwang oder Verzweiflung in die Reihen der Dschihadisten eingetreten waren, grinste er wie immer und sagte: »Die meisten haben sich den Bart abrasiert und sind doch sowieso davongekommen.«

Ohne Zweifel steht Ameri exemplarisch für eine unter den Männern seiner Generation und seiner kulturellen Prägung weitverbreitete Einstellung: Der Krieg ist grausam und der Irak hauptsächlich von Ländern umgeben, die nicht gerade sein Wohlergehen im Sinne haben. Verbündete zeichnen sich nicht durch große Worte aus, sondern durch Unterstützung im Kampf. Und in einer Welt, in der Dschihadisten maßgeblich die Kriegskultur bestimmen, ist es müßig, über die Angemessenheit der eigenen Mittel nachzudenken. Die Feinde, mit denen er, Abu Hassan, abzurechnen hat, lassen sich in seinem Weltbild nur so bekämpfen, wie sie selbst handeln und argumentieren. Das gilt im Krieg genauso wie in Friedenszeiten.

Kann der Irak die Schrecken der Vergangenheit überwinden und sich entwickeln, solange er von solchen Charakteren beherrscht wird? Viele Beobachter hegen daran Zweifel. Sie befürchten, dass es in den kommenden Jahren weitergehen wird wie bisher: Warlords, Milizenführer und Oligarchen lassen sich von ihren Anhängern ins Parlament wählen und festigen über den Zugriff auf die den Abgeordneten vorbehaltenen Mittel und Privilegien ihre Machtposition weiter.

Die arme Bevölkerung dagegen und diejenigen in den sunnitischen Gebieten, die unter dem IS gelebt haben, werden sich weiterhin benachteiligt sehen und deshalb mit aufständischen Gruppen sympathisieren, so befürchtet ein weiteres Szenario. Ein drittes, dass der Irak abermals zum Schlachtfeld eines Schattenkrieges rivalisierender Mächte wird, die sich die gesellschaftlichen Spannungen zunutze machen – namentlich Saudi-Arabien, die USA und die Islamische Republik Iran.

Alle drei Konflikte – die drohende Aushöhlung des Staates, die Zurückdrängung der sunnitischen Bevölkerung durch mächtige Schiiten und ihre Radikalisierung sowie die Dominanz rivalisierender ausländischer Mächte – lassen sich anhand der Rollen und Biografien jener drei Männer erzählen, die ich im Dezember 2017 in Bagdad traf. Der Dritte in diesem Bunde ist vielleicht der schillerndste Charakter: Man nennt ihn *al-Muhandis*, den »Ingenieur«. Und während man in manchen Ländern der arabischen Welt jeden Taxifahrer, jeden Mechaniker und jeden, der ein Werkzeug in der Hand hält, hochtrabend mit »Herr Ingenieur« anspricht, wenn man etwas von ihm will, so verdient Jamal Ebrahimi »Abu Mahdi« al-Muhandis diesen Titel mit einiger Gewissheit.

Bei vielen politischen Führungsfiguren im Nahen Osten, die nicht aufgrund einer dynastischen Erbfolge oder familiären Herkunft an die Macht gekommen sind, fragt man sich, was sie eigentlich dazu befähigt, ihre Rolle auszufüllen. Und welcher unwahrscheinliche Moment des Schicksals ausgerechnet sie begünstigt haben mag. Viele der mächtigsten Männer dieser Region sind schlechte Redner, Typen ohne Charisma, deren Führungsqualitäten sich erst allmählich offenbaren. Vielleicht waren sie sehr beharrlich oder gar fanatisch in ihrem Ehrgeiz, besonders rücksichtslos und niederträchtig in ihrem Kampf gegen Rivalen. Oder aber sie wurden von den richtigen Leuten protegiert, die sie nicht trotz, sondern eben gerade wegen ihrer Mittelmäßigkeit schätzten, da man von ihnen keine Konkurrenz befürchtete. Bis sie in einem günstigen Augenblick das Gegenteil bewiesen. Dass allerdings ein Abu Mahdi es in einem politischen Klima voller Loyalitätskonflikte und aufbrausender Mentalitäten weit nach oben bringen würde, muss jedem klar gewesen sein, der ihn in den vergangenen Jahren persönlich kennenlernte.

Abu Mahdi stammt aus Basra, einer einst kosmopolitischen Hafen- und Handelsstadt im Süden des Irak. Basra war so etwas wie das Marseille Mesopotamiens, die Stadt des legendären Seefahrers Sindbad und das Tor der arabischen Welt zu Asien. Er ist Sohn einer Iranerin, besitzt neben der irakischen auch die iranische Staatsbürgerschaft, hat eine iranische Frau geheiratet und spricht Persisch ebenso gut und häufig wie Arabisch. Seine politisch-ideologische Hinwendung eines schiitischen Dissidenten zur Islamischen Republik Iran vollzieht sich also auf dem Hintergrund einer langfristigen kulturellen Prägung.

Über Jahrhunderte war die persisch-iranische Kultur im Schmelztiegel Basra ebenso präsent wie die arabische. Abu Mahdis Heimatstadt war, wie die meisten weltoffenen Handelsplätze, sehr lange keineswegs als besonders religiös bekannt. Es fiel den iranischen Missionaren und Emissären Khomeinis nach der islamischen Revolution zwar leichter als anderswo, bei den mehrheitlich schiitischen, ärmeren Schichten der Bevölkerung von Basra positive Resonanz zu finden. Umgekehrt kämpften jedoch viele Basrauis im Golfkrieg mit den Streitkräften Saddams gegen Iran, und später, im Jahr 1990, führte Saddam Hussein von Basra aus seine Truppen in die Invasion des Emirats Kuwait. Aber der panschiitische, von Iran geführte »Widerstand« fand dort ebenfalls Anhänger, und aufgrund der strategisch bedeutenden Lage am Persischen Golf wurde die Gegend um Basra auch zunehmend Schauplatz geopolitischer Konflikte: Die USA und Frankreich unterstützten Saddam Hussein gegen Iran und hatten etwa zur selben Zeit Truppen in den libanesischen Bürgerkrieg entsandt, was von Iran als Angriff auf seine und die Interessen seiner Verbündeten betrachtet wurde. Im April und Oktober 1983 verübte eine Gruppe namens »Islamischer Dschihad«, vermutlich eine von der schiitischen *Hizbullah* geführte und von Syrien und Iran unterstützte Zelle, verheerende Attentate auf die US-Botschaft und die Basis französischer und amerikanischer Marineinfanteristen in Beirut. Am 12. Dezember folgte in Kuwait-Stadt eine Serie von insgesamt sechs Bombenattentaten, die unter anderem die amerikanische und die französische Botschaft zum Ziel hatten. Der Modus Operandi – es kam unter anderem ein Selbstmordattentäter mit einem sprengstoffgefüllten Lastwagen zum Einsatz – erinnerte an Beirut, auch wenn, womöglich aufgrund technischer oder planerischer Fehler, insgesamt nur fünf Personen ihr Leben verloren, darunter kein westlicher Ausländer.

Unter den Beschuldigten befanden sich etliche Anhänger der irakisch-schiitischen Widerstandsbewegung *Da'wa*, ein Funktionär der libanesischen *Hizbullah* und ein gewisser Abu Mahdi, den kuwaitische und amerikanische Ermittler als Mastermind des Anschlags sahen. Abu Mahdi wurde zweifach zum Tode verurteilt, in Kuwait und im Irak – wenngleich in Abwesenheit, denn er hatte sich zu dieser Zeit wahrscheinlich bereits ins iranische Exil geflüchtet. Nach der Irak-Invasion der USA kehrte er 2003 zurück, wurde Abgeordneter im Parlament und baute zugleich mit Irans Unterstützung eine Miliz auf, die aus dem Untergrund gegen die Besatzungstruppen kämpfte. Nachdem die US-Nachrichtendienste gewahr wurden, mit wem sie es zu tun hatten, floh Abu Mahdi abermals in seine andere Heimat Iran und kehrte erst nach dem Abzug der US-Truppen an den Tigris zurück. Als in der Nacht auf den 15. Juni 2014 die mächtigsten Sicherheitspolitiker und schiitischen Milizenführer zusammentraten, um als Reaktion auf die Einnahme Mossuls durch den IS und den Aufruf Ayatollah Sistanis die Streitmacht des *Hashd* zu gründen, saß Abu Mahdi nicht nur mit am Tisch. Es war buchstäblich sein Tisch, denn man traf sich im Salon seines Privathauses in der Grünen Zone Bagdads, nur wenige Hundert Meter von der US-Botschaft entfernt: ein eher schmuckloser Raum, an dessen Längsseite das Doppelporträt des iranischen Revolutionsführers Khamenei und seines Vorgängers Khomeini hängt.

Mit den *Kata'ib Hizbullah* – jener schiitischen Miliz, die in den Jahren der amerikanischen Besatzung im Untergrund aktiv gewesen und nach wie vor bewaffnet war – brachte Abu Mahdi seine eigene Hausmacht ein. Aber auch ein anderes wertvolles Pfund: seine persönliche Freundschaft mit Generalmajor Qassem Soleimani, dem Architekten der iranischen Einsätze im Nahen Osten. Offiziell wurde der »Ingenieur« Vizekommandeur des *Hashd*, inoffiziell der Spiritus Rector und strategische Kopf der Volksmobilisierung.

Ein geschmeidiger älterer Herr, der für einen militärischen Anführer mit erstaunlich sanfter Stimme spricht. So erschien mir Abu Mahdi. Der volle weiße Haarschopf, der ebenfalls schlohweiße Bart, die randlose Gelehrtenbrille und die Sporthemden oder Fleecejacken, die er gerne trägt, lassen ihn wie einen Studienrat kurz nach der Pensionierung wirken. Das alles kann nicht darüber hinwegtäuschen, dass die Erfahrung, aber auch die Ausübung von Gewalt ein wesentlicher, prägender Teil seines Lebens waren.

Wer mit Abu Mahdi über die Weltpolitik spricht, wird sich über eins besonders wundern: Er hört zu und ist definitiv einer der wenigen Männer seines Schlages, die nicht vorgeben, auf alles sofort eine Antwort zu besitzen. Als ich ihm in unserem Gespräch meine Einschätzungen zur Lage im Nachbarland Syrien vortrug, machte er sich Notizen mit Fragen und Anmerkungen, die er dann der Reihe nach abarbeitete. Anschließend ließ er detailreiche Karten des Irak und seiner Grenzregionen kommen, breitete sie auf dem Tisch aus und schilderte das taktische Vorgehen des *Hashd* gegen die Kämpfer der Organisation »Islamischer Staat«. Er beschrieb die Planungen, die Probleme und die tatsächlichen Erfolge und schien vor allem sehr detaillierte Kenntnisse über die umkämpften Gebiete zu besitzen: über die Bevölkerungsstruktur, die Topografie, aber auch die Machtverhältnisse innerhalb der Stämme, über die der IS geherrscht hatte. Und er sagte etwas, das ihn von anderen Gesprächspartnern abhob, und zwar vermutlich nicht nur, um sympathisch zu erscheinen: Er wolle mit jedem reden, auch mit seinen Feinden. Selbst ein IS-Anhänger könne zu einem loyalen Bürger werden, wenn man Gnade walten lasse und ihn würdevoll behandelt.

Hass und Verbitterung waren ihm nicht anzumerken, aber dennoch spiegelt sich auch in Abu Mahdis Biografie wider, welche Charaktere und damit welche Mentalitäten heute das politische Geschehen im Irak so maßgeblich bestimmen: Ihr Wirken hat nicht 2014 im Kampf gegen den IS begonnen, auch nicht mit der Invasion der Koalition ein Jahrzehnt zuvor. Beides sind für Menschen wie Nuri al-Maliki, Hadi al-Ameri und Abu Mahdi al-Muhandis nur vorübergehende Erscheinungsformen eines großen, langen Kampfes. Sie betreiben keine Tagespolitik, denken in anderen zeitlichen Dimensionen, als man es gemeinhin in der Politik im Westen tut. Und sie haben keinen Plan B, keine andere Karriere und auch nicht die Option, als Pensionäre Rosen zu züchten. Ihr politisches Überleben hängt vom Erhalt ihrer Hausmacht ab, und die allein garantiert, dass sie überhaupt am Leben bleiben. Beharrlich haben sie viele Regime fallen sehen und sind geprägt von einem historischen Determinismus, der davon ausgeht, dass auch andere Regime fallen werden, sie aber bestehen bleiben. Ob diese schiitischen Politiker im Inneren tatsächlich religiös sind oder nicht, ist eine andere Frage. Aber sie scheinen daran zu glauben, dass sie als Sachwalter der Unterdrückten nun das Recht haben, andere zu beherrschen, um zu verhindern, dass die Unterdrücker wiederkehren.

Alle drei – Maliki, Ameri und Muhandis – waren sich übrigens einig, was ihr Verhältnis zu Syrien und ihre Unterstützung für das Assad-Regime anbetraf, an dessen Seite mit ihrer Billigung schiitische irakische Milizen kämpften. Nicht einmal Maliki, der lange im Exil in Damaskus gelebt hatte, versuchte, Assad zu verteidigen und gegen den Vorwurf in Schutz zu nehmen, seine Herrschaft sei tyrannisch und er zeige keinerlei Achtung für Menschenrechte. »Dieses Regime wird niemals von der Macht lassen«, resümierte Maliki; er gab freimütig zu, dass er schiitischen Milizen die Ausreise nach Syrien gestattet hatte. Nicht nur er, Maliki, sondern auch sein Nachfolger, der von den Amerikanern favorisierte Abadi, habe diese Politik verfolgt. Dies betonte Maliki umso mehr, als er ja in seiner mangelnden Unterstützung für die amerikanische Syrien-Politik, die angeblich den Sturz Assads zum Ziel gehabt habe, den wesentlichen Grund dafür sah, dass die USA ihn in Mossul im Stich gelassen hätten.

Auch Hadi »Abu Hassan« al-Ameri nahm die schiitischen Milizen in Syrien in Schutz, obwohl viele nationalistische Iraker sie als illegale Freischärler betrachten. Die politische Verantwortung ihres Einsatzes in Syrien trage die irakische Regierung. Ameri selbst war 2016 in Aleppo gewesen und ließ sich dort mit Vertretern des syrischen Regimes ablichten. Nicht einmal das schizophrene Verhältnis zwischen Damaskus und den Dschihadisten von Al-Qaida, der Organisation »Islamischer Staat« und anderen verbrecherischen Banden schien ihn peinlich zu berühren. Ameri erzählte, dass er selbst vor Beginn des Aufstandes in Syrien Assads Geheimdienstdirektor Ali Mamluk davor gewarnt habe, dass der Terror, den die Dschihadisten auf den Straßen Iraks verbreiteten, irgendwann auch nach Syrien kommen werde. Es sei damals ihm und anderen irakischen Sicherheitsexperten völlig klar gewesen, dass das Assad-Regime dschihadistische Kämpfer aus der gesamten arabischen Welt in Busladungen über die Grenze habe ziehen lassen, damit sie dort Unruhe stifteten und die USA beschäftigt hielten. Denn bereits damals fürchtete das syrische Regime, möglicherweise nicht ganz zu Unrecht, dass es der nächste Kandidat für eine Demokratisierung mit Waffengewalt werden könnte. Man hasse die Baathisten und vertraue ihnen auch nicht, erklärte mir auch Abu Mahdi und stellte Assad damit in eine Reihe mit dem Saddam-Regime, das ihm so schwere Prüfungen auferlegt hatte, ihn aber letztlich zu dem gemacht hatte, was er heute war.

Der uneinsichtige Maliki, der gefürchtete Ameri und der siegessichere Muhandis: Sie kannten sich gut untereinander, aber sie mochten sich offensichtlich nicht sehr. Und keine dieser drei Figuren war geeignet, die Befürchtungen internationaler Beobachter zu entkräften, es werde nach den Wahlen von 2018 im Irak weitergehen wie bisher: *Winner takes all* – was darauf folgt, sind Krieg, Sektarismus und eine immer tiefere Spaltung der Gesellschaft, von der abermals die Extremisten profitieren. Würden die Geister, die die drei Männer gerufen hatten, sich überhaupt noch vertreiben lassen? Und würden die im *Hashd* verbundenen schiitischen Milizen nun auch politisch die Macht übernehmen? Ministerpräsident Abadi wollte das offenbar verhindern. Er kämpfte um seine Wiederwahl und zielte auch auf die Stimmen derjenigen, die sich vor der wachsenden Macht der Milizen fürchteten. Andererseits hatte er im September 2017, als die Kurden im Nordirak per Referendum ihren Willen zur Unabhängigkeit erklärt hatten, mit harter Hand durchgegriffen und die Streitkräfte ins umstrittene Kirkuk geschickt. Wo die einen den amtierenden Regierungschef nun als starken Mann lobten, hielten die anderen ihn für aufbrausend und, wie einst sein Vorgänger, womöglich auf dem besten Weg, sich diktatorische Manieren anzueignen.

Ein anderer Charakter aus dem schiitischen Spektrum,

der Kleriker und Populist Muqtada al-Sadr, brachte sich in Stellung und blies nun zum verbalen Generalangriff auf Sektarismus, Korruption und die Milizen. Er suchte sich gezielt Verbündete im säkularen, nichtschiitischen Lager, etwa bei den irakischen Kommunisten, was man zuvor bei einem frommen Kleriker nicht ohne Weiteres erwartet hätte. Das Kalkül war weniger, deren kleine Anhängerschaft zu gewinnen, sondern vor allem, sich als überkonfessionell und unideologisch zu empfehlen. Sadr stellte drei Forderungen auf: Der *Hashd* müsse sich entwaffnen, aus der Politik heraushalten und sich aus dem umstrittenen Gebiet um die von der Zentralregierung und den Kurden gleichermaßen beanspruchte Stadt Kirkuk zurückziehen. Seine eigenen Kämpfer sollten dabei mit gutem Beispiel vorangehen.[58]

In jenem Frühling 2018 merkte man, was den Irak neben Chaos und Krieg eben auch ausmacht und von anderen arabischen Staaten unterscheidet: Es wurde zwar wieder gekämpft, jetzt aber um die Gunst der Wähler in allen Landesteilen. Und auch viele dezidiert schiitische Kandidaten und Gruppen stimmten ein in den Chor – in einer Weise, dass man Wahlkampfreden und -programme kaum noch unterscheiden konnte. Fast alle waren jetzt für die Überwindung der ideologischen Differenzen, die Bekämpfung von Korruption und Sektarismus und für eine »sachorientierte« Politik. Und viele Newcomer drängten auf die Wahllisten.

Das Ergebnis der Wahl vom 12. Mai 2018 wurde von manchen ausländischen Beobachtern als Beweis dafür gesehen, dass die Iraker ein Zeichen setzen wollten, dass sie vom Sektarismus die Nase voll und bewusst nicht nach der Logik »Sunniten gegen Schiiten« gewählt hätten. Der renommierte Journalist und Extremismus-Fachmann Hassan Hassan nahm die Wahlen sogar zum Anlass, die Zeit der »Dämmerung des Sektarismus« einzuläuten.[59] Andere Experten gaben etwas Wasser in den Wein: Nicht der Wähler, sondern der Nichtwähler habe so gehandelt, vor allem, weil einige der traditionellen schiitischen Milieus ihren gesetzten Kandidaten die Unterstützung verweigert hätten. Den schiitischen Parteien ging es da offenbar nicht anders als der CSU bei ihrer letzten Landtagswahl.

Womöglich sei es dem irakischen Wähler weniger um die Versöhnung konfessioneller Gruppen gegangen, sondern darum, »die Kluft zwischen den Eliten und dem Bürger« etwas zu verringern, schrieben die Irak-Fachleute Renad Mansour und Christine van den Toorn in einer gemeinsamen Analyse.[60]

In jedem Fall obsiegte keine Partei, wenngleich Sadr und seine Allianz stärkste Kraft wurden – mit 54 von 329 Sitzen aber sehr weit von einer Mehrheit entfernt. Abu Hassan al-Ameris Wahlbündnis landete auf dem zweiten, Ministerpräsident Abadi auf dem dritten und Maliki mit deutlicherem Abstand auf dem vierten Platz. Das Geschacher um Koalitionsoptionen begann ohne Verzug. Abu Mahdi al-Muhandis indes, der trotz eines angespannten persönlichen Verhältnisses zu Ameri dessen Allianz unterstützt hatte, ging in den Medien auf Distanz zum politischen Geschehen und ließ verlauten, er wolle sich doch lieber um die Sicherheit des Irak und die Familien der Märtyrer kümmern. Zu tun gab es einiges, denn während den heißen Sommer über in Bagdad über Pfründe und Posten verhandelt wurde, brachen in Basra, seiner einst prächtigen, weltläufigen Heimatstadt, heftige Proteste los: keine Stromversorgung, mieses Trinkwasser, Müll, wohin das Auge blickte, und nun sogar Fälle von Cholera. Ausgerechnet dort, wo die schiitische Basis die ebenfalls schiitische politische Elite unterstützt und sich sogar in die Schlacht gegen den IS hatte führen lassen. Abermals wurde deutlich, wie sehr die grassierende Korruption die Ressourcen eines Landes auffraß, das eigentlich zu den reichsten des Nahen Ostens zählen könnte. Versuche einiger Politiker, die anhaltenden Proteste als aus dem Ausland gesteuerte Provokationen darzustellen oder gar die Reservisten des *Hashd* nun – nach iranischem Vorbild – zu ihrer Niederschlagung einzusetzen, scheiterten. Am Widerstand der Bevölkerung, aber auch an der Einsicht unter schiitischen Geistlichen und offenbar auch unter einigen vernünftigen Köpfen in Bagdad, die die Warnung jetzt ernster zu nehmen schienen.

Abu Hassan al-Ameri, wohl oder übel ein Gesicht der alten Garde, das polarisierte, verzichtete trotz seines guten Wahlergebnisses schließlich auf das Amt des Ministerpräsidenten. Muqtada al-Sadr wollte ohnehin niemals selbst regieren, sondern, als vollendeter Populist, lieber die Politik der Regierung mitbestimmen und zugleich Opposition machen. Maliki hätte wohl gern wieder regiert, fand aber nicht genügend Unterstützer und begnügte sich schließlich damit, weiter Vizepräsident zu sein.

Am Ende fand sich eine Koalition – und ein Kandidat für das Amt des Ministerpräsidenten, mit dem alle gut leben zu können schienen: ein gewisser Adil 'Abd al-Mahdi (nicht zu verwechseln mit Abu Mahdi, dem Ingenieur), ein Schiit, der weder als zu proiranisch noch als zu prowestlich gilt. Ein ehemaliger Finanzminister aus dem Kabinett Abadi, der gut Französisch spricht, auf einer Bagdader Jesuitenschule war und der Idee des Sozialismus einiges abgewinnen kann.[61]

Zu seinen ersten Maßnahmen zählte die Einrichtung einer Website, über die sich normale Bürger und besonders Bürgerinnen für Jobs im öffentlichen Dienst bewerben können – angeblich gingen bereits am ersten Tag über 30 000 Bewerbungen ein. Außerdem will der neue Ministerpräsident den Irak im Nahen Osten neu ausrichten – mit gleichmäßig guten Beziehungen zu allen Nachbarn. Die wird das Land brauchen, wenn es nicht erneut zum Schlachtfeld eines Schattenkrieges jener Mächte werden will, die in der Region um Einfluss ringen.

ZEHNTES KAPITEL

Viagra für den arabischen Nationalismus: Zwei Prinzen wollen eine alte Idee wieder aufleben lassen

Der Schnurrbart überdauert einen Mann. Den Beweis erbrachten erst kürzlich katalanische Forensiker, als sie ein paar weltberühmte, nahezu unverweste Vibrissen aus der Unterwelt zurückholten. Ihr Eigentümer, der Maler Salvador Dalí, 1989 verstorben und 2017 zwecks Genprobenentnahme amtlich exhumiert, hatte selbst einmal erklärt, dass ein Mann ohne Oberlippenbart nicht richtig angezogen sei. Unter mittelalten Hauptstädtern in Westeuropa hingegen spaltet der Schnäuzer heute die Gemüter. Er kann, je nach Erscheinung seines Trägers, Ausdruck von kultiviertem Individualismus oder altmodischer Provinzialität sein. Und in vielen arabischen Hauptstädten ist es eigentlich nicht anders.

Früher waren die Gesichtsbehaarungskonventionen eindeutig, zum Teil sogar gesetzlich reguliert. Heute bringt die Mode alles durcheinander: Der fromme oder politische Schiit zum Beispiel war stets an seinem möglichst gleichmäßig gestutzten Vollbart zu erkennen, ebenso der Muslimbruder, wobei eine etwas vernachlässigte Barttracht mitunter den Eindruck von Bescheidenheit verstärken sollte. Glatt rasiert, Dreitagebart oder auch ein breiter, meist von Koteletten sekundierter Balken wiesen dagegen eher auf ein linkes, urban-progressives Selbstbild ihrer Träger hin. Der bei uns als »Slawenhaken« verrufene Schnäuzer, der die Mundwinkel einrahmt, war seit jeher eher wenig in der arabischen Welt verbreitet und höchstens ein Erkennungszeichen der »Grauen Wölfe«, also türkischer Ultra-Nationalisten, mit denen man kaum Berührungspunkte hatte. Arabische Nationalisten, so auch die syrischen Baathisten, pflegten indes den kurzen Schnäuzer – mit Leidenschaft und Disziplin. Was dazu führte, dass deutsche Sprachstudenten in Damaskus noch zu Beginn des 21. Jahrhunderts nur mit gemischten Gefühlen den Friseursalon betraten. Einerseits bot das eine hervorragende Gelegenheit, Neuigkeiten zu erfahren und das erlernte Arabisch anzuwenden. Andererseits wusste man nie, ob einem der Barbier nicht Bürstenschnitt und Schnurrbart verpassen würde – trotz hilfloser Proteste.

Heute hört man ein Klagen von den Älteren der Friseure: »Das ist nicht mehr meine Welt!« Hipster in Bagdad lassen sich dichte, lange, bis auf die Hemdbrust reichende Bärte stehen – dazu noch gezwirbelte Schnäuzer wie die europäischen Gelehrten des 19. Jahrhunderts. Der »Undone Look« ist längst kein Zeichen von Verwahrlosung mehr, sondern Ausdruck kultivierter Männlichkeit. Und regimetreue syrische Milizionäre stellen auf Instagram das Modell Waldschrat zur Schau, wohl um besonders kriegerisch zu wirken. Allein die Salafisten mögen noch Traditionsbewusstsein zeigen – wenngleich ästhetisch fragwürdig –, mit Fusselbart und rasierter Oberlippe. Und kaum findet man stilistisch Halt, wird der schon wieder mit einer neuen Mode außer Kraft gesetzt: Beim IS, der sich fortwährend im Krieg befand, liefen sie herum wie Berufsgammler und Kommunarden.

Es bedarf nun wohl keiner weiteren Beweise mehr dafür, dass das arabische Wertesystem der Gesichtsbehaarung zuletzt völlig aus den Angeln war. Ein Blick in die Visage reichte gemeinhin längst nicht mehr, um einen Mann in einem politischen Lager zu verorten. Oder doch?

Durch die politische Landschaft der arabischen Welt weht eine Art Retro-Trend, der allerdings in Europa noch nicht sehr viel Beachtung fand. Und Schnurrbärte spielen dabei eine gewisse Rolle. Wo Staaten zerfallen und autoritäre arabische Regime von Protestbewegungen herausgefordert werden, wo religiöse und konfessionelle Gräben die Gesellschaften zerreißen, versuchen insbesondere drei Mächte, eine alte Form der Ordnung zu bewahren oder wiederherzustellen: Saudi-Arabien, Ägypten und die Vereinigten Arabischen Emirate. Und sie bedienen sich dabei einer Spezies von Protegés, die Anleihen am Zeitalter des arabischen Nationalismus nimmt: autoritäre, militärisch ausgebildete Figuren, Obristen-Typen, die wissen, wie man Befehle ausführt und Befehle erteilt. Ehrgeizig, aber nicht größenwahnsinnig. Schonungslos, aber nicht sadistisch; clever, aber nicht allzu reflektiert. Sie sollen die Staaten stabilisieren, den Umtrieben des 2011 ausgebrochenen Arabischen Frühlings und dessen Begleiterscheinungen ein Ende setzen und, wenn möglich, iranische, katarische, türkische Bestrebungen neutralisieren, die im Gewand pan-islamischer Solidarität daherkommen.

Der libysche Feldmarschall Khalifa Belqasim Haftar ist ein solcher Zeitgenosse. Nach dem Sturz Gaddafis 2011 in Libyen sollte der überzeugte Schnurrbartträger aus Ajdabiya in der Provinz Cyrenaika die Neuordnung der Streitkräfte übernehmen, eine vordringliche Aufgabe, von der er allerdings wenig später abberufen wurde. 2014, nachdem eine Parlamentswahl annulliert und das Auseinanderdriften in zwei politische Lager – und schließlich zwei Regierungen – in einen weiteren Bürgerkrieg mündete, setzte sich Haftar an die Spitze einer Bewegung, die er *Karama*, »Würde«, nannte. Die bekämpfte zunächst militante, islamistische und zum Teil den Muslimbrüdern nahestehende Gruppen und baute dann den Nordosten Libyens, die Gegenden um Bengazi und Tobruk, zum neuen Machtzentrum aus. Haftar genoss dabei besonders die Unterstützung Ägyptens, Saudi-Arabiens, der Vereinigten Arabischen Emirate und später auch Russlands.

Aber auch einige europäische Mächte, etwa Frankreich, sahen in ihm eine stabile Alternative zum Chaos in Libyen. Haftars Agenda stand – zumindest war dies der Eindruck seiner Unterstützer – für eine Null-Toleranz-Politik gegenüber bewaffneten Islamisten, ob »Islamischer Staat« oder Muslimbrüder, und für einen starken Staat. Dass er als gewiefter Taktiker dabei auch temporäre Allianzen mit lokalen salafistischen, also ebenfalls islamistischen Kräften einging, um andere Islamisten zu bekämpfen, spielte in der Gesamtbewertung keine Rolle. Seine Feinde konnte man sich aussuchen in Libyen, seine Verbündeten eher nicht.

1969, als junger Offizier, hatte Haftar den nationalistischen Putsch von Oberst Gaddafi gegen die schwache Monarchie gestützt und später für Gaddafi einen Krieg im Tschad geführt. Dann war er in Ungnade gefallen, hatte sich in den 1990er Jahren an einem erfolglosen Umsturzversuch gegen den »Bruder Oberst« beteiligt und dann angeblich eine Weile im Dienste der CIA gestanden. Haftar wusste, so zumindest war die Erwartung, wie man mit zwei Arten von Kundschaft umgeht, die in Libyen eine wachsende Rolle spielten: religiöse Fanatiker und Stammesführer. Man konnte sie sich dienstbar machen oder sie gegeneinander aufhetzen, um sie aus dem Spiel zu nehmen. So weit zumindest die Idee. Aber auch der »Islamische Staat«, der sich in Gaddafis Heimatstadt Sirte auf halber Strecke zwischen den verfeindeten Machtzentren Tripolis und Bengazi eingenistet hatte, profitierte von der Spaltung des Landes. Und womöglich spielte er auch eine Rolle in Haftars Kalkül: Sollten sich die islamistischen Milizen – Salafisten, Dschihadisten, den Muslimbrüdern aus dem mit ihm verfeindeten Lager in Tripolis und Misrata nahestehende Kräfte – gegenseitig auffressen. Er würde später einsammeln, was übrig blieb. Am Ende dauerte die Schlacht um Sirte sechs Monate. Ein brüchiges Bündnis aus einer Übereinkunftsregierung, Milizen aus Misrata und amerikanischer Luftwaffe zerschlug den IS im Dezember 2016.

Haftar schickte sich derweil an, seine Macht in anderen Landesteilen auszubauen. Er glaubte wohl an einen starken Militärstaat und hielt sich für befähigt, dem Spuk des Bürgerkriegs ein Ende zu setzen. Seine Anhänger und Unterstützer in der arabischen Welt sorgten sich sehr, als Haftar, auf den es bereits mehrere Attentatsversuche gegeben hatte,[62] im April 2018 mutmaßlich einen Schlaganfall erlitt und mehrere Tage im Koma lag. Vermutlich fragten sie sich auch, ob sich ein 75-Jähriger wirklich als Hoffnungsträger für die Stabilisierung Libyens eignet. Aber die Alternativen waren und sind rar, und Haftar hatte sich immerhin im Feld als siegreich erwiesen, wenn auch viele Libyer der Ansicht waren, dass seine Person längst Teil des Problems und nicht Teil der Lösung war.[63]

Ein anderer »starker Mann«, welcher zuletzt hoch in der Gunst Saudi-Arabiens stand, ist der jemenitische Generalleutnant Ali Mohsen Saleh al-Ahmar, seit 2016 offiziell Vizepräsident der Exilregierung des Jemen. In dem Bürgerkriegsland führte er zeitweilig *de facto* die Geschäfte der von den Golfstaaten unterstützten Allianz gegen die Huthi-Milizen. Diese hatten Anfang 2015 die Hauptstadt Sanaa besetzt und die Regierung von Präsident Abed Rabbo Mansur Hadi verjagt. Zwar verfolgen Saudi-Arabien und die Emirate keine ganz deckungsgleichen politischen Ziele im Jemen, aber im März desselben Jahres traten sie gemeinsam in den Krieg ein. Sie versuchen seitdem, den Jemen den Huthis zu entreißen und eine Regierung zu installieren, die das Land in ihrem Sinne stabilisiert und dafür sorgt, dass der unter den Huthis deutlich stärker gewordene Einfluss Irans zurückgedrängt wird.

Was die Zukunft von Präsident Hadi und seine Fähigkeit zu herrschen betrifft, so haben die beiden Golf-Verbündeten sehr unterschiedliche Ansichten. Aber darauf, dass es einen alten Fuchs wie den 1943 geborenen Ali Mohsen braucht, der Politik als ein Geschäft und nicht als Versuchsfeld für Reformgedanken und Visionen hält, darin scheinen sie sich einig. Ginge es nur nach dem Geschmack der Emiratis, hätten sie sich vielleicht einen anderen starken Mann gewünscht, denn Ali Mohsen pflegt enge Kontakte zu den jemenitischen Muslimbrüdern, die wiederum von der emiratischen Führung ungefähr so sehr geliebt werden wie der Leibhaftige, der neunmalgesteinigte Scheitan.

Aber Ali Mohsen hat eben auch seine Führungsqualitäten. Er hat nämlich schon vor dem Arabischen Frühling, unter dem autoritären Präsidenten Ali Abdullah Saleh, die

Fäden gezogen und sich angeblich am Treibstoffschmuggel bereichert. Und obwohl sich sein Profil und das des Libyers Haftar nur oberflächlich ähneln mögen: Die Methoden, wie man militante islamistische Gruppen für die eigenen Zwecke erst kooptiert, dann mobilisiert und sie dann irgendwann ausschaltet, scheinen beide zu beherrschen. Bis zu einem gewissen Grad gilt das auch für ihren Umgang mit den Stämmen, die in Libyen und im Jemen wichtige Faktoren sind.

Auch in den palästinensischen Gebieten ist ein neuer starker Mann gefragt, und auch dort scheint das saudisch-emiratische Gespann Kandidaten in Position zu bringen, die ihren Vorstellungen entsprechen. Nach dem Tod von PLO-Chef Yassir Arafat übernahm 2005 Mahmud Abbas, genannt Abu Mazen, die Präsidentschaft der Autonomiebehörde. Der inzwischen selbst betagte, 1935 geborene Abbas gilt als gescheitert, was das Projekt eines eigenen Staates Palästina anbelangt, aber auch im Hinblick auf den Aufbau demokratischer Strukturen und auf die wirtschaftlichen Lebensperspektiven der Bevölkerung. Dieses Scheitern ist gewiss nicht ihm allein anzulasten; und die israelische Politik spielte dabei eine maßgebliche Rolle. Allerdings ist Abbas seit über einem Jahrzehnt nicht mehr demokratisch legitimiert worden.

Der Erfolg dabei, eine innere Einigung zwischen PLO und der islamistischen Hamas, zwischen dem Westjordanland und Gaza herzustellen, lässt bisher auf sich warten. Und Abbas wird demnächst wahrscheinlich seinen Hut nehmen. Der einzige bedeutende Prozess aber, auf den er nun noch Einfluss ausüben kann, um sein Ansehen zu wahren, ist die Regelung seiner Nachfolge.

Unter den Anwärtern finden sich zwei Männer der alten Garde, von denen zwar nur einer Schnurrbart trägt, die aber ansonsten aus demselben Holz geschnitzt sind: Der eine, der schnurrbärtige Jibril Rajoub, war ehemals Arafats Sicherheitschef im Westjordanland. Der andere, Mohammed Dahlan, machte diesen Job früher in Gaza. Beide waren (und sind) auf ihre Art gefürchtet, bestens geheimdienstlich vernetzt, galten als korrupt und fielen irgendwann in Ungnade. Dahlan musste sogar das Autonomiegebiet verlassen, was auch, aber nicht nur damit zusammenhing, dass die Hamas in Gaza die Macht übernommen und den PLO-Fürsten Dahlan aus seinem Revier verdrängt hatte.

Wer so gekränkt und entmachtet wird, neigt bekanntlich irgendwann zum Raubrittertum. Dahlan versuchte erfolglos, im Westjordanland Fuß zu fassen, was schlechterdings Konkurrenten auf den Plan rief, die ihn buchstäblich vom Hof jagten. Dann bot ihm der Arabische Frühling eine unverhoffte Chance: Denn aus dem 2010 selbst gewählten ägyptischen Exil musste Dahlan schon wenig später wieder fliehen, als dort Präsident Mubarak gestürzt wurde und die Muslimbrüder an die Macht kamen. Der Palästinenser Dahlan, der fließend Hebräisch spricht und neben seinen israelischen Sicherheitskontakten auch Beziehungen zur CIA pflegte, fand schließlich Zuflucht in den Emiraten. Dort, in Abu Dhabi, fand man Verwendung für die Talente vieler Exilanten aus den Ländern des Arabischen Frühlings. Und Dahlan erhielt einen Job als »Sicherheitsberater« im weitesten Sinne.

Seitdem genießt Dahlan die Unterstützung von Kronprinz Mohammed bin Zayed. Einen Mann wie Dahlan in eine einflussreiche Position zu bringen, ist wohlkalkuliert: Er soll die Macht der Hamas zerschlagen, den Einfluss von Iran, Katar und womöglich auch der Türkei eindämmen, einen pragmatischen Deal mit der israelischen Besatzungsmacht eingehen und eventuell ein paar wirtschaftliche Weichen für Investments stellen. Es wurde sogar spekuliert, ob Dahlan so weit gehen würde, die angeblichen Trump-Friedenspläne zu Gebietsaustausch und Umsiedlung von Palästinensern in den Sinai oder einer Föderation der Palästinenser mit Jordanien zu unterzeichnen. Gerüchte, die er lautstark versuchte auszuräumen, um seine Kandidatur nicht zu gefährden. In einer per Satellit nach Gaza übertragenen Ansprache forderte er die palästinensische Regierung zur Einheit auf: Sie solle Trumps Plänen entschlossen entgegentreten, anstatt über sie zu lamentieren.[64] Was auch immer die Herrscher von Abu Dhabi und Riad mit Dahlan vorhaben – sie werden sich stets daran erinnern müssen: Ein starker Mann, den man als solchen eingekauft hat, ist kein reiner Befehlsempfänger.

Das Personalprofil derjenigen, mit denen Saudis und Emiratis die verfahrensten Konflikte in der Region behandeln wollen, dürfte damit ausreichend beschrieben sein: Sie müssen militärisch und geheimdienstlich ausgebildet sein und einer entsprechenden Handlungslogik folgen. Hart, autoritär, wobei es auch ein bisschen brutal sein darf. Und wenn es unbedingt liberal sein muss, dann höchstens in wirtschaftlichen Belangen. Man wünscht sich keine Moralapostel, vor allem keine religiösen Eiferer. Aber natürlich sollten es arabische Sunniten sein, damit es erst gar keine Diskussionen gibt.

Nun stellt sich allerdings die Frage: Was will man mit diesen Typen in der Region erreichen? Sucht das emiratisch-saudische Tandem nur Satrapen? Oder arbeitet es gar an einer Neuauflage, einer Retro-Version des arabischen Nationalismus? Wäre das die Antwort auf die ideologisch-religiöse Krise der Staaten, den Islamismus der verhassten Muslimbrüder, und eine Initiative gegen den Einfluss Irans und der Türkei auf die arabische Welt?

Die Parallelen zwischen der neuen – und zugleich ja alten – Führungsgarde, die hier aufgebaut werden soll, und den einstigen Galionsfiguren des arabischen Nationalismus mögen oberflächlich sein: Gamal Abdel Nasser oder Saddam Hussein waren ja nicht nur für ihre Schnurrbärte bekannt. Aber es spricht dennoch einiges dafür, dass die Herrscher Saudi-Arabiens und der Vereinigten Arabischen Emirate sich an alten Vorbildern orientieren.

Sie appellieren in letzter Zeit auch verstärkt an die Einheit der Araber.[65] Darin sehen sie eine Möglichkeit, sich an die Spitze der arabischen Welt zu setzen, die Region in ihrem Sinne zu entwickeln und Umstürze zu vereiteln, die sich irgendwann auch gegen sie selbst richten könnten. Der Arabische Frühling war eine Warnung. Die Restauration muss nun gelingen. Und eine autoritäre Post-2011-Ideologie in Anknüpfung an die Zeiten der ersten arabischen Republiken könnte dabei helfen: ein Revival einer Ideologie, die schon für immer verblasst schien. Es wäre ein arabischer Nationalismus, der im Wesentlichen auf Identitätssymbole und einen antimodernen, aber bewährten Herrschaftsstil reduziert würde. Und der natürlich auf die Abgrenzung von Feinden setzt. Andererseits: War real existierender arabischer Nationalismus jemals etwas anderes?

Totgesagte leben länger. Und es ist dabei nicht ohne historische Ironie, dass der Impuls für die Wiederbelebung des arabischen Nationalismus ausgerechnet aus den monarchisch-autokratischen Staaten am Golf kommt, also einem

Teil der arabischen Welt, der ihm gegenüber lange eher skeptisch eingestellt war.

Der arabische Nationalismus hatte seinen Ursprung vor allem in Ägypten und Syrien; und spätestens seit der Gründung der arabischen Republiken Mitte des 20. Jahrhunderts rivalisierten die Ägypter mit Saudi-Arabien um die Führungsrolle in der Region. Darüber hinaus schauten die Vordenker des Nationalismus, vor allem städtische Eliten aus Kulturnationen, mit einiger Geringschätzung auf die Beduinen der Arabischen Halbinsel herab. Der arabische Nationalismus und der Golf fanden erst sehr spät zueinander, auch wenn es in den 1971 gegründeten Emiraten glühende Verehrer dieser Idee gab und selbst der eine oder andere Exot im saudischen Königshaus mit ihr sympathisierte.[66]

Als politische Ideologie entstand der arabische Nationalismus im Widerstand gegen drei zeitgleiche Entwicklungen: Erstens zeigte das Osmanische Reich, das im 19. Jahrhundert noch große Teile des arabischen Orients beherrscht hatte und auf dem Prinzip eines imperialen Vielvölkerstaats beruhte, Ermüdungserscheinungen. Es kompensierte diese, und das war der zweite, in sich widersprüchliche Entwicklungsstrang, mal mit Reformversuchen, dann wieder mit Repressionen und religiös verbrämten Herrschaftsansprüchen. Hinzu kam der aggressive koloniale Expansionsdruck der europäischen Mächte.

Unter Teilen der arabischen Eliten in den Provinzen des Osmanischen Reiches verbreitete sich die Überzeugung, dass man einen Trend aufhalten müsse, nämlich den, dass die einst glorreiche und zivilisatorisch fortschrittliche arabische Welt immer mehr ins Hintertreffen geriet.

Widerstand gegen Fremdherrschaft, Sehnsucht nach Einheit, ein romantisch-nostalgisches Bild früherer Grandezza und Rückbesinnung auf die eigene, verbindende Sprache und Kultur: Diese Merkmale des arabischen Nationalismus dürften Deutschen oder Italienern sehr bekannt vorkommen, und sogar zum jüdisch-nationalen Zionismus bestehen gewisse Anknüpfungspunkte. Einer der Vordenker des arabischen Nationalismus, der bereits im ersten Kapitel erwähnte Aleppiner Sati' Husri (1880–1968), ließ sich sogar von den Vorboten der deutschen Nationalbewegung inspirieren: Dichtern und Denkern wie Johann Gottfried Herder, Johann Gottlieb Fichte und Ernst Moritz Arndt (»Was ist des Deutschen Vaterland?«).[67]

Den Nachweis zu erbringen, dass es eine »arabische Nation« gebe und dass diese durch eine gemeinsame Sprache und ein gemeinsames Schicksal definiert sei, fiel Husri und anderen Denkern des arabischen Nationalismus der damaligen Zeit nicht schwer: Das Arabische als *Lingua franca*, in der man sich zwischen Atlantik und Indischem Ozean verständigen konnte, hatte seit Jahrhunderten Bestand. Als literarische Hochsprache wurde es weiterhin gelehrt, angewandt und fortentwickelt. Die Kultur, die sich mit der Sprache entfaltet hatte, sah sich im 19. Jahrhundert mit großen Herausforderungen konfrontiert: Eine Art Globalisierung durch die Kolonialmächte, moderne Technologien, demografischer Wandel, andere Religionen setzten sie unter Druck.

Und da sowohl die arabische Sprache als auch die arabische Schicksalsgemeinschaft unverbrüchlich mit den arabischen Eroberungszügen nach dem Tod des Propheten Muhammad verbunden waren, spielte natürlich auch der Islam im Denken der arabischen Nationalisten eine Rolle, wobei sie diesen unterschiedlich bewerteten. Manche glaubten etwa, dass es neben der Gemeinschaft der Muslime, der islamischen *umma*, auch eine arabische *umma* gebe, die zum Teil, aber nicht vollständig, deckungsgleich mit dieser sei. Erhebliche Meinungsverschiedenheiten gab es auch in der im 20. Jahrhundert virulenten Frage, ob alle Araber in einem gemeinsamen Land leben sollten oder in einer arabischen Föderation einzelner Staaten.

Historische Vergleiche hinken immer. Aber der Leidensdruck, unter dem Teile der arabischen Welt heute stehen, erinnert durchaus an die Umstände in der Entstehungszeit des arabischen Nationalismus: Damals wie heute erlebt sie die Infragestellung einer alten Ordnung sowie die Folgen militärischer Eingriffe von außen (wenngleich wir die Irak-Invasion von 2003 nicht mit Napoleons Ägypten-Expedition an der Wende zum 19. Jahrhundert gleichsetzen wollen).

Die arabische Welt sieht sich heute einem radikalen kulturellen Wandel und einer massiven Globalisierung ausgesetzt, wobei sie sich großenteils auf der Verliererseite dieser Entwicklungen wiederfindet. Und zugleich fürchten arabische Eliten heute die Wiederkehr imperialer Hegemonialprojekte ihrer nichtarabischen Nachbarn: die Türkei als Erbin der Seldschuken und des Osmanischen Reichs und Iran als Nachfolgestaat gleich dreier historischer Imperien, die allesamt früher große Teile der arabischen Welt beherrschten – das antike Perserreich der Achaemeniden, die spätantiken Sassaniden und die Safawiden zwischen dem 16. und dem 18. Jahrhundert.

Unabhängig aber von der Frage, welche Rolle solche historischen Vorbilder für die außenpolitischen Motive dieser

Mächte spielen, steht fest: Mit der Angst vor ihnen lässt sich Politik machen. Hinzu kommt ein Charakteristikum iranischer und türkischer Einflussnahme, das nicht von der Hand zu weisen ist und das das Unbehagen der Mächtigen in den betroffenen arabischen Staaten ins Paranoide steigert: Beide verfolgen zwar unterschiedliche Agenden, bedienen sich aber Methoden, die aus Sicht vieler Araber auf dasselbe hinauslaufen. Sie unterstützen sogenannte nichtstaatliche Akteure, also Oppositionsparteien, zivilgesellschaftliche Gruppen, aber auch Milizen, welche den Staat herausfordern und unter Umständen auch unterminieren: von den Muslimbrüdern in Tunesien, Libyen oder Ägypten über salafistische Aufständische auf Seiten der Türkei in Nordsyrien bis hin zu schiitischen, proiranischen Milizen in Syrien und Jemen.

Vor diesem Hintergrund sind auch die jüngsten Offerten an das Assad-Regime in Syrien zu bewerten. Ägypten, Saudi-Arabien und die Vereinigten Arabischen Emirate betrachten Assad als den Sieger im jahrelangen Bürgerkrieg. Und bevor die Türkei und Iran weiter ihre Macht in Syrien ausdehnen, versuchen sie nun wieder, mit dem vor Kurzem noch als Paria geltenden Regime in Damaskus ins Geschäft zu kommen. Saudi-Arabien, die Vereinigten Arabischen Emirate und Ägypten begegnen dem mit einer Eindämmungspolitik, die wiederum mit einer Gewichtsverlagerung in der arabischen Welt einhergeht. Tonangebend bei gemeinschaftlichen Initiativen der arabischen Staaten sind derzeit Saudi-Arabien und die Emirate, sodass arabische Diplomaten die Arabische Liga manchmal als Anhängsel oder Blinddarm der Saudis verspotten.[68] Ägypten, das sich aufgrund seiner Größe und seines militärischen Gewichts über Jahrzehnte als Führungsmacht der arabischen Welt verstand, hat sich – zumindest mittelfristig – dem saudisch-emiratischen Projekt untergeordnet. Wir halten zur Staatsmacht und stehen gegen diejenigen Kräfte, welche die Staatsmacht herausfordern und ihren Zerfall befördern: Mit diesem Credo erklären ägyptische Botschafter in aller Welt die Kriterien, nach denen sie ihre Verbündeten in der Region auswählen.

Das deckt sich in vielem mit dem autoritären, gleichsam wirtschaftsliberalen Selbstverständnis der besagten Golf-Monarchien. Darüber hinaus haben das Sisi-Regime in Ägypten und die beiden Golfstaaten zwar einige konkurrierende, aber auch viele gemeinsame Interessen: Sie wollen – aus unterschiedlichen Motiven – eine starke Anbindung an die USA, was auch vor dem Arabischen Frühling eine Konstante war. Sie hegen keine feindlichen Absichten gegenüber Israel und sehen darin auch einen Schlüssel für stabile Beziehungen zu den USA und zu Europa. Sie wollen sich zugleich nicht allein von westlichen Rüstungsgütern und Sicherheitsversprechen abhängig machen und vertiefen deshalb ihr Verhältnis zu Russland. Sie wollen in Ägypten mehr Gas fördern – auch, um dem ewigen Störenfried am Golf, dem Emirat Katar, das seinen Reichtum den Gasexporten verdankt, Konkurrenz zu machen. Am Horn von Afrika und im Sahel, den neuen Hotspots der Geopolitik, wollen alle drei Länder ihren Einfluss stärken und den Irans zurückdrängen, wo es geht. Für alle drei Staaten sind außerdem der Suezkanal und die Straße von Hormuz wirtschaftlich überlebenswichtig. Innenpolitisch wiederum sind sich Kairo, Riad und Abu Dhabi einig, dass jegliche Einmischung in innere Angelegenheiten – etwa in Menschenrechtsfragen – eine rote Linie überschreitet. Und sie wehren entsprechende Versuche von außen weitaus aggressiver ab als früher. Zivilgesellschaftliche Organisationen, seien sie links oder liberal, gelten ihnen als Türöffner, gewissermaßen als Einstiegsdroge für den Islamismus der Muslimbrüder, die nach ihrer Überzeugung Menschenrechtler und NGOs zu nützlichen Idioten ihrer Herrschaftsinteressen machen. Deshalb bekämpft man sie mit derselben Härte, wie man die Muslimbrüder bekämpft, holt sich dabei aber die Schützenhilfe anderer religiöser Eiferer, die sich vereinnahmen lassen.

Die Würde des Staates *(haibat al-dawlah)* steht dabei im Mittelpunkt[69] – wer sie verletzt, von außen oder innen, gilt als Verfassungsfeind und Terrorist. Er oder sie steht dann gewissermaßen nicht mehr auf dem Boden der nichtfreiheitlichen, nichtdemokratischen Grundordnung des Regimes. Erst recht, wenn es sich um einen »Verräter«, ein ehemals privilegiertes Mitglied aus dem inneren Kreis der Macht, handelt. Die Ermordung des dissidentischen saudischen Journalisten Jamal al-Khashoggi am 2. Oktober 2018 im Konsulat Saudi-Arabiens in Istanbul durch ein gedungenes Killerkommando hat gezeigt, welche Ausmaße die Verteidigung der »Würde des Staates« annehmen kann – ein extremes Beispiel freilich, das auch in Saudi-Arabien und bei seinen Verbündeten zu Irritationen führte.

Niemand verkörpert in der Medienberichterstattung die Figur des ehrgeizigen, autoritären, aber eben auch brutalen Erneuerers mehr als der Mann, zu dem die Spuren in der Mordsache Khashoggi führen: der saudische Kronprinz Mohammed bin Salman bin Abd al-Aziz Al Saud, der 1985 in Dschiddah geboren wurde und heute unbestritten der mächtigste Mann Saudi-Arabiens ist. Kein arabischer Politiker hat im Westen derartig viel Aufmerksamkeit auf sich gezogen, seit er im Januar 2017 zum Thronfolger ernannt wurde und diese Funktion in Personalunion mit dem Amt des Verteidigungsministers und Vizeregierungschefs ausfüllt. Dem folgte eine für viele Beobachter – und erst recht für die Betroffenen – atemberaubende Säuberungsaktion: Nächte langer Messer, in denen konkurrierende Zweige der Herrscherfamilie entmachtet, gierige Geschäftsleute und Prinzen um Milliarden erleichtert und einige Sprosse des weitverzweigten Hauses Saud sogar getötet wurden. Mohammed bin Salman hat bisher zahlreiche Fehltritte und selbst mutwillig produzierte Katastrophen überstanden. Trotz der diplomatischen Krisen infolge des Khashoggi-Mordes, der monatelang internationale Medien beschäftigte und selbst das Bündnis mit der Trump-Administration schwer belastete, ist er an der Macht geblieben.

Was nun seine Anlehnung an die großen Figuren des arabischen Nationalismus anbelangt, so ergibt sich ein zwiespältiges Bild: Angeblich sieht er Gamal Abdel Nassers Politik zwar kritisch, hält ihn aber trotzdem für eine herausragende Figur.[70] Immerhin aber hat es MbS geschafft, dass manche Medien ihn schon einen »kleinen Saddam Hussein« nennen, was sich allerdings weniger auf seine Rhetorik zur arabischen Einheit als vielmehr auf seinen rabiaten Umgang mit politischen Gegnern und Oppositionellen bezieht.[71] De facto herrscht Kronprinz MbS also noch immer in Saudi-Arabien. Und da er nicht nur der Sohn des altersschwachen Königs Salman ist, sondern seine Mutter dem über die gesamte Region verbreitet lebenden Stamm der Ajman angehört, bestehen auch enge verwandtschaftliche Beziehungen in die Golfstaaten. Einem dieser Nachbarn, Emir Tamim Al Thani von Katar, ist MbS in so tiefer Abneigung verbunden, dass er ihn mit einem Boykott belegte und sogar eine militärische Intervention oder einen Putsch im Schilde führte. Einen anderen aber scheint er zu lieben und als Mentor zu betrachten.

Auch in modernen Staatswesen gibt es immer wieder eine Person, die so tief und dicht mit dem Staat verwoben ist, dass man vermuten muss, er oder sie ist der Staat höchstselbst. Diese Menschen streben nicht nach der Spitze, sondern verwalten ihre Macht und wirken eher im Verborgenen. In Deutschland würde man da vielleicht an Wolfgang Schäuble denken, in Schillers *Don Karlos* an den Herzog von Alba, in der BBC-Serie *Sherlock* an Mycroft, den Bruder des Meisterdetektivs. In den Vereinigten Arabischen Emiraten spielt Kronprinz Mohammed bin Zayed Al Nahyan (MbZ) diese Rolle. Aber sie allein genügt ihm nicht: Er ist zugleich Verkörperung des Tiefen Staates und Gesicht des Herrscherhauses von Abu Dhabi. Nicht leicht, im Rampenlicht zu stehen und dabei zugleich im Hintergrund alle Fäden in der Hand zu halten.

Der 57-jährige Bruder des Emirs von Abu Dhabi, Khalifa bin Zayed Al Nahyan, welcher zugleich Staatspräsident der VAE ist, gilt als eigentlicher Herrscher und ist dort gleichermaßen gefürchtet wie geliebt. Er wäre wohl gern selbst vom Vater, dem 2004 verstorbenen Staatsgründer Scheich Zayed, zum Nachfolger ernannt worden. Aber dieser folgte seinen Beratern und setzte den ältesten Sohn ein. Spätestens seit der Finanz- und Immobilienkrise, in der das glitzernde Dubai bei Abu Dhabi um Bürgschaft betteln musste, herrscht das Haus Nahyan unangefochten über die Föderation. Seither rührt der Leumund der VAE nicht nur vom freien Handel her, den sie früher einmal ohne Ansicht der Gesinnung mit buchstäblich jedem trieben, sondern auch von einem Drang zu politischer und militärischer Macht.

Seit einigen Jahren, insbesondere seit Dubai politisch in die zweite Reihe gerückt ist, gelten die Emirate mehr und mehr als martialisch und expansiv. Sie betreiben eine, wie man so sagt, »proaktive Sicherheitspolitik«, welche die Handschrift des Kronprinzen trägt.

James »Mad Dog« Mattis, bis Dezember 2018 US-Verteidigungsminister, nannte die Emirate einmal »little Sparta«.[72] Die Emirate rüsten auf und kämpfen – unterstützt von eingekauften Legionären – unter anderem im Jemen. Trotz volatiler Erlöse aus dem Ölgeschäft gaben sie 2016 – nach Schätzungen amerikanischer Regierungsagenturen – 23,5 Milliarden US-Dollar für Verteidigung und Rüstung aus, was 4,99 Prozent des Bruttoinlandsprodukts ausmachte.[73]

Entsprechend herzlich wurde MbZ beim großen Antrittsbesuch Donald Trumps in den Golfstaaten empfangen – und bald darauf auch selbst ins Weiße Haus eingeladen. MbZ vertritt mal Präsident Khalifah, der als gesundheitlich angeschlagen und weniger energisch gilt, mal seinen jüngeren Bruder Abdullah. Der ist offiziell VAE-Außenminister. MbZ erfüllt zudem die Funktion eines nationalen Sicherheitsberaters und agiert zuweilen als Geheimdienstchef (was eigentlich der Job seines Sohnes Khalid wäre). Man vergisst beinahe, dass der Verteidigungsminister Scheich Mohammed bin Rashid Al Maktoum heißt, der Emir Dubais ist und sich seit seiner schrittweisen Entmachtung in seine neue Rolle als Prominenter bei internationalen Pferderennen fügt.

MbZ aber verkörpert die nicht immer taktvoll ausgefüllte Führungsrolle Abu Dhabis in der Föderation. Gefahr droht aus seiner Sicht nicht durch den immer wieder mal aufflammenden Zwist der sieben, seit 1971 vereinten Beduinenfürstentümer, sondern von den Muslimbrüdern, die insbesondere in den ärmeren Emiraten wie Sharjah Zulauf fanden.

In Mohammed bin Zayed fanden die Islamisten ihren fürchterlichsten Gegner, und der Konflikt schlug sich bald auch in den nervösen Nachbarschaftsbeziehungen der Emirate nieder. Schon im November 2004, so lässt sich in den diplomatischen Berichten der USA auf Wikileaks nachlesen, verlangte MbZ härteste Bandagen gegen die Muslimbrüder – und gegen ihre regionalen Fürsprecher, das Emirat Katar und dessen Auslandssender *Aljazeera*. Man befinde sich in einem »Kulturkrieg«, konstatierte MbZ.[74]

Heute, nach dem Arabischen Frühling und einer Zuspitzung des Konflikts zwischen Iran, Katar und Saudi-Arabien am Golf, wirkt MbZ wie der eigentliche Treiber der Restauration, ein verlässlicher immerhin, mit Haltung. Und zu der gehört auch: Demokratie ist nichts für Araber.

Aus seinem Hass auf alles Muslimbrüderliche machte der Kronprinz kein Geheimnis, was ihn wiederum zum zuverlässigen Verbündeten des saudischen Königshauses werden ließ. Oder war es umgekehrt? – Es entstand vielfach der Eindruck, als hätten die VAE den Saudis sekundiert. Einiges spricht allerdings auch dafür, dass der Impuls, den Kataris auf den Zahn zu fühlen, gegen sie einen Boykott zu verhängen und mit militärischer Intervention zu drohen, nicht vom heißspornigen saudischen Thronfolger Mohammed bin Salman kam, sondern von dessen »Spezi« in den Emiraten. Auch bei dem sanften Staatsstreich, mit dem MbS seinen Vorgänger in der Thronfolge entmachtete, soll eine Hand aus Abu Dhabi mit im Spiel gewesen sein. Wo demnach MbS draufsteht, steckt bisweilen eine große Portion MbZ drin.

Abu Dhabi ging energisch gegen Katar vor: Schon öffentlich geäußerter Zuspruch für die Haltung des Landes sollte fortan mit Haftstrafen geahndet werden. Aus der geplanten Isolation Katars wollte Abu Dhabi womöglich auch größeren Nutzen ziehen als die Saudis: Beide konkurrieren schließlich auch als Handelszentren, Drehkreuze von Langstreckenmaschinen und Ausrichter großer Sportereignisse.

MbZ und Katars Emir Tamim besuchten im Übrigen beide die britische Militärakademie Sandhurst. Kameraden wurden sie allerdings nicht. Mohammed bin Zayed lancierte angeblich »Informationskampagnen« über die Beziehungen Katars zu Terrorgruppen. In Doha ist man der Ansicht, dass MbZ auch Hacker in seinen Dienst genommen habe, und hält ihm, der auf die zwielichtigen Freunde Katars schimpfte, einen nicht weniger dubiosen Freundeskreis entgegen: den tschetschenischen Präsidenten und mutmaßlichen Mafia-Paten Ramzan Kadyrow, Tony Blair, dessen Consulting-Firma angeblich Dutzende Millionen von MbZ für Politikberatung in aller Welt kassiert, den Palästinenser Dahlan und den Libyer Haftar oder auch den Beduinen-Scheich Ahmad Jerba, der mit Mitteln aus den Emiraten Stammesmilizen in Syrien unterhielt.

Auch die Kontakte zwischen MbZ und amerikanischen Militärs und Sicherheitsdiensten sind vielfältig: Um den Aufbau der Militärmacht Abu Dhabi und der persönlichen Prätorianergarde des Kronprinzen kümmerte sich in den vergangenen Jahren Erik Prince, Gründer des privaten Söldnerdienstes Blackwater und Bruder von Trumps Bildungsministerin Betsy DeVos – offiziell in beratender Funktion. Ein pensionierter australischer Generalmajor namens Mike

Hindmarsh, der über Kampferfahrung bei den multinationalen Streitkräften in Afghanistan und aus der Irak-Invasion 2003 verfügt, dient MbZ als Berater im Generalstab. Beobachter glauben, dass Hindmarsh eine Art Condottiere für die Emiratis ist und Befehlsgewalt besitzt, man dies aber aufgrund seiner ausländischen Herkunft nicht öffentlich sagt. Der Generalmajor verfügt jedenfalls über beste Kontakte zu den Armeen der *Five Eyes* genannten Mächte USA, Großbritannien, Kanada, Neuseeland und Australien, die auch geheimdienstlich sehr eng kooperieren. Der Botschafter der Emirate in Washington wiederum, Yousef al-Otaiba, gilt als herausragender Lobbyist seines Landes bei der Trump-Administration.

Die wiederum möchte den Emiraten und Saudi-Arabien nicht nur Waffen verkaufen, sondern auch sicherheitspolitisch etwas auf die Beine stellen. Sie verfolgt ein Projekt, in welchem Abu Dhabi und seinem in absehbarer Zeit zum Staatschef aufsteigenden Kronprinzen MbZ eine besondere Rolle zukommen könnte: eine arabische Version der Nato.

Mit der Nato selbst steht Trump ja irgendwie auf Kriegsfuß. Der US-Präsident wünscht sich Bündnispartner, die das Portemonnaie mindestens genauso locker sitzen haben wie das Messer. Und denen gegenüber die USA zwar Lieferaufträge, aber keine Bündnispflichten zu erfüllen haben. Eine arabische Militärallianz soll her, eine *Middle East Security Alliance*. Das Akronym MESA ist ein wenig unfreiwillig komisch. Es steht bereits – unter anderem – für die *Middle East Studies Association*, einen in republikanischen Kreisen als links und pro-palästinensisch verschrienen Berufsverband amerikanischer Nahost-Forscher. Und ein wenig klingt es bereits nach Mesalliance, wie man in adligen und großbürgerlichen

Kreisen eine Missheirat nannte. Das wird nichts, die beiden passen nicht zusammen, geht es einem automatisch durch den Kopf.

Denn manche Skeptiker vermuten, auch hier sei wieder nur der Mammon Vater des Gedankens: Trump wolle Saudi-Arabien und andere, die es sich leisten können, mit Kampfflugzeugen, Panzern, Raketen und Sperranlagen überschütten, bis sie die Sonne nicht mehr sehen. Auch wer es besser meint, könnte vermuten, die Amerikaner wollten der arabischen Welt die Illusion verkaufen, dass sie die Politik im Nahen Osten weiterhin gestalten – bei möglichst geringen Opportunitätskosten.

Nun sind die Prioritäten der Trump-Administration im Nahen Osten hinlänglich bekannt. Erstens: Die Organisation »Islamischer Staat« vernichten, oder besser gesagt das, was amerikanische Diplomaten mitunter als das »physisch existente Kalifat« bezeichnen.[75] Zweitens: Iran und den iranischen Einfluss zurückdrängen – wohin, wie weit und mit welchen Mitteln, werde man noch sehen. Drittens: Israel als jüdischem Staat maximalen Handlungsspielraum geben, um seine Sicherheits- und Territorialinteressen schnell und vollumfänglich durchzusetzen. Eine MESA sollte, so zumindest wünschte es sich die Trump-Regierung, aktiv bei der Verwirklichung eines oder mehrerer dieser drei Projekte helfen. Zumindest aber soll sie keinem davon im Wege stehen. Darüber hinaus fragt man sich allerdings: Wie wäre eine »arabische Nato« innerlich verfasst? Und gegen wen könnte sie sich – jetzt, aber auch in Zukunft – richten?

Geht man davon aus, dass sich die MESA um Saudi-Arabien, die VAE und Ägypten gruppieren würde und eventuell Jordanien und Marokko dazukämen, kann man durchaus von einer schlagkräftigen militärischen Allianz sprechen. Diese Staaten könnten einen gemeinsamen Rat und einen Militärausschuss gründen. Sie könnten gemeinsame Ausbildungsprogramme, Qualitätsstandards und Codes entwickeln. Und – für etwaige Auslandseinsätze oder den Bündnisfall – eine gemeinsame Kommandostruktur.

Wie im Fall der Nato müsste man gleichwohl davon ausgehen, dass irgendjemand früher oder später den Rat der Mitgliedsstaaten dominiert: Saudi-Arabien etwa oder die Emirate würden das versuchen und womöglich mit Ägypten, das die zahlenmäßig größte arabische Armee besitzt, in Konkurrenz geraten. Die beiden mächtigen Golfstaaten würden hin und wieder militärische Operationen durchführen und sich dafür von Ägypten, Marokko oder Jordanien dreierlei abholen: politische Rückendeckung, militärisches Know-how und vor allem kampferprobtes Personal.

Das passiert allerdings heute schon, weshalb die Gründung einer verfassten Allianz nicht wirklich nötig wäre. Und selbst eine Art Bündnisverpflichtung besteht theoretisch bereits seit 1950: Damals unterzeichneten die Mitglieder der »Liga der Arabischen Staaten« ein Abkommen, um sich gegenseitig im Falle eines Angriffs beizustehen.

Die Idee einer arabischen Allianz ist insgesamt alles andere als neu, nur haben sich die Vorzeichen stark verändert: Schon 1948 kämpften arabische Truppen, darunter auch Marokkaner und Iraker, in der *Jaysh al-Inqadh*, der »Befreiungsarmee«, gegen Israel. 2007 plante die Arabische Liga eine gemeinsame Eingreiftruppe zur Stabilisierung der Lage im Südlibanon, in Darfur, Somalia und im Irak. 2015 wollte die Arabische Liga eine gemeinsame Friedenstruppe für Syrien ausheben, was allerdings scheiterte.

Im selben Jahr rief Saudi-Arabien sogar die Gründung einer Anti-Terror-Allianz aus 40 hauptsächlich sunnitischen Ländern der islamischen Welt aus, was allerdings eher in einem PR-Desaster endete, da einige Staaten von ihrer Mitgliedschaft gar nichts zu wissen schienen.[76] Immerhin rangen sich Saudi-Arabien, die Emirate, Katar, Marokko, Bahrain und Jordanien damals dazu durch, Angriffe gegen die Organisation »Islamischer Staat« in Syrien zu fliegen, wobei die arabische Koalition der Willigen sich schon bald wieder dem Krieg im Jemen widmete.

Eine arabische Allianz, wie man sie vielleicht plant und wie Trump sie sich angeblich wünscht,[77] braucht aber potenzielle Gegner – am besten äußere, nichtarabische, sonst käme sie sich ja ein wenig überflüssig vor. Neben dem üblichen Verdächtigen Iran wäre theoretisch das Szenario eines Konflikts mit der Türkei denkbar. Man stelle sich vor, Erdoğan oder ein Nachfolger könnten einmal wieder danach streben, die Türkei zum Öl- und Erdgas-Transitland zu machen, dauerhaft in Syrien zu bleiben, einen *Regime Change* zugunsten der Muslimbrüder in arabischen Staaten voranzutreiben oder am Golf und am Horn von Afrika mit militärischen Mitteln ihre Einflusszonen abzusichern. Und dann wäre da noch Äthiopien: Die boomende Wirtschaftsmacht hat inzwischen die zweitgrößte Bevölkerung des afrikanischen Kontinents sowie eine große Armee und große Ambitionen. Mit den Ägyptern liegt Äthiopien unter anderem wegen der Nutzung des Nilwassers über Kreuz.

Gegen Israel soll sich das Bündnis der Arabischen Liga nach dem erklärten Willen der Beteiligten nicht richten. Aber eine Garantie ist das nicht. Mit Ägypten und Jordanien hat der jüdische Staat zwar Friedensabkommen und keine

Territorialkonflikte, aber so unwahrscheinlich es scheinen mag, kann man doch nicht ausschließen, dass in einem der beteiligten Staaten, Israel eingeschlossen, einmal echte Fanatiker an die Macht kommen und es mit den Nahostkriegen noch einmal von vorn losgeht.

Die gute Nachricht: Obwohl die ganze arabische Welt ihren Ruf als »Pulverfass« weghat, gibt es dort verhältnismäßig wenige bewaffnete Konflikte zwischen den Staaten. Die Spannungen eskalieren bisher zumindest nicht. Saudi-Arabien, Bahrain und die Emirate boykottieren Katar. Marokko und Algerien streiten sich wegen der Westsahara; Ägypten, die Emirate und Katar wegen des Bürgerkriegs in Libyen. Auch der Sudan mischt dabei mit, spielt aber eine untergeordnete Rolle. Etwas weniger im Rampenlicht: Dschibouti, Somalia und die Emirate, die wiederum seit einiger Zeit das sezessionistische Somaliland aufwerten, weil man ihnen anderswo versagt hat, eine Militärbasis zu bauen. Die blutigsten Konflikte in der arabischen Welt werden hingegen zwischen staatlichen und nichtstaatlichen Akteuren ausgetragen: im Jemen, Syrien, Libyen, Irak.

Dabei haben sich arabische Staaten seit 2011 des Öfteren beigestanden – gegen Umsturzversuche, die wiederum von anderen arabischen Staaten unterstützt wurden. In Bahrain schlugen die Mitglieder des Golfkooperationsrats (GCC) mithilfe von jordanischen Söldnern einen Aufstand nieder. Irakische und libanesische Milizen haben in Syrien auf Seiten des Regimes eingegriffen – gegen Rebellen, die unter anderem von Katar, Saudi-Arabien und zum Teil sogar Jordanien unterstützt wurden. Ägypter und Emiratis kämpften in Libyen gegen Dschihadisten und gegen die Truppen einer von Katar unterstützten Gegenregierung. Saudi-Arabien, die Emirate und ihre Verbündeten wiederum stritten für die Wiedereinsetzung einer von Rebellen gestürzten Regierung im Jemen. Darüber hinaus kämpfen natürlich alle irgendwie gegen den Terrorismus. Mal gemeinsam und mal jeder für sich allein, je nachdem, was man gerade als Terror definiert.

Ihre Gegner haben den arabischen Regimen oft vorgeworfen, sie seien feige. Grund zur Annahme, dass sie dumm wären, gibt es hingegen nicht. Die gesamte arabische Welt weiß, dass Saudi-Arabien und – in etwas geringerem Ausmaß – auch die Emirate den (für sie) historischen Glücksfall Trump in ihrem Sinne nutzen, um sich an die Spitze der arabischen Welt zu setzen und ihre Macht auf die Region zu projizieren. Damit möchten sie dem begegnen, was sie als fortschreitende Destabilisierung der arabischen Welt wahrnehmen.

Aber wer heute über eine arabische Allianz zwischen den genannten Staaten nachdenkt, wird schnell zu dem Ergebnis kommen: Ihr größter potenzieller Feind kommt von innen. Und ihre Aufgabe wird die Konsolidierung der bestehenden Machtverhältnisse sein. Diese Allianz könnte am Ende mehr als nur ein Militärbündnis sein, nämlich eine »Wertegemeinschaft«, wie es ja immer wieder von der Nato heißt.[78] Ob diese Wertegemeinschaft den Traum vom arabischen Nationalismus wiedererweckt und den Arabern Stolz und Würde wiedergeben wird? – Darauf würde ich nicht wetten. Aber wenn es gelingt, lasse ich mir einen Schnurrbart wachsen.

ELFTES KAPITEL

Erdoğans vier Finger, die neun Leben von Al-Qaida und die Arithmetik des politischen Islams

Zumindest die *Bild-Zeitung* hatte sich schon im Vorfeld festgelegt: Der feierliche Staatsbesuch des türkischen Präsidenten Recep Tayyip Erdoğan Ende September 2018 war eine Schande für die Bundesrepublik.[79] Und so sollte es einer der umstrittensten, wenn nicht der umstrittenste Auftritt eines ausländischen Staatsoberhaupts seit dem Schah-Besuch 1967 in Westberlin werden. Der Skandal ließ nicht lange auf sich warten: Als Erdoğan mit der Präsidentenlimousine vom Flughafen zum Hotel Adlon rollte und seiner fahnenschwenkenden türkischen Anhängerschaft am Straßenrand gewahr wurde, ließ er die getönte Panzerglasscheibe herunterfahren und reckte eine Hand zum Gruß heraus: die Finger ausgestreckt, die Handfläche nach vorn und den Daumen eingeklappt. »Erdoğan verhöhnt Deutschland mit Islamisten-Gruß«, lautete alsbald die Schlagzeile, und *Bild* hatte den ersten Eklat des Tages.

Was hatte es auf sich mit den vier Fingern? Wer sich in Zeiten von Twitter und Instagram mit dem Nahen Osten und der Türkei befasst, kommt am Studium der politischen Gestensprache nicht vorbei – es hilft zudem sehr, bei Reisen in die Region Missverständnissen vorzubeugen und selbst einen Eklat zu vermeiden, der einen unter Umständen sogar hinter Gitter bringen kann.

Nicht dass es im Westen immer einfacher wäre: Vergessen wir nie den unglückseligen George W. Bush, der einmal auf Staatsbesuch in Australien ein V-Zeichen in die Kameras der Pressefotografen hielt, allerdings mit dem Handrücken nach vorn, was in den Commonwealth-Staaten der südlichen Hemisphäre nicht für »Victory«, sondern für »Vagina« steht und als grob ehrverletzend gilt. Das *Victory*-Zeichen aber ist auch im Nahen Osten das historisch meistgebrauchte. PLO-Chef Yassir Arafat war dafür bekannt, dass er es zu möglichst vielen Gelegenheiten zeigte, vor allem, wenn er eigentlich alles andere als einen Sieg zu feiern hatte. Türkische Ultra-Nationalisten, etwa die rechtsradikalen »Grauen Wölfe« der Nationalistischen Bewegung *Milliyetçi Hareket Partisi,* zeigen sich – etwas komplexer in der Umsetzung – den Wolfsgruß, bei dem man Daumen, Mittel- und Ringfinger zu einer Art Schnauze formt und jeweils den kleinen und den Zeigefinger abspreizt. Wobei der eine angeblich für den Islam, der andere für die türkische Nation stehen soll. Unter islamistischen Sekten und Erweckungsbewegungen wiederum, darunter auch bei den Dschihadisten der Organisation IS, posiert man seit einigen Jahren gern mit dem emporgereckten Zeigefinger: Er soll für den *tawhid* stehen, das Bekenntnis zur Einheit und Unteilbarkeit Gottes. Damit kann man Sympathie für diese Bewegungen ausdrücken, ohne jedoch größere Risiken einzugehen, denn anders als etwa der Hitlergruß in Deutschland ist der *Tawhid*-Finger nicht strafbar.

Zurück zu Erdoğans Vierfinger-Geste – ein verhältnismäßig junger Trend. Sie kursiert seit 2013 und gilt als Ausdruck der Solidarität mit den Muslimbrüdern, die in Ägypten gestürzt wurden und seitdem erbarmungslos verfolgt werden. Auf dem Platz Rabi'a Al-'Adawiya im Stadtteil Nasr City waren die ägyptischen Sicherheitskräfte im Juli und August 2013 auf Geheiß der Militärregierung wiederholt gegen ein Protestcamp von Anhängern und Familien der Muslimbrüder vorgegangen. Sie hatten ein Blutbad angerichtet, bei dem Schätzungen zufolge zwischen 600 und 900 Menschen starben. Jene Rabi'a, nach welcher man den Platz und eine nahe gelegene Moschee benannt hatte, war eine dichtende Mystikern des 8. Jahrhunderts und so etwas wie die Hildegard von Bingen der islamischen Welt. Ihr Vorname bedeutet allerdings auch »die Vierte«, in ihrem Fall wohl die vierte Tochter der Familie, woraus sich wiederum die Geste der vier Finger ableiten soll. Mit ihr solidarisiert man sich nicht nur mit den Muslimbrüdern, sondern mit all jenen frommen Eiferern, die über Jahrzehnte von arabischen Regimen unterdrückt waren, dann durch demokratische Wahlen an die Macht kamen und abermals mit Gewalt abgesetzt wurden. Die Rabia-Geste ist heute das islamistische Pendant zur emporgereckten Faust der Linken, dem *no pasarán* aus dem Spanischen Bürgerkrieg. Alle diese Gesten signalisieren letztendlich: Wir haben euch nicht vergessen und lassen euch nicht im Stich!

Erdoğan ist heute trotz aller Anwürfe und Probleme der wohl bedeutendste politische Führer der muslimischen Welt – zumindest, wenn man seinen Blick erweitert und nicht nur in den Nahen Osten schaut, sondern dahin, wo die Mehrheit der Muslime lebt: in Süd- und Südostasien und in Afrika nördlich des Äquators. Und lange Zeit galt Erdoğan auch als Favorit, als Hoffnungsträger und Leitfigur für islamistische Parteien in der arabischen Welt. Ob er sein Versprechen, die Muslimbrüder nicht im Stich zu lassen, allerdings wird halten können, steht auf einem anderen Blatt. Um den politischen Islam, wie ihn die Muslimbrüder einst vertraten und den sie nach eigenen Angaben nach dem Vorbild der türkischen »Partei für Gerechtigkeit und Aufschwung« AKP entwickeln wollten, steht es schlecht. In Ägypten hatte ihre »Freiheits- und Gerechtigkeitspartei« bei den ersten Parlamentswahlen nach dem Sturz von Präsident Hosni Mubarak das beste Ergebnis eingefahren. 2012 wurde der Kandidat der Muslimbrüder, Mohammed Mursi, ein Ingenieur aus dem östlichen Nildelta, der eher zufällig in diese Rolle rutschte, zum Staatspräsidenten gewählt. Die Islamisten hatten von ihrer »Ermächtigung« *(tamkin)* durch den Volkswillen gesprochen, sodass mancher in Ägypten fürchtete, sie würden sich nie mehr von der Macht verdrängen lassen – auch nicht durch irgendwelche Wahlen.[80]

Herrschen und scheitern lassen, das war auch der Rat mancher Experten,[81] die die Muslimbrüder einerseits als authentische Bewegung mit Rückhalt in der Bevölkerung ansahen, andererseits überzeugt waren, dass sie mit ihrer Parole »Der Islam ist die Lösung« keinerlei vernünftige Politik würden betreiben können. Insofern würde die Ideologie der Islamisten, die ihre Heilsversprechen ja bis dahin immer nur aus dem Untergrund oder der Opposition machen konnten, ein für alle Mal entzaubert. Mit einem für ihre Verhältnisse ungewöhnlich risikofreudigen – und wohl auch fragwürdigen – Streich lud die Bundesregierung Mursi im Januar 2013 nach Berlin ein: Ägypten ist eben Ägypten und deshalb immer wichtig, gleich, wer regiert. Unter einem guten Stern stand der Besuch nicht: Bei den militärischen Ehren in winterlichen Sturmböen flog der Kanzlerin der Regenschirm davon, und die 100-köpfige Wirtschaftsdelegation aus Ägypten blieb wegen Verzögerungen bei der Sicherheitskontrolle vor dem Bundeswirtschaftsministerium im strömenden Regen stehen. Mursi versprach, dass seine Herrschaft »weder autoritär noch theokratisch« sein solle, daheim in Ägypten aber regten sich bereits die Proteste derjenigen, die einen anderen Eindruck hatten.[82] Sie organisierten sich und gingen auf die Straße – einerseits diejenigen, die von politischen Gegnern Mursis systematisch aufgebaut und ausgerüstet wurden, andererseits aber auch die Jugendlichen, die nicht verdaut hatten, dass sie 2011 bei den Tahrir-Protesten ihre Haut zu Markte getragen hatten, um ausgerechnet den Muslimbrüdern an die Macht zu helfen, zumal Mursi gewann, obwohl er nur knapp 27 Prozent der Stimmen auf sich vereint hatte.

Herrschen und scheitern lassen, das dachten sich auch andere. Davon, wie lange der Prozess des Scheiterns dauern darf, hatte man allerdings andere Vorstellungen. Trotz Mursi und den ersten freien Wahlen war Ägypten ein Mamluken-Staat geblieben – ein System, das sich auf eine Übereinkunft und Machtteilung zwischen den Oligarchen aus Wirtschaft, Militär und Sicherheitsapparat stützt. Die Muslimbrüder wollten sich offenbar dauerhaft in der Macht einrichten – gegen die demokratischen Kräfte, die ihnen dazu verholfen hatten, nun mehr und mehr dem Vorbild jener alten mamlukischen Eliten folgend. Sie hatten sich zudem angeschickt, ihre eigene Businesselite aufzubauen und sich Teile des Sicherheitsapparats untertan zu machen, womöglich sogar bewaffnete Milizen aus Parteianhängern aufzubauen. Das

Militär wartete, bis die Proteste gegen die Partei der Muslimbrüder ein so solides Ausmaß angenommen hatten, dass man von sich behaupten konnte, Volkes Willen zu erfüllen, und putschte schließlich am 3. Juli 2013. Die Mursi-Regierung, die Führung der Muslimbrüder und Hunderte Anhänger wurden infolge der Entmachtung getötet oder vor Gericht gestellt, wo man sie dann zu langen Haftstrafen oder zum Tode durch den Strang verurteilte. Die Anklagen reichten von Gefährdung der öffentlichen Ordnung über Terrorismus, Mord und Korruption bis hin zu Spionage für ausländische Mächte.

Die Islamisten, die sich als moderate und demokratische Variante des politischen Islams empfehlen wollten, waren vorerst bezwungen. Um Religion im Allgemeinen oder den Islam im Besonderen war es bei dieser Auseinandersetzung eher nicht gegangen – weder bei ihrer Wahl noch bei ihrer gewaltsamen Absetzung.

Es gehört zu den typischen und gleichsam merkwürdigen Wesenszügen vieler Muslimbrüder, dass sie sich nicht als solche zu erkennen geben. Sie sind gleichwohl keine Geheimgesellschaft, sondern ein über die Jahre erstaunlich resistent gebliebenes, gut organisiertes Netzwerk aus persönlichen Beziehungen und Klientelstrukturen. Die verschiedenen Ränge, die man innerhalb ihrer Organisation erreichen kann, mögen so manchen an die Perfektionsgrade von Freimaurerlogen erinnern: Vom »Liebenden« *(muhib)* am unteren Ende der Hierarchie steigt man unter anderem zum »Unterstützer« auf, bis man irgendwann ein »operativer Bruder« *(akh 'amal)* und sogar Gremienmitglied werden kann. Die Organisationsform der Muslimbrüder ist durchaus von den in Ägypten und anderen nordafrikanischen Staaten traditionell einflussreichen Sufi-Bruderschaften inspiriert, und die für das 19. und 20. Jahrhundert so stilprägende Vereinsmeierei hat in ihr wohl ebenfalls Spuren hinterlassen. Beachtlich ist, dass die Muslimbrüder straff organisiert und sehr ideologiefest sind, sich aber nicht übermäßig viel mit Theologie beschäftigen.

Ihre Ideologie besteht maßgeblich in der Überzeugung, dass der Islam, sofern man das Gemeinwesen nach seinen Werten und Normen ordnet, quasi automatisch zu sozialer Gerechtigkeit führt und Despotismus und Korruption beendet. Es ist dafür – etwas verkürzt gesagt – nicht nur notwendig, dass die Politik islamisiert wird, sondern auch, dass der Islam sich politisiert. Denn während man ohne Islam keine gute Politik machen kann, lässt sich ohne politische Macht auch der Islam nicht umsetzen.[83] In der Auslegung dessen, was man als die erwähnten Werte und Normen des Islams betrachtet, gibt es einen gewissen Spielraum. Sie variiert etwas von einer Gruppierung zur anderen, was die politische Ideologie der Muslimbrüder von Land zu Land wiederum anpassungsfähig macht. Wichtig ist aber, dass diejenigen Positionen, welche die Führung einmal definiert hat, befolgt und nicht in Frage gestellt werden. Der Begriff »Laienbewegung« lässt sich auf den muslimischen Kulturraum nur bedingt anwenden, da es in den meisten sunnitischen Ländern keinen Berufsklerus gibt. Dennoch empfiehlt sich für das Verständnis der Organisation ein Vergleich mit Bewegungen wie dem Opus Dei: Ähnlich wie bei dieser katholischen Gesellschaft sind bei den Muslimbrüdern nicht die Theologen tonangebend, sondern Kaufleute, Ärzte, Ingenieure. Und was noch entscheidender ist: Sie streben nicht etwa nach einer Reform der Religion, sondern nach einer Islamisierung von Politik und Gesellschaft (etwa so wie das Opus Dei nach deren »Verchristlichung«).

In Tunesien nahm die Geschichte der Partei der Muslimbrüder im Arabischen Frühling eine andere Wendung als in Ägypten. Was auch damit zusammenhängt, dass Ägypten zwar das Mutterland der Muslimbrüder, Tunesien hingegen das Mutterland des Arabischen Frühlings ist. Die *Ennahda*-Partei wurde stärkste Kraft in der verfassunggebenden Versammlung von 2011 und stand dann über zwei Jahre einer geschäftsführenden Koalitionsregierung vor. Ende 2014 ging sie in die Opposition, saß aber nur wenige Monate später wieder am Kabinettstisch, als Juniorpartner einer brüchigen Allianz mit der säkularen Partei *Nidaa Tounes*.

Im Jemen beteiligte sich die den Muslimbrüdern nahestehende Reformpartei *Islah* an der Regierung des Übergangspräsidenten Mansur Hadi, die allerdings jäh ein Ende fand, weil die berüchtigten aufständischen Huthi-Milizen aus dem Nordosten die Hauptstadt einnahmen und die Regierung ins Exil schickten. Nun sahen sich die Muslimbrüder in einem seltsamen Dilemma, das für sie allerdings nicht untypisch ist: Ihre Gegner, die von Iran unterstützten Huthis, wären ihnen ideologisch gesehen gar nicht so fern, denn sie sprechen eine ähnliche Sprache, wenn es um die islamische Mobilisierung geht. Aber es bestehen keinerlei personelle oder familiäre Vernetzungen zwischen der von den Muslimbrüdern inspirierten *Islah*-Partei und den Huthis. Die Interessen sind zum Teil gegenläufig, denn man vertritt Bevölkerungsgruppen aus verschiedenen Landesteilen. Folglich existieren keine politischen Anknüpfungspunkte. Und diejenigen, die unter saudischer Führung die Huthis bekämpfen und an der Wiedereinsetzung der Regierung Hadi arbeiten, hassen wiederum die Muslimbrüder und stehen *Islah* entsprechend misstrauisch gegenüber.

In Libyen gelang es den Netzwerken der Muslimbrüder nach 2012, sich gut in der politischen Landschaft festzusetzen. Sie erwiesen sich – wie anderswo in der arabischen Welt – als verhältnismäßig diszipliniert und gut organisiert. Insbesondere in Tripolis und der Kaufmanns- und Hafenstadt Misrata genossen sie den Rückhalt eines konservativen Bürger- und Unternehmertums. Sie waren eine Kraft von vielen und gründeten die »Partei für Gerechtigkeit und Aufbau« (der Begriff Gerechtigkeit darf in keiner muslimbrudernahen Organisation fehlen). Libyen erlitt mehrere Regierungs- und Verfassungskrisen, bei denen die Netzwerke der Muslimbrüder eine, mitunter verdeckte, Rolle spielten. Anfang 2013 verlangte Ministerpräsident Ali Zeidan von seinen den Islamisten nahestehenden Ministern, dass sie entweder aus der Gerechtigkeitspartei austreten oder das Kabinett verlassen sollten. (Ich erinnere mich gut daran, da ich an diesem Tag in seinem Vorzimmer saß und ihn wutentbrannt telefonieren hörte. Am nächsten Tag hatte ich ein Gespräch mit dem Erdöl-Minister vereinbart, der dann allerdings nicht mehr zum Dienst erschien.)

Ein Jahr später weigerten sich zahlreiche Mitglieder des von Muslimbrüdern dominierten Nationalkongresses, die Wahl eines neuen Parlaments und einer neuen Regierung anzuerkennen, was die politische Spaltung des Landes weiter vorantrieb, zumal die Lage auch militärisch eskalierte und zahlreiche externe Akteure wie die Türkei, Katar, Ägypten oder die Vereinigten Arabischen Emirate in dem Konflikt Partei ergriffen. Nun gab es eine neue, international anerkannte

Regierung, die allerdings aus Tripolis vertrieben wurde und sich in Tobruk niederließ, weil sie im Osten des Landes mehr Unterstützer hatte, und eine Gegenregierung im Westen. Die bestand keineswegs nur aus Muslimbrüdern, aber die Art und Weise, wie ihre Netzwerke vorgegangen waren, machte sie zum Hauptziel für den Hass und die Gegenpropaganda ihrer Gegner. Diese nämlich wähnten eine islamistische Verschwörung am Werk, unterstützt von Katar und der Türkei. Gewiss trifft die Islamisten aus dem Umfeld der Muslimbrüder nicht die alleinige Schuld an dem libyschen Schlamassel. Aber ihr Verhalten bestätigte jene, die ihnen misstrauten, in ihren Vorurteilen: Sie mögen Demokraten sein, sofern es ihnen zur Macht verhilft. Aber wenn sie einmal die Macht ergriffen haben, lassen sie nicht mehr von ihr ab.

Doch das Schicksal des politischen Islams nahm noch eine andere kuriose Wendung: Ausgerechnet in Marokko und Jordanien, jenen Monarchien, die den Arabischen Frühling mit Mühe, Not und ausländischen Finanzhilfen abwettern konnten, wurden die Muslimbrüder auf die eine oder andere Art und Weise zu Regierungsstützen. Der marokkanische König Mohammed VI. kooptierte sie und ernannte ihren Parteichef zum Premierminister, der im Zweifel die politische Verantwortung für die Unzulänglichkeiten seiner Herrschaft trägt. Das Verhältnis läuft einigermaßen stabil, wenn auch nicht spannungsfrei. In Jordanien changieren die Muslimbrüder zwischen loyaler und fundamentaler Opposition und sind in sich gespalten. Ihre Abgeordneten tragen manche Initiativen der Regierung mit, setzen sie hin und wieder unter Druck, überschreiten aber bestimmte rote Linien nicht, etwa direkte Angriffe auf die Monarchie. Andere Figuren aus dem Umfeld der Organisation nehmen in verhältnismäßig aggressiver Weise öffentlichen Raum ein, rufen zu Protesten auf und versuchen, insbesondere unter Jordaniens palästinensischer Bevölkerung Anhänger zu mobilisieren. Das haschemitische Herrscherhaus ist auf dem Quivive, scheint sie jedoch bislang nicht als existenzielle Gefahr zu betrachten.

Beide Monarchien befreien die Islamisten immerhin von einem ideologischen Dilemma: Mohammed VI. und Abdullah II. tragen jeweils den Titel »Beherrscher der Gläubigen« *(amir al-mu'minin)* und führen ihre Abstammung auf die Familie des Propheten zurück. Damit erfüllen sie zumindest theoretisch das Kriterium der Muslimbrüder nach einer islamischen Herrschaftsform und unterscheiden sich von den Obristen und eher gewöhnlichen Despoten der arabischen Welt. Ihr sozusagen ideologischer Beitrag zu den ungewöhnlichen Allianzen mit den Monarchen ist, dass sie grundsätzlich konservativ sind und gesellschaftlichen Reformbegehren, wie sie während des Arabischen Frühlings laut wurden, eher skeptisch gegenüberstehen: Für Frauenrechte, Partizipation von Jugendlichen, Abschaffung von Internetzensur oder jedwede Art von »Selbstbestimmung« haben sie nicht sonderlich viel übrig. Aber für die Monarchen sind die Muslimbrüder eine probate Mischung aus staatstragend, systemerhaltend und populär. Darüber hinaus hoffen die Monarchen, dass sie ihre Anhängerschaft disziplinieren und extremere Strömungen im politischen Islam einhegen – woran allerdings große Zweifel aufgekommen sind.

Ein besonders vielschichtiges, öffentlich aber weniger beachtetes Verhältnis ist jenes zwischen den Muslimbrüdern und dem Königreich Saudi-Arabien. Zu Zeiten, als linke Ideologien und der ägyptische, pan-arabisch ausgerichtete Nasserismus die arabische Welt umtrieben, also von den 1950er bis in die 1980er Jahre, unterstützte das Königshaus die Muslimbrüder in anderen Staaten, um genau diese Bewegungen zu konterkarieren. Später betrachtete Riad die Muslimbrüder zunehmend als Gefahr: Viele reiche saudische Staatsbürger, die aber nicht der Familie Saud angehören, sahen in ihnen eine attraktive Alternative zum bestehenden System. Gleichwohl schienen sich die Muslimbrüder in den anderen arabischen Staaten fast immer um ein gutes Verhältnis zum Königshaus zu bemühen, auch während des Arabischen Frühlings. In Saudi-Arabien selbst konnte die Organisation nur sehr behutsam operieren. Seit Wiederaufnahme der Verfolgung der Muslimbrüder in Ägypten nach dem Putsch von 2013 haben sich die Kräfteverhältnisse innerhalb der Organisation verändert: Saudische Muslimbrüder traten mehr und mehr aus dem Schatten ihrer ägyptischen Genossen und wurden tonangebend, wie etwa der 62-jährige Scheich Salman al-Oudah. Sie zeigen, wie sich saudischer Salafismus und die politische Ideologie der Muslimbrüder manchmal vermengen.

Der Diskurs über die Muslimbrüder in den arabischen Ländern hat seine eigene Dialektik und gleicht zunehmend dem Diskurs über die rechtspopulistischen Parteien in europäischen Demokratien: Sind sie tatsächlich die gemäßigte Alternative zum islamistischen Extremismus und sogar, wie im Fall Tunesiens, formbar im Sinne der Demokratie? Oder bilden sie lediglich die Vorhut und den Nährboden der gewaltbereiten Gruppen, indem sie einerseits die Institutionen eines Staates unterwandern und andererseits die Tabugrenzen aufweichen? Es gibt für beide Positionen zahlreiche Indizien, und es scheint, als wüssten die meisten Muslimbrüder es selbst nicht so genau. Denn auch die wohl einflussreichste politische Bewegung des Nahen Ostens der vergangenen Jahrzehnte ist Dynamiken ausgesetzt und muss auf Veränderungen reagieren, die sie selbst nicht kontrolliert.

Die größte ist vielleicht nicht einmal die politische Verfolgung oder die Herausforderung durch extremistische Gruppierungen im Islamismus, die die Muslimbrüder als gescheitert ansehen, sondern die Generationenfrage: Die stabilen, effizienten Netzwerke, auf welche die Organisation über Jahrzehnte baute, bestanden hauptsächlich aus Männern, die heute mittelalt bis alt sind und deren Führungsriegen Jahre, wenn nicht Jahrzehnte gesellschaftlicher Entwicklungen verpasst haben, weil sie im Gefängnis saßen – und heute zum Teil wieder im Gefängnis sitzen. Diese Generation wird es angesichts der zurückliegenden Prüfungen und Misserfolge schwerlich schaffen, eine neue Riege zu begeistern, geschweige denn die Tradition der belastbaren persönlichen Netzwerke weiterzutragen. Ebenso wenig haben die »alten Herren« der Muslimbrüder Antworten auf die ökonomischen Herausforderungen der arabischen Staaten. Das ist umso misslicher, als sich die mittlere und untere Mittelschicht, aus der ein Großteil ihrer Anhänger und Wähler stammt, in den kommenden Jahren mit existenziellen Problemen konfrontiert sehen wird.

Es war jene alte Generation von Männern, die ein besonderes Markenzeichen der Bewegung prägte: eine weithin strahlende Überzeugung, selbst bedingungslos im Recht zu sein und irgendwann – mit Gottes Hilfe – die Ernte der eigenen Standhaftigkeit einzufahren. Und so bestand die eigentliche Gefahr, die von den Muslimbrüdern für die herrschenden Eliten in den Ländern des Arabischen Frühlings ausging, vielleicht weniger in ihrer Fähigkeit, die Massen zu bewegen, oder in ihrem Streben, den Staat zu islamisieren. Sondern vor allem darin, dass sie mithilfe ihrer Netzwerke willens und in der Lage gewesen wären, eigene, alternative Eliten aufzubauen: in der Wirtschaft genauso wie in der Politik oder im Sicherheitsapparat. Diese Gegeneliten wären, wie wir etwa am Beispiel Türkei demonstrieren könnten, vermutlich nicht weniger korrupt und mafiös als ihre Vorgänger gewesen. Und es stünde zu befürchten, dass sie mit ihren Gegnern auch nicht anders ins Gericht gehen würden als die herrschenden Eliten.

Hat der Islam nun als Instrument für politische Mobilisierung ausgedient? Oder wird ein fortschreitender Bedeutungsverlust der Muslimbrüder womöglich den Aufstieg anderer, extremistischer Kräfte begünstigen?

Hier ist über die Salafisten zu reden, deren Entwicklung im Arabischen Frühling ebenfalls eine merkwürdige Wendung genommen hat. Anders als die Muslimbrüder sind die Salafisten nicht als politische Bewegung zu verstehen, obwohl aus ihrem Umfeld zahlreiche politische Gruppen und sogar Parteien hervorgegangen sind. Diese Anhänger einer rückwärtsgewandten Reformideologie, die zu den (vermeintlichen) Ursprüngen des Islams zurückkehren wollen, tun sich naturgemäß schwer mit Wahlen und demokratischen Prozessen, da zumindest die Mehrheit unter ihnen den Parlamentarismus als Antithese einer gottgefälligen islamischen Herrschaft ansieht. Ein Salafist bei einer Parlamentswahl muss sich fühlen wie ein Grüner in der Kohlekommission.

Beide können sie ihre Präsenz zwar damit rechtfertigen, dass das Ganze nur ein vorübergehender Prozess sei, an dem man mitwirken müsse, um die Menschheit in eine bessere Welt zu führen. Quasi der zugige Vorhof zu einem Paradies auf Erden. Aber ganz wohl ist beiden dabei nicht: Verlängern sie damit nicht die Laufzeit einer Sache, die der eigenen Überzeugung nach besser sofort und nicht erst morgen abgeschafft gehört?

Man tut den Salafisten manchmal unrecht, wenn man ihren Rigorismus mit Gewaltbereitschaft verwechselt. Nur weil sie der Auffassung sind, man könne Sitten, Werte und Normen des 7. Jahrhunderts in der heutigen Zeit leben, müsse sich die Zähne mit einem Wurzelstück reinigen, die Hosen auf Hochwasser ziehen und von den Frauen verlangen, dass sie sich mit Gesichtsschleiern verhüllen, haben sie nicht unbedingt vor, alle zu solch einem Leben zu zwingen. Manche dieser Salafisten sind sogar Quietisten, vielleicht nicht tolerante, aber doch friedfertige Zeitgenossen, denen es genügt, wenn man sie in Ruhe ihre Aufgaben verrichten lässt: arbeiten, beten, Kinder zeugen. Mit Terroristen haben sie weniger gemein als mit den Amischen und Mennoniten, die heute noch in Planwagen durch Pennsylvania fahren und dem Grundsatz der Apostel folgen, zwar in, aber nicht von dieser Welt zu sein. Auch mit den ultraorthodoxen Juden ließen sich etliche Gemeinsamkeiten finden – und sei es nur das Befremden, mit dem man ihnen außerhalb ihres engeren sozialen Umfeldes begegnet.

Umstritten ist bei ihnen, inwiefern sich ein frommer Muslim gegen eine bestehende Ordnung überhaupt auflehnen darf, solange sich der Herrscher nicht der Ausübung des islamischen Glaubens in den Weg stellt. Das gilt auch dann, wenn sich dieser Herrscher ansonsten wie ein Tyrann benimmt. Hier lässt sich – zumindest in der Tendenz – ein weiterer Unterschied zwischen den Muslimbrüdern und den Salafisten ausmachen: Während die einen, die ja eine politische Bewegung sind, den Despotismus als Ausdruck der Gottlosigkeit und damit als Grund zum Widerstand betrachten, wollen die anderen den Despoten dulden, sofern er sich nicht dem Verdacht aussetzt, vom Glauben abgefallen zu sein. Das zumindest gilt für einen nicht unerheblichen Teil der salafistischen Strömung, freilich nicht für die dschihadistischen Salafisten, welche – meist in Gestalt von Organisationen wie Al-Qaida oder dem »Islamischen Staat« – am meisten in unseren Nachrichten vorkommen.[84]

Dies mag unter anderem erklären, was den Salafismus einerseits so attraktiv für zahlreiche autoritäre Herrscher der arabischen Welt macht und warum sich diese so aufreizend gottesfürchtig geben: ob in Ägypten, Saudi-Arabien, Kuwait, ja sogar im baathistischen Syrien, wo das nicht gerade für seine Frömmigkeit bekannte Assad-Regime den Salafisten vor Ausbruch der Krise 2011 erlaubte, sich im öffentlichen Raum immer weiter auszubreiten, Stiftungen und Seminare zu gründen und sogar zu missionieren. Auf diese geradezu aufreizende Toleranz des Staates gegenüber den aus Saudi-Arabien und anderen Golfstaaten unterstützten Salafisten konnten sich viele Syrer keinen Reim machen. Aus dem Blickwinkel des Machterhalts schien sie aber durchaus nachvollziehbar. Und sogar in der Türkei, wo der Salafismus traditionell schwach ist und von anderen staatlich kontrollierten sunnitischen Strömungen absorbiert wurde, treibt er neuerdings seine Blüten. Ein islamischer Führer vom Schlage Erdoğans, der zwar selbst kein Salafist ist, aber die Ehre des sunnitischen Islams in der Welt verteidigt, ist nach ihrem Geschmack und genießt zu großen Teilen ihre Unterstützung.

Im politischen Kalkül der meisten autoritären Machthaber des Nahen Ostens spielen die Salafisten irgendeine Rolle, wobei diese Rollen variieren. Dem einen dienen sie als Mehrheitsbeschaffer, für den anderen sollen sie islamisch-ethische Unbedenklichkeit bezeugen, oder sie taugen als Schreckgespenst, um gegen den politischen Islam mobil zu machen. Für wieder andere stellen sie das Gegengewicht zu den Muslimbrüdern dar, oder – und dies galt kurioserweise zeitweilig sogar für eine von den Muslimbrüdern geführte Regierung in Tunesien – sie fungieren als militante Hilfskohorten, mit denen man den politischen Gegner von der Straße her einschüchtern kann. Letztere waren freilich Salafisten, denen man nicht zugutehalten konnte, sie seien quietistisch und mischten sich nicht in die Belange anderer ein.

Beispiele aus verschiedenen arabischen Ländern, insbesondere aber aus Ägypten, zeigen zudem, wie vortrefflich sich die Salafisten geheimdienstlich unterwandern lassen: Ihre Organisationen verfügen über wenig politische Erfahrungen und neigen dazu, sich auf äußerliche Merkmale zu verlassen. Und während die Muslimbrüder gelernt haben, sich konspirativ zu organisieren, sind die Salafisten dankbar für jeden Bekehrten. Und sie präsentieren sich – wie die meisten frommen Eiferer – als Zufluchtsort für die Ausgegrenzten, als Biotop gebrochener Biografien. In dem wiederum nicht nur die Geheimdienstler mit guter Ausbeute nach V-Leuten fischen, sondern auch extremistischere, gewalttätige Gruppen. Dennoch steht für die Staatsmacht auf absehbare Zeit nicht zu befürchten, dass die Mainstream-Salafisten politisch strategisch vorgehen, starke Führungskader aufbauen, die Massen mobilisieren oder gar, wie die Muslimbrüder, sich als Gegenelite im System festsetzen. Man betrachtet sie als schädliche oder nützliche Idioten – sie sind quasi die Bauern im ideologisch-religiösen Schachspiel des Nahen Ostens.

Es wird heute viel darüber diskutiert, wer die größere Verantwortung für das Erstarken des Dschihadismus trägt, jene Ideologie, die ihren Ausdruck in Form von Al-Qaida und der Organisation »Islamischer Staat« gefunden hat. In Europa etwa schaut man besonders auf den Salafismus als Gefährder-Ideologie, die gewissermaßen die Einstiegsdroge für den bewaffneten Extremismus darstellt. Globaler betrachtet ist diese Diskussion natürlich nicht nur von der Suche nach Erkenntnis getrieben, sondern auch politisch motiviert: Saudi-Arabien etwa, welches die dem Salafismus verwandte wahhabitische Lesart des Islams in alle Welt getragen hat, zeigt heute vor allem mit dem Finger auf die Kataris, die einst sehr aktiv die Muslimbrüder unterstützten. Das Emirat Katar, in dem der Wahhabismus übrigens durchaus zu den einflussreichsten Strömungen gehört, dreht den Spieß um und sieht die Saudis in der Schuld. Auch Iran wird regelmäßig vorgeworfen, doch maßgeblich zur Islamisierung von Politik und Diskurs in der Region beigetragen und – wenngleich die Islamische Republik mit dem »Islamischen Staat« und Al-Qaida tief verfeindet ist – sie durch ihren Märtyrer- und Opferkult sehr nachhaltig inspiriert zu haben. Und natürlich stehen auch die USA und der Westen insgesamt auf der Liste der Verdächtigen, weil sie im Kampf gegen den internationalen Kommunismus auch konservative und zum Teil militante islamistische Kräfte unterstützten.

Die Präsidenten Sisi in Ägypten oder Assad in Syrien können sich derweil entspannt zurücklehnen und abwarten, wem die Weltgemeinschaft glaubt. Sie behaupten von sich, den Islamismus jeglicher Schattierung stets energisch bekämpft zu haben – und am Ende soll die Bevölkerung ruhig vermuten, dass die USA, Israel oder die Freimaurer hinter dem Erfolg der Dschihadisten stecken, als Teil eines großen Plans jener Feinde des Glaubens, um das Bild des Islams verächtlich zu machen und ihm die Mobilisierungskraft zu nehmen.

Die Muslimbrüder und die Salafisten wirken in dieser Frage indes wie ein entzweites Elternpaar, das sich gegenseitig die Schuld für die misslungene Erziehung eines straffälligen Sohnes in die Schuhe schiebt. Dieser missratene Sohn, um im Bild zu bleiben, sind die Dschihadisten als Anhänger einer sektenähnlichen Vereinigung, die zwar behaupten, zu den Quellen der islamischen Tradition zurückkehren zu wollen, zum Teil aber einen durchaus eigenwilligen Umgang mit eben jenen pflegen: Sie schneiden, salopp gesagt, Suren und Überlieferungen oft aus dem Kontext jahrhundertelanger Auslegung und Interpretation aus, schütteln die Schnipsel einmal kräftig durcheinander und suchen sich dann diejenigen aus, die ihnen am besten passen. All dies, um zu belegen, dass nur der bewaffnete Kampf gegen Ungläubige und Abtrünnige im Mittelpunkt des Lebens der Muslime stehen soll.

Was die Organisation »Islamischer Staat« betrifft, so hat sie von den Muslimbrüdern unstrittig bestimmte Methoden übernommen – darunter die Praxis, in den Zielgebieten erst durch persönliche Ansprache *(da'wa)* diskrete Netzwerke zu bauen und die Köpfe und Herzen eines Teils der Bevölkerung durch soziale Arbeit zu gewinnen. Aber auch die zum Teil konspirative, in Zellen unterteilte Organisation des IS im Untergrund nimmt Anleihen am Vorbild der Muslimbrüder. Deren Öffnung zum politischen Prozess lässt manche vergessen, dass die Muslimbrüder in Syrien fast zwei Jahrzehnte einen bewaffneten Dschihad gegen das Regime führten und eine Rhetorik an den Tag legten, die sich wenig von jener der späteren Al-Qaida oder des IS unterscheidet. In Ägypten unterhielt die Muslimbruderschaft in den 1970er und 1980er Jahren enge Verbindungen zur bewaffneten Untergrundbewegung »Islamische Vereinigung« *(Al-Gama'ah Al-Islamiya)*, die zahlreiche Attentate auf zivile Ziele verübte und eine Art Vorläuferorganisation von Al-Qaida wurde. Die Schriften des notorischen Muslimbruder-Denkers Sayyid Qutb, der zum Kampf gegen den Westen, die Juden und deren Ideologien aufrief und 1966 unter Nasser hingerichtet wurde, zählen zum Kanon der Dschihadisten.[85] Und auch der Sektarismus in Form einer Herabstufung nichtsunnitischer Konfessionen war – und ist zum Teil immer noch – ein Merkmal der Ideologie der Muslimbrüder, obwohl ihre Vertreter dies heute energisch abstreiten würden. Nicht zuletzt aber lernten die Dschihadisten von den Muslimbrüdern den Dschihad als Pflicht des Einzelnen zu begreifen, als Notwendigkeit, für eine höhere Sache Opfer zu erbringen, sich aber auch das Recht zu nehmen, Opfer von anderen einzufordern.

Äußerlich betrachtet ist der Dschihadismus ein geistiges Kind des Salafismus, aber wie wir sehen, ist die Sache etwas komplizierter. Die »Rechtsprechung« im kurzlebigen Gemeinwesen des IS war in weiten Teilen salafistisch und wahhabitisch inspiriert.[86] Das Gleiche gilt in Teilen für das äußere Erscheinungsbild und die Rhetorik, die vor allem von einem schlichten Weltbild und einer eschatologischen Idee zeugte: Das Ende der Welt stand demzufolge recht unmittelbar bevor, weshalb die Zeit knapp wurde. Man muss schon deshalb nicht viel über den Islam wissen, um dazuzugehören, sondern gehorchen, die Regeln des IS befolgen und bereit sein, sich im bewaffneten Dschihad zu opfern.

Wie aber kann es sein, dass der vordergründig so salafistisch geprägte IS sich ausgerechnet in einer Gegend des Nahen Ostens so erfolgreich festsetzen konnte, in welcher der Salafismus historisch und gesellschaftlich keine große Rolle spielte?

Die Antwort auf diese Frage führt uns schließlich zu einem Ausblick auf die Zukunft des Dschihadismus im Nahen Osten und zum Problem einer möglichen Rückkehr des »Islamischen Staates«. Da wäre zunächst eine gute Nachricht: Insbesondere zwischen den ehemaligen IS-Hauptstädten Rakka und Mossul, im syrisch-irakischen Grenzgebiet, leben beduinische Stämme, die der salafistischen Weltanschauung traditionell wenig abgewinnen können. Sie sind zum großen Teil weder besonders fromm, noch können sie es sich angesichts ihrer harten Lebensumstände leisten, den Tag mit Ritualen zu verbringen. Religiöse Obrigkeit oder Moralapostel werden bei den Stämmen nach meiner Erfahrung mitunter weit weniger geschätzt als ein Jack Daniels Black Label. Ihre religiöse Identität hingegen ist zum einen durch eigene Gründungsmythen, wie etwa die Abstammung vom Hause des Propheten oder eines seiner Nachfolger, zum anderen durch Sufi-Tradition geprägt. Dem IS gelang es dennoch, die

Stämme zu unterwandern, sie zu kooptieren oder aber ihren Widerstand erfolgreich zu unterdrücken. Ein Teil seiner irakischen Führungskader selbst entstammte im Übrigen nicht einmal der salafistischen Tradition, sondern einem Zweig der bereits zuvor erwähnten *Naqshbandiya*, einer verästelten Sufi-Bewegung, mit der auch viele des Extremismus bisher nicht verdächtige politische Figuren in Verbindung stehen – etwa die Familie von Erdoğans Ehefrau Emine oder der Clan des Kurdenführers Masud Barzani.

Vielen Traditionen des Sufismus stehen Salafisten und Dschihadisten dermaßen ablehnend gegenüber, dass sie gewaltsam dagegen vorgegangen sind: Die Grabschreine rituell verehrter Heiliger der Sufis etwa haben sie reihenweise in den Erdboden gestampft. Aber die Unterwanderung der Beduinenstämme zeigt, ohne dass wir uns nun zu sehr in die ideologischen Wurzeln und Widersprüche dschihadistischer Bewegungen vertiefen können, einmal mehr, dass die kriegerischen Zustände im Nahen Osten seltsame Verbindungen und Beziehungen hervorbringen.

Die Organisation »Islamischer Staat« mochte ein starkes ideologisches Furnier besitzen, aber sie handelte vornehmlich auf Grundlage politischer, nicht religiöser Abwägungen. So wie es die baathistischen Regime Saddam Husseins oder der beiden Assads vorgemacht hatten, spielte der IS die Ängste, Nöte und historischen Rivalitäten der Stämme geschickt in seinem Sinne aus. Je nach lokalen Gegebenheiten setzte er sich dabei als Beschützer der Sunniten im Irak oder der marginalisierten Beduinen im Osten Syriens in Szene. Er zehrte von mangelnder – auch religiöser – Bildung, appellierte an ein Wir-Gefühl und trieb den Sektarismus, die Verachtung religiöser Minderheiten und anderer ethnischer

Gruppierungen, in die Gesellschaften, die er beherrschte. Dabei spielte es keine Rolle, ob dort die Ideologie des Salafismus bereits verwurzelt war oder nicht. Und es brauchte auch nicht den IS, um den von einigen Autoren und Islam-Vertretern verbreiteten Unfug zu widerlegen, demzufolge der Sufismus ein zuverlässiges Bollwerk gegen gewalttätige, extremistische Ideologien sei, weshalb man sich bei Prävention gegen Radikalisierung auf die Sufis stützen müsse.[87] Bei aller Anerkennung der kulturell wie intellektuell vielfältigen Formen des Sufismus in der Welt liegt dieser Theorie ein reichlich naives Bild zugrunde – als wären Sufis überall nur tolerante, im Kreis tanzende Filzhutträger, die schöne Gedichte schreiben und tagein, tagaus danach streben, spirituell mit dem lieben Gott eins zu werden. Sie lässt auch außer Acht, dass zahlreiche militante Erweckungsbewegungen in der muslimischen Welt sufistischen Ursprungs waren und sufistische Bruderschaften und Organisationen im 19. und 20. Jahrhundert autoritäre Macht selbst ausgeübt oder gestützt haben. Zumal die Grenzen zwischen militanten Gruppen, Muslimbrüdern und Sufis in der Region, wie wir gesehen haben, fließend sein können.

Der Erfolg der extremistischen Bewegungen im Nahen Osten, das zumindest haben die letzten Jahre bewiesen, ist nicht zuvorderst eine Frage ideologisch-religiöser Überzeugungskraft. Und vielleicht gibt diese Erkenntnis uns sogar Anlass zu einem gewissen Optimismus. Denn extremistische, dschihadistische Bewegungen wie der IS waren vielmehr dort erfolgreich, wo der Staat entweder aufhörte zu existieren oder sich benommen hat wie eine kriminelle Organisation. In einem Umfeld, in dem der Staat seine Untertanen im besten Fall auspresst und zwangsrekrutiert, sie im schlimmsten aber mit Fassbomben bewirft, fällt es Dschihadisten leicht, sich als Alternative zu präsentieren und gar als Staatsgründer zu empfehlen – selbst wenn sie auf die spinnerte Idee verfallen, einen Dahergelaufenen mit einem passablen Abschluss einer Scharia-Fakultät wie den Iraker Abu Bakr al-Baghdadi zum Kalifen auszurufen. Bedeutet das nicht im Umkehrschluss, dass es den Dschihadisten überall dort, wo der Staat seinen Bürgern dient und sie vor Gewalt und Ausbeutung schützt, schwerfallen wird, Fuß zu fassen?

Der irakische Demoskop Munqith Dagher, ein ehemaliger Offizier der Streitkräfte Saddams, der sich nach 2003 der politischen Wissenschaft und Meinungsforschung zuwandte und ein erfolgreiches privates Forschungsinstitut betreibt, hat in diesem Zusammenhang einige erstaunliche Beobachtungen gemacht. Laut Umfragen in Mossul, die nach Daghers Angaben durchgehend auch während der Herrschaft des IS erhoben wurden, war die Organisation, die sich zunächst »Islamischer Staat in Syrien und Irak« nannte, noch kurz vor der offiziellen Übernahme Mossuls bei der dortigen Bevölkerung verhältnismäßig unbekannt.[88] Dagher schließt daraus, dass der IS nicht als neue extremistische Organisation, sondern schlichtweg als Teil des sunnitischen Aufstands angesehen wurde. Daraus wiederum ließe sich schließen, dass die neue ideologische Qualität dieser extremistischen Organisation nicht im Vordergrund gestanden hat. Zumindest nicht im Verhältnis zur Bevölkerung von Mossul, woher ja einige IS-Kader stammten.

Man kann die Methodik solcher Umfragen in einem für die Teilnehmer nicht gerade risikoarmen Umfeld hinterfragen, aber Dagher hält noch ein weiteres überraschendes Ergebnis bereit: Das individuelle Sicherheitsempfinden sei mit der Machtübernahme des IS in Mossul über mehrere Monate deutlich gestiegen, fasst er zusammen, weil sich die Dschihadisten, die kurz zuvor noch unter anderem Namen auf den Straßen Terror verbreitet hatten, nun in der Rolle des Ordnungshüters wiederfanden. Dieses Sicherheitsgefühl verschwand sehr bald – und damit die Unterstützung vieler Maslawis, wie man die Bewohner von Mossul nennt. Denn als die Bombardements der Koalition auf die Stadt begannen, hieß es: »Sie haben uns erzählt, dass sie die halbe Welt erobern, und jetzt können sie nicht einmal unsere Stadt beschützen.«[89]

Die Herrschaft der Organisation »Islamischer Staat« wird mit Sicherheit noch Generationen von Forschern beschäftigen; und es bleibt inständig zu hoffen, dass auch die Politik sich noch länger und intensiv mit Ursachen und Verlauf dieser Herrschaft auseinandersetzen wird – auch um zu verhindern, dass sie in dieser oder jener Form zurückkehrt. Aber insgesamt verdichten sich die Anzeichen dafür, dass die Menschen, die sich der Macht des IS unterworfen haben, keineswegs und entgegen allen Stereotypen aus kulturellen Gründen zum Extremismus und Fanatismus neigen. Und in denjenigen Gebieten, die am schwersten von der Besetzung durch die Dschihadisten und dem militärischen Kampf gegen sie in Mitleidenschaft gezogen wurden, besteht die Chance, dies unter Beweis zu stellen: durch politische, gesellschaftliche und ökonomische Aufbauprogramme, die diese Ursachen in Betracht ziehen, insbesondere das Versagen des Staates, seine Bürger zu schützen und ihre ökonomischen Lebensgrundlagen zu erhalten. Sollten die neuen und nächsten Herrscher die alte Logik von Despotismus und Sektarismus, das Prinzip *winner takes all* fortführen, ist es wiederum wahrscheinlich, dass die Dschihadisten dort bald ihr Comeback feiern – oder andere ideologisch verbrämte kriminelle Gruppen. Aber die Umstände, unter denen solche Gruppierungen gedeihen, sind nun hinlänglich bekannt. Das Böse ist keine irrationale Größe mehr, sondern lässt sich zu einem Großteil mit soziologischen und volkswirtschaftlichen Instrumenten vermessen.

Eine realistische Hoffnung, dass der Dschihadismus als Ideologie überwunden ist, besteht wohl nicht. Der Historiker Jean-Pierre Filiu sprach zwar 2009 von »Al-Qaidas neun Leben« und hielt das Modell Dschihadismus schon für ausgelaufen – es sei denn, es würden sich noch große unvorhergesehene Ereignisse einstellen.[90] Dagegen bemerkt der Dschihadismus-Forscher Asiem El Difraoui, dass dschihadistische Gruppen gerade immer dann, wenn man sie für tot erklärte, in einer »ungleich schrecklicheren Gestalt« auftreten als vorher.[91]

Sie sind gewissermaßen die Untoten des Nahen Ostens, und man kommt nicht umhin zu bemerken, dass sich die Nahostpolitik der Weltmächte, auch Europas, oft weniger an den Lebenden als an diesen Zombies orientiert. Das verengt den Blick und führt dazu, dass diese Politik nicht selbst gestaltet wird, sondern vor allem als Reaktion auf Katastrophen oder Ängste agiert. Gilles Kepel, der Doyen der französischen Nahost-Experten, der sich seit 40 Jahren mit den militanten islamistischen Bewegungen befasst und sie kurz vor dem 11. September 2001 schon einmal für erledigt hielt, versucht ihnen inzwischen mit der Dialektik des Philosophen Hegel beizukommen: Der militante Islamismus, der im Dschihadismus des IS seinen vorläufigen Höhepunkt gefunden hat, durchlief demnach drei Phasen. Erst versuchte man erfolglos, die politischen Verhältnisse in den arabischen Staaten umzukehren; dann wandte sich – in einem Akt der Negation des Vorausgegangenen – eine neue, extremere Avantgarde dem Kampf gegen den »fernen Feind«, den Westen, zu. Aber auch der globale Krieg Al-Qaidas war nicht von Erfolg gesegnet, bis sich unverhofft und in Form des Arabischen Frühlings die Chance der Aufhebung vergangener Widersprüche bot. Staaten und Regime waren so geschwächt, Bevölkerungen so verwundbar, dass sich die Dschihadisten in Gestalt des IS in Syrien, Irak und Libyen, aber auch als Al-Qaida im Jemen, an territorialen Reichsgründungen versuchten.[92]

Dies taten sie im Übrigen nach dem Vorbild eines unerbittlichen Eroberers, des Staatsgründers des wahhabitischen Saudi-Arabien, der nicht nur den IS-Kalifen Abu Bakr al-Baghdadi, sondern auch schon den Gründer der Muslimbrüder, Hassan al-Banna, fasziniert hatte: »Wer hätte gedacht, dass ausgerechnet Abd al-Aziz Al Saud, dessen Familie zerstreut und beinahe ausgelöscht und dessen Macht vergangen war, einmal mit kaum 20 Mann zurückkehren und die Hoffnung auf Wiedergeburt und Vereinigung der muslimischen Welt verkörpern würde.«[93]

Für ein neues territoriales Eroberungsprojekt des IS im Nahen Osten sprechen aktuell nur wenige Zeichen. Aber für die Fortsetzung eines dschihadistischen Untergrundkriegs schaffen einige Mächte derzeit günstige Bedingungen. Das gilt unter anderem für das syrische Regime und die Mächte, die am Krieg in Syrien noch beteiligt sind. Die Ankündigung der US-Regierung vom Dezember 2018, die in Syrien für den Kampf gegen den IS stationierten Truppen abzuziehen, stellt deren bisherige Verbündete, vor allem die kurdisch geführten »Demokratischen Kräfte Syriens«, vor größere Probleme. Die Türkei hat angekündigt, sämtliche kurdischen Autonomiebestrebungen in Syrien militärisch zu bekämpfen, weshalb die besagten kurdischen Kräfte sich im Zweifel für eine von zwei Fronten entscheiden müssten.

Hinzu kommt, dass die Türkei in Syrien bisher mit arabischen Rebellenmilizen als Hilfstruppen operiert, die sich ideologisch am Rande des salafistischen, zum Teil auch dschihadistischen Spektrums bewegen. Erdoğan scheint auch den seit geraumer Zeit verfolgten Plan nicht aufgegeben zu haben, die arabischen Stämme, die bisher im Nordosten Syriens unter Herrschaft der kurdischen »Partei der Demokratischen Union« (PYD) standen, zum Aufstand gegen die Kurden anzustiften.[94] Das alles schafft Gelegenheiten für die Dschihadisten, sich zu engagieren. In der Provinz Idlib haben sich aufständische Milizen konzentriert, die zum Teil den Salafisten, den Dschihadisten oder auch den Muslimbrüdern nahestehen. Ein Teil davon stammt nicht aus Syrien, sondern aus asiatischen Ländern. Aus welchen Motiven sie kämpfen, ob sie einen Islamischen Staat errichten wollen oder Widerstand gegen ein tyrannisches Regime leisten oder einfach nur überleben? Die Grenzen verschwimmen. Ihr Schicksal kann uns berechtigterweise weniger bekümmern als das der leidenden Zivilbevölkerung, aber es ist mit diesem in vielfältiger Weise verwoben.

Dem syrischen Regime und seinen Verbündeten ist es in ihrer Propaganda nicht nur gelungen, die Aufständischen mit den Dschihadisten zu verschmelzen, sondern auch im Nachhinein dafür zu sorgen, dass sich ein Szenario einstellt, das sie von Anfang als Realität ausgegeben hatten: dass nämlich der Aufstand gegen das Assad-Regime nichts anderes sei als ein Versuch einer international vernetzten Terrororganisation, die Macht zu ergreifen. Niemand, der diese Darstellung mit Fakten dekonstruiert und Differenzierung einfordert, muss sich den Vorwurf gefallen lassen, er verharmlose die Agenda der Dschihadisten, die heute Teil des aufständischen Spektrums sind und vermutlich als Letzte bleiben werden – als zuverlässige Begleiter des Despotismus und des Sektarismus. Denn diesen beiden Geißeln des Nahen Osten gesellt sich der Dschihadismus, wie wir gesehen haben, ganz besonders gern hinzu.

ZWÖLFTES KAPITEL

Eine Unbekannte gibt sich zu erkennen: Wer ist eigentlich die arabische Zivilgesellschaft?

Man stelle sich folgende Ausgangslage vor: Zwei große Aktiengesellschaften mit jeweils Tausenden Mitarbeitern und Umsätzen von mehreren Milliarden Dollar wollen ein strategisches Geschäft eingehen – einen Deal, der für mindestens eine der beiden Vertragsparteien mit erheblichen Risiken behaftet ist. Anstatt die Gespräche nun symmetrisch auf höchster Ebene stattfinden zu lassen, fängt der oder die Vorstandsvorsitzende der Firma A an, sich merkwürdig zu benehmen: Er oder sie erscheint unangemeldet bei der Gesellschafterversammlung des zukünftigen Partners B und plaudert mit den Anwesenden über die Probleme, die ihr Unternehmen im Export oder beim Betriebsklima hat. Die Abteilungsleiter von A werden angewiesen, sich mit den Betriebsräten der Gegenseite auszutauschen, um sie zu ermutigen, sich in Zukunft bei den Lohnverhandlungen nicht über den Tisch ziehen zu lassen. Als Nächstes lädt A dann die Buchhalter von B zum Abendessen ein, um in Erfahrung zu bringen, ob die Gewinnprognosen des anderen Vorstands denn realistisch sind. Und schließlich wird noch der Kantinenwirt der Firma B, der im eigenen Haus als larmoyant und geschwätzig gilt, bei A zum Fototermin eingeladen. Wenn sich überhaupt noch ein Gespräch mit dem oder der Vorstandsvorsitzenden ergibt, wird darüber natürlich in der Presse umfassend berichtet. Wir können mit einiger Sicherheit annehmen, dass die Chefetage der Firma B von einem solchen Vorgehen alles andere als begeistert wäre. Geht man so miteinander um, wenn man Partner werden will? Und gehört es sich nicht, dass man Probleme von Chef zu Chef und auf derselben Hierarchie-Ebene behandelt, anstatt sich in interne Belange des anderen einzumischen und Unruhe zu stiften?

In vielen Staaten des Nahen Ostens und der arabischen Welt können sich die Herrschenden mit Firma B durchaus identifizieren: Sie finden es nämlich anmaßend und unhöflich, dass westliche Regierungen – wie die deutsche – direkte Beziehungen zu den Untertanen anderer Staaten pflegen. Insbesondere zu solchen, die sich organisieren und in der Öffentlichkeit hervortun, indem sie die Regierung kritisieren.

Dem liegt natürlich nicht nur ein anderes Staats-, sondern auch ein anderes Gesellschaftsbild zugrunde: Die Bürger sollen höchstens hin und wieder von ihrem Wahlrecht Gebrauch machen und ansonsten die Klappe halten, wenn es um Politik geht. Sie können froh und dankbar sein, dass der Staat ihnen ein Auskommen verschafft – der Anteil der Beschäftigten im öffentlichen Sektor ist in der MENA-Region verhältnismäßig hoch – und seine Sicherheitskräfte sie so gut es geht vor Terrorismus schützen. In dieser Logik gehört der Staat nicht der Gesamtheit seiner Bürger, sondern umgekehrt. Dieses Kräfteverhältnis verstärkt sich dort, wo der öffentliche Haushalt sich durch den Verkauf von Öl, Erdgas und anderen Bodenschätzen finanziert. Der Staat muss dann nicht von Steuern leben und hat kein genuines Eigeninteresse, die private Wirtschaft und die Steuerzahler zu fördern. Er besitzt Geld, das seine Verwalter nach Gutdünken verteilen können, und wird – in seinem Selbstbild – zum großen, gütigen Ernährer.

Ein solches System hat es nicht nur besonders schwer, Korruption zu unterbinden, weil Macht und finanzielle Mittel so untrennbar verbunden sind. Es leistet auch einer Art des Denkens Vorschub, das die Bürger als Bittsteller betrachtet, Regierungskritiker aber als lästige und undankbare Nörgler, die sich mehr erlauben, als ihnen zusteht. Und die nicht begreifen wollen, dass sie, wie der klagende Kantinenwirt, froh sein können, überhaupt einen Platz im System zu besitzen.

Viele westliche und europäische Staaten hingegen, insbesondere Deutschland, haben aus Sicht ihrer arabischen Counterparts eine veritable Querulanten-Obsession: Ihre Botschaften umgeben sich mit Menschenrechtlern, Dissidentinnen, Aktivisten. Und je schriller sie auf die Regierung schimpfen, für desto glaubwürdiger hält man sie. Schlimmer noch: Man verteilt Geld unter diesen Organisationen und Gruppierungen, damit sie ein Gegengewicht zur Macht darstellen können, und eröffnet Thinktanks oder – wie im Falle Deutschlands – Büros parteinaher Stiftungen, die ihre Fördermittel und ihre demokratische Ideologie unter der Bevölkerung in Umlauf bringen.

So weit, so unzutreffend. Denn so, wie die Strukturen und Vorgänge in der arabischen Welt mit westlichen Begrifflichkeiten schwer zu fassen sind, verhält es sich auch umgekehrt: Wenn arabische Regierungspolitiker sich über deutsche, europäische oder amerikanische Konzepte von Zivilgesellschaft äußern, kommt dabei auch oft nur ein Zerrbild, eine Karikatur heraus.

Für die Zivilgesellschaft gibt es einen arabischen Begriff: *al-mujtama' al-madani*. Während des Arabischen Frühlings galt sie als Motor des Umbruchs und als Hoffnungsträgerin westlicher Erwartungen. Inzwischen scheint hierzulande aber die Ansicht weit verbreitet, es gäbe diese Zivilgesellschaft nicht, oder aber sie sei zumindest gesellschaftlich und politisch so unbedeutend, dass man zuspitzend behaupten könne, sie sei gar nicht da. Ob man diese Einschätzung teilt, hängt wesentlich von der Definition von Zivilgesellschaft ab.

In dieser Frage sucht man für gewöhnlich Rat bei Jürgen Habermas, jenem deutschen Philosophen, der viel über die Zivilgesellschaft nachgedacht hat und zumindest dem Namen nach auch in der arabischen Welt bekannt ist – spätestens seit Habermas, der »Pontifex maximus der Aufklärung«,[95] im Jahr 2007 den islamkritischen Papst Benedikt XVI. nach dessen berühmter Regensburger Rede kritisierte.[96]

Für Habermas besteht die Zivilgesellschaft im Kern aus nichtstaatlichen, nichtökonomischen Zusammenschlüssen »und Assoziationen auf freiwilliger Basis«.[97] In dieser Zivilgesellschaft soll eine »zwischen Ökonomie und Staat fungierende öffentliche Kommunikation« stattfinden, worin sich die Staatsbürgerschaft laut Habermas bewähren soll. Die Zivilgesellschaft füllt also ein Vakuum und schaut als Kontrollinstanz, wenn nötig, jenen ausführenden Kräften auf die Finger, deren Handeln die Bevölkerung unmittelbar betrifft. Im Idealfall sorgt sie für Ausgleich zwischen dem, was die staatlichen Institutionen und die Wirtschaft für notwendig erachten, und dem, was die Bürgerinnen und Bürger davon bereit sind mitzutragen. Die Zivilgesellschaft spricht sich durch diejenigen Bürger aus, denen das Gemeinwesen am Herzen liegt und die sich entweder durch ihr Fachwissen, ihr Engagement oder aber die Gewissheit, dass sie die Zustimmung von Teilen der Bevölkerung genießen, legitimiert sehen, vom Staat gehört zu werden. Und zwar auch wenn sie nicht zwingend ein Amt oder ein durch demokratische Wahlen erteiltes Mandat besitzen.

Die Zivilgesellschaft nimmt also Beteiligungsmöglichkeiten wahr. Sie kann, muss aber nicht gewählt sein, und sie vertritt allgemeine Interessen oder die einer bestimmten Gruppe. Sie ist nicht an dieselben Regeln wie Behörden oder Abgeordnete gebunden, genießt aber auch nicht deren Privilegien. Die Zivilgesellschaft ist nicht einmal zwingend demokratisch, aber – so zumindest scheint es Konsens in den meisten westlichen und speziell europäischen Staaten zu sein – ein wichtiger Bestandteil der Demokratie. Mit diesen Merkmalen ist sie der Presse ähnlich, obwohl man ihr zwar selten den Status einer »vierten Gewalt« zuerkennt, aber durchaus darüber diskutiert, inwiefern die Medien auch Teil der Zivilgesellschaft sind.

Am Konzept der Zivilgesellschaft wird manchmal Kritik geübt, etwa weil damit die Vorstellung einhergehe, sie führe zu Eigenverantwortlichkeit, Wachstum und Produktivität, also der Erfüllung liberal-kapitalistischer Werte in der Welt.[98] Andere Kritiker hingegen verweisen darauf, dass die Zivilgesellschaft in den westlichen Gesellschaften die Chimäre einer ansonsten eher desillusionierten Linken sei: Weil sich die Sache mit dem Umsturz und der Arbeiterklasse schlechterdings erledigt habe, müsse nun eine Zivilgesellschaft her, um Herrschaft und Ökonomie einzuhegen und die Verhältnisse zu verändern.[99] So vertritt auch der alte Habermas die Ansicht, dass die Zivilgesellschaft zwar wichtig sei, aber in den meisten Fällen doch zu schwach, um im politischen System »Entscheidungsprozesse umzusteuern«.[100] Zumindest sofern man unter Zivilgesellschaft in erster Linie Bürgerforen und Bürgerinitiativen versteht.

Auch auf die Staaten des Nahen Ostens und weite Teile der islamischen Welt haben Denker ihre Konzepte der Zivilgesellschaft angewendet. Einige Orientalisten des 20. Jahrhunderts vertraten die Ansicht, der Islam stehe der Entwicklung einer Zivilgesellschaft entgegen: Er verhindere – aufgrund politischer und rechtlicher Eigenheiten –, dass sich Gesellschaften außerhalb der religiös legitimierten Ordnung von Herrscher und islamischer *umma* verfassen. Zudem gebe es in der islamischen Tradition auch keine *checks and balances*, etwa durch Organe, welche die Regierungsautorität in Frage stellen und Partizipation durchsetzen könnten. Und schließlich lehne der Islam das Prinzip des Mehrheitsbeschlusses ohnehin ab.[101] Dem widersprechen etliche muslimische Denker, die im Gegenteil den Islam als die Religion der Zivilgesellschaft schlechthin betrachten. Schließlich hätten in muslimischen Gesellschaften mit der Geistlichkeit, den Bruderschaften, Stämmen oder auch Handwerksgilden immer Organisationsformen bereitgestanden, um den Interessen eines Teils der Untertanen Gehör zu verschaffen. Der Prophet Muhammad selbst, so ist immer wieder zu hören, habe mit der Verfassung von Medina[102] einen Gesellschaftsvertrag aufgesetzt. Und dies mehr als 1000 Jahre vor Jean-Jacques Rousseau.

In einer viel beachteten Vorlesung wies schon 2001 der libanesische Jurist Nawaf Salam, früher UN-Botschafter und seit Kurzem Richter am Internationalen Gerichtshof in Den Haag, darauf hin, wie sehr sich die Argumentationsmuster für oder wider die islamische Zivilgesellschaft gleichen. Sie nehmen Bezug auf den Islam vergangener Epochen, während sich die Gesellschaften längst weiterentwickeln, mit der Außenwelt kommunizieren und neue Antworten auf neue Fragen suchen.[103]

Um die Wende vom 20. zum 21. Jahrhundert bestand große Hoffnung darauf, dass sich die Staaten der arabischen Welt globalisieren und liberalisieren würden und die verfasste Zivilgesellschaft – also Vereine und Organisationen – in diesem Prozess eine zunehmend wichtige Rolle übernehmen könnte. Das hat sie dann im Übrigen auch getan, allerdings in einem anderen Sinn als zunächst erwartet.

In mehreren arabischen Staaten trat die alte Garde der Herrscher ab. Unfreiwillig, aber nicht unerwartet. Jordaniens König Hussein starb im Februar 1999 und hinterließ den Thron seinem damals 37-jährigen Sohn Abdullah. Marokkos König Hassan II. folgte im Sommer desselben Jahres und vererbte die Königswürde an Mohammed VI., der zu dieser Zeit 36 Jahre alt war. Ein Jahr später starb der syrische Staatschef Hafiz al-Assad, in dessen Position nun sein Sohn Bashar rückte. Damals noch weniger von westlichen Medien beachtet, aber dennoch nicht unbedeutend waren zudem die Führungswechsel in den Golfstaaten: 1999 hatte in Bahrain Scheich Hamad bin Issa Al Khalifah die Macht übernommen. Nach einer Staatsreform ließ dieser sich 2002 zum König erklären. Er war seinerzeit schon kein Jungspund mehr, aber jemand, dem man Gestaltungswillen und Engagement zutraute. In den Vereinigten Arabischen Emiraten erfolgte 2004 mit dem Tod des Staatsgründers Zayed Al Nahyan ein Führungswechsel zugunsten seines Sohnes Scheich Khalifah bin Zayid; ein Jahr später wurde der – damals bereits betagte – Abdullah bin Abd al-Aziz König von Saudi-Arabien. Der Vollständigkeit halber sei erwähnt, dass Abd al-Aziz Bouteflika 1999 Algeriens Präsident wurde, obwohl er damals schon Anspruch auf Pensionszahlungen gehabt hätte. Innerhalb von weniger als sechs Jahren also hatte in zahlreichen arabischen Staaten ein Wechsel an der Spitze stattgefunden, zumal Saddam Hussein 2003 durch die Koalitionstruppen gestürzt wurde.

Die neue Generation der Herrschenden mochte in Teilen ehrgeizige Pläne zur Erneuerung im Sinn haben, was sich auch auf den Umbau der Wirtschaft, bessere Bildung für die Bevölkerung und Industrialisierung erstreckte. Die international stärker vernetzten städtischen Eliten sollten diese Pläne umsetzen und orientierten sich dabei wiederum an westlichen, europäischen Vorbildern. Woran auch sonst? Die Türkei reifte erst später zum Versuchslabor für ökonomischen und gesellschaftlichen Wandel; Russland galt damals noch als Entwicklungsland, das selbst nach Anschluss suchte, und das langfristig konzipierte chinesische Modell hatte man noch nicht wirklich verstanden.

Also schien es, mit Blick auf die westlichen Vorbilder, irgendwie folgerichtig, dass auch die Zivilgesellschaft in Zukunft irgendeine Rolle übernehmen müsse: Man gründete in einigen arabischen Ländern Nichtregierungsorganisationen (NGOs), die meist gleichbedeutend mit wohltätigen Stiftungen waren, aber auch Thinktanks, an denen mehr oder weniger umfangreiche Forschungen zu gesellschaftlichen Fragen betrieben wurden. Auch kulturelle Einrichtungen und Universitäten in den arabischen Hauptstädten rückten in den Fokus, weil sie vermehrt als Instrumente der internationalen Beziehungen verstanden wurden. Und natürlich wertete man die Handelskammern und Unternehmerverbände auf: Kritische Stimmen aus der Wirtschaft zur Handels- und Investitionspolitik waren selbst in eisernen Regimen wie dem syrischen erlaubt. Und die Vorstände der Kammern fungierten nicht zuletzt als Gewährsleute für ausländische Botschaften, aber auch Investoren.

In diesem Zusammenhang sollte auch der interreligiöse Dialog Erwähnung finden: Arabische Regierungen in den Golfstaaten und im Nahen Osten zeigten am Beginn des Jahrtausends ein verstärktes Interesse daran, ihre religiöse Toleranz gegenüber anderen Religionen im eigenen Land zu demonstrieren. Sie luden Kirchenvertreter aus dem Ausland zu Delegationsbesuchen ein. Mit dem Segen der Regierungen gründeten sich internationale zivilgesellschaftliche Toleranz-Initiativen. Zugleich breiteten sich in den autoritär regierten arabischen Republiken aber auch islamische Stiftungen aus, von denen einige die wahhabitisch-salafistische Weltanschauung teilten. Sie wandten sich neben der Mission auch wohltätigen Zwecken zu und hantierten dabei mit Mitteln aus den Golfstaaten. Sie waren Prediger der Intoleranz, aber zunächst einmal betätigten sie sich ebenfalls als eine Art zivilgesellschaftliche Organisationen und hielten sich fern von Politik.

Aus der Großmut eines muslimischen Herrschers gegenüber seinen schutzbefohlenen Minderheiten leitet sich indes nicht zwingend eine aufgeschlossene Haltung gegenüber Andersdenkenden ab. Das lernten nicht nur diejenigen

Vertreter der Zivilgesellschaft, die sich Anfang der 2000er Jahre im Aufbau von Organisationen engagierten, nachdem sie mitunter voller Optimismus von westlichen Universitäten in ihre Heimatländer zurückgekehrt waren, um etwas zu verändern.

Das Ganze hatte zwar nicht schlecht angefangen, aber wir wissen, wie es ausgegangen ist: Die ersten zehn Jahre des 21. Jahrhunderts wurden zur Dekade des Krieges gegen den Terror. Die Dringlichkeit, Reformen einzuleiten und den Herausforderungen von Bevölkerungswachstum und Globalisierung durch neue Strategien zu begegnen, wurde vielerorts vom Primat der Sicherheit verdrängt. Arabische Regierungen und Regime waren nun wichtige Verbündete im Kampf gegen Al-Qaida und andere destabilisierende Kräfte. Das bedeutet keineswegs, dass westliche Außenpolitik die Zivilgesellschaft währenddessen ignorierte. Zahlreiche arabische Staaten öffneten sich sogar dahingehend. Sie ließen manche Bürgerorganisationen, sofern sie nicht militant waren, gewähren und akzeptierten sie mitunter sogar bereitwillig, sofern diese den Staat kein Geld kosteten, sondern aus dem Ausland unterstützt wurden, und die roten Linien achteten. Und schließlich leisteten diese Organisationen mancherorts, wo der Staat fehlte, Bildungsarbeit oder soziale Dienste.

Die Zivilgesellschaft geriet so allerdings in einen schwer aufzulösenden Widerspruch, der uns umgehend einleuchten muss, wenn wir uns an Habermas erinnern: Einerseits bestätigte man von westlicher Seite die Herrschenden darin, dass sie hart durchgriffen, um dschihadistische Umtriebe zu bekämpfen. Andererseits erwartete man von der Zivilgesellschaft, dass sie, wenn der Kampf gegen den Terror einmal gewonnen sei, der Demokratie zum Siege verhelfen würde, indem sie die Systeme von innen heraus reformiert. So als würden alle schon irgendwann zur Einsicht gelangen, dass die Zeit autoritärer, gewaltbewehrter Herrschaft abgelaufen ist, wenn es Al-Qaida nicht mehr gibt, und sich einem besseren Modell zuwenden. Je mächtiger allerdings der autoritär regierte Staat wurde und je höher die Erwartungen an seine Macht, desto aussichtsloser wurden umgekehrt die Position der Zivilgesellschaft und ihre Versuche, ihm etwas entgegenzusetzen.

Hinzu kommt: Nicht alle zivilgesellschaftlichen Organisationen in der arabischen Welt streben die Einführung von Demokratie oder eines liberalen, an den Weltmarkt angeschlossenen Wirtschaftssystems an. Das galt nicht nur für die Gewerkschaften, sondern auch für einige Unternehmervereinigungen, die, auch wenn mancher Theoretiker sie als Teil der Ökonomie und nicht der Zivilgesellschaft betrachtet, großen Einfluss auf das politische Geschehen ausübten. Im Syrien des alten Assad-Regimes[104] war es der »Basar«, wie man das traditionsbewusste und protektionistische Netzwerk der Kaufleute in den Städten nannte. Sie entstammten meist der konservativ-sunnitischen Mittelschicht. Die Milieus des Basars boten den Muslimbrüdern während ihres Aufstands gegen das Assad-Regime in den 1960er bis 1980er Jahren wertvolle Unterstützung. Streiks und Protestaktionen des Basars hatten die syrische Wirtschaft in einigen Städten derart lahmgelegt, dass der Staat in Zugzwang geriet und die Lage schließlich mit militärischen Mitteln eskalieren ließ.

Später, Anfang des Jahrtausends, als das Assad-Regime sich anschickte, Teile der sozialistischen Wirtschaft zu öffnen und zu privatisieren, übten Unternehmer lautstark Kritik: an Korruption und den neuen, mit dem Regime verbandelten Eliten, die sich wie Raubritter benahmen; aber auch an der Öffnung des Marktes für deutlich billigere türkische Agrarprodukte, die nach ihrem Dafürhalten die Existenz der syrischen Landwirtschaft gefährdete. Das Regime bekämpfte den Basar und paktierte stattdessen mit den wenigen Großindustriellen. Mit der Zeit verlor der Basar auch ökonomisch an Bedeutung. Als 2011 aber der Aufstand in Syrien begann, unterstützten viele sunnitische Kaufleute der Mittelschicht die Opposition und trugen über Jahre zu ihrer Finanzierung bei.

In Tunesien forderten andere zivilgesellschaftliche Akteure den Staat heraus: die »Tunesische Liga für Menschenrechte« etwa, die sich gegen erhebliche Repression und trotz interner Streitigkeiten, was z. B. den Umgang mit Kommunisten, Islamisten und dem Ben-Ali-Regime betraf, behaupten konnte. Sie versuchte, zum Teil erfolgreich, den tunesischen Polizeistaat an seiner einzigen verwundbaren Stelle zu packen: seinem Legalismus und dem damit verbundenen Anspruch, dass jede Verurteilung von Oppositionellen, denen man meist Terrorismus oder Gefährdung der öffentlichen Ordnung vorhielt, juristisch sauber zu sein hatte.

2013 wurde die Liga Teil eines innertunesischen »Dialog-Quartetts« und setzte sich gemeinsam mit dem Dachverband der Gewerkschaften, dem größten Unternehmerverband und der Anwaltskammer für einen Ausgleich zwischen Islamisten und anderen politischen Kräften ein. Andernfalls drohte das Szenario eines Bürgerkrieges. Diese erfolgreiche Initiative aus der Zivilgesellschaft wurde 2015 gar mit dem Friedensnobelpreis ausgezeichnet.

Als um den Jahreswechsel 2010 und 2011 die Proteste losbrachen, die man später den Arabischen Frühling nennen sollte, entstand der Eindruck, junge, gebildete, digital vernetzte Araber hätten diesen Umbruch vorbereitet: Der Begriff der »Facebook-Revolution« war geboren, weil die Sozialen Medien sich als effizientes Werkzeug zur Mobilisierung der Proteste erwiesen. Dabei geriet allerdings schnell die Vorgeschichte der Bewegungen in Vergessenheit: Im Jahr 2008 hatten Phosphat-Minenarbeiter im Gouvernement Gafsa im tunesischen Hinterland fast drei Monate lang gegen schlechte Arbeitsbedingungen und die Vetternwirtschaft des Regimes Ben Ali protestiert. Es waren die schwersten sozialen Unruhen seit den 1980er Jahren gewesen – mit vier Toten und Dutzenden Verurteilungen. Der Widerstand der Arbeiter begeisterte die verfasste Zivilgesellschaft in den Städten, die sich ihrer Sache anschloss. Nicht umgekehrt.

In Ägypten entstand um das Jahr 2004 eine lose Protestbewegung namens *Kefaya* (»genug«), deren Angehörige zum Teil schon für Solidarität mit den Palästinensern, gegen den Irakkrieg 2003 und für andere Belange auf die Straße gegangen waren. Nun verlangten sie, dass der bereits gealterte Präsident Mubarak sein Amt keineswegs, wie es sich damals darstellte, auf seinen Sohn Gamal übertragen dürfe. Letzterer galt als gieriger und korrupter Geschäftsmann, der besonders von der zunehmenden Öffnung der ägyptischen Märkte profitierte. Unangenehm für die Staatsmacht wurde es allerdings erst, als 2006 in der ägyptischen Industriestadt Al-Mahallah al-Kubra Proteste der Textilarbeiter aufflammten: Erst ging es, was dem Regime noch hätte gefallen können, um den Islam und die dänischen Muhammad-Karikaturen. Dann aber um die schlechten sozialen Zustände. Und schließlich um die staatliche Repression. Bis zum Vormärz des Arabischen Frühlings in Tunesien und Ägypten im Jahr 2010 gab es immer wieder Streiks und Proteste, die sich immer besser organisierten. Dann erst kam Facebook als Instrument hinzu.

Wer während der Proteste des Arabischen Frühlings in den Ländern des Umbruchs unterwegs war, hat gesehen, wie viele unterschiedliche Gruppen dort gemeinsam ausharrten und marschierten: Islamisten, Feministen, Hipster, Industriearbeiter. Der alte Peter Scholl-Latour äußerte sich in deutschen Talkshows sehr kritisch über das Konzept der »Facebook-Revolution«: Die Macht sei eine Frage von Kanonen, die man habe oder nicht. Und für eine Revolution brauche man »Schläger und Ganoven« und keine jungen Leute, die »Freunde schaffen« über Facebook.[105] Die Bemerkung war natürlich überspitzt und bewies einmal mehr, dass Scholl-Latour mehr von Artilleriegeschützen als von Algorithmen wusste. Aber auch wenn man über das Verhältnis von Kommunikation und Aktion in einer Revolution lange diskutieren kann, fehlte tatsächlich etwas in dieser Gleichung: das, was man früher wohl das »Lumpenproletariat« nannte. Zigtausende harte, leidgeprüfte Menschen, die irgendwann in schier unendlichen Mengen aus den Vorstädten auf die Plätze der Metropolen strömten, sich vor der Staatsgewalt in Stellung brachten und nicht von der Stelle wichen, als man sie mit Tränengas bewarf oder mit Panzerrohren versuchte einzuschüchtern.

Riskierten diese Unbekannten tatsächlich ihr Leben, um der parlamentarischen Demokratie zum Siege zu verhelfen? Nicht auszuschließen, aber der Slogan »Brot, Freiheit, Würde« traf den Minimalkonsens wahrscheinlich besser. Es bot sich damals die Gelegenheit, etwas zu verändern und Teil von etwas Größerem zu sein: Macht über die Macht auszuüben. Sie waren nicht einmal organisiert, sondern einfach da. Und viele. Hat die Plebs nun das Recht, sich als Zivilgesellschaft zu betrachten, auch wenn sie nicht im Vereinsregister steht?

Die Herrschenden in den meisten arabischen Ländern scheinen diese Unterscheidung nicht zu treffen. Der Arabische Frühling hat ihnen die Gefahr für die Fundamente ihrer Ordnung vor Augen geführt – ein *perfect storm*, der sich auftürmt, wenn sich bestimmte Kräfte bündeln und in einer Vorwärtsbewegung überlagern: Organisationen, die mit dem Ausland in Kontakt stehen und so in der Lage sind, ihre Ziele und Bedürfnisse in einer demokratiekonformen Sprache zu kommunizieren; wirtschaftliche Interessengruppen, die den Günstlingen autoritärer Regime ihre Pfründe streitig machen; marginalisierte Schichten, deren prekäre Lebensumstände zu einer hohen Risikobereitschaft führen – wer nichts hat, dem kann man nichts nehmen. Und in allen drei Lagern, die zunächst außer einer unbestimmten Ablehnung der bestehenden Verhältnisse wenig Gemeinsamkeiten haben, fanden sich im Übrigen auch islamische Gruppierungen wieder, welche den bestehenden Machtverhältnissen mit religiösen Argumenten die Legitimation absprachen.

Eine solche Überlagerung der gesellschaftlichen Kräfte kann kein Regime überstehen, es sei denn, es gelingt ihm rechtzeitig, einige dieser Kräfte aus der Interessenallianz herauszulösen oder ihnen eine Macht entgegenzusetzen, die stark genug ist, um eine oder mehrere von ihnen zu absorbieren – möglichst eine, die dabei nicht nur als Diener, sondern auch im eigenen Interesse handelt. In Ägypten kam diese Aufgabe dem Militär zu, das einerseits über genügend Einfluss auf die Bevölkerung verfügte und andererseits die bestehenden wirtschaftlichen Strukturen tief durchdrungen hatte – mit eigenen Industriebetrieben und Beteiligungen.

Wer also das Zusammenwirken von verschiedenen Kräften der Zivilgesellschaft im Arabischen Frühling betrachtet, dürfte wenig überrascht über die Art und Weise sein, wie die Kräfte der Restauration heute mit ihr verfahren: ein bewährtes, inzwischen nur rigider angewandtes System aus Repression und Übernahme. Im Machtkalkül kann es da irrelevant werden, ob sich eine zivilgesellschaftliche Gruppe für Dinge einsetzt, gegen die kein vernünftiger Zeitgenosse etwas haben kann, wie Naturschutz oder Kampf gegen Kinderarbeit. Oder ob sie wahhabitische Sozialtheorie lehrt. Ihr Schadenspotenzial bemisst sich nicht an ihrer Satzung, sondern an ihren Möglichkeiten, eine kritische Masse von gesellschaftlichen Kräften hinter sich zu vereinen.

Aus eben diesem Grund sehen sich mitunter harmlos erscheinende zivilgesellschaftliche Gruppen sogar dem Vorwurf der Unterstützung von Terrorismus *(irhab)* ausgesetzt, den autoritär regierte arabische Staaten meist anders definieren als West- und Mitteleuropäer. Erstere setzen Terrorismus oft schon mit dem Vorhaben gleich, die bestehende staatliche Ordnung anzugreifen oder mittelbar zu ihrer Unterminierung beizutragen: Wer sich also in Ägypten öffentlich gegen die Todesstrafe für inhaftierte Muslimbrüder ausspricht, betreibt demnach Terrorpropaganda. Wer sich in Saudi-Arabien öffentlich als Atheist bezeichnet, stellt die Gültigkeit des saudischen Grundgesetzes, des Korans, in Frage.

Die arabische Zivilgesellschaft entwickelt sich heute in Nordafrika und im Nahen Osten auf sehr unterschiedliche Weise. Gerade deshalb scheint es notwendig für alle, die in Zukunft mit ihr kooperieren wollen, das Verhältnis neu zu definieren. Dazu gehört zum einen, sie nicht im Stich zu lassen und mit ihr weiterhin Beziehungen zu pflegen. Zum anderen aber auch, den Begriff »Zivilgesellschaft« nicht nur auf NGOs, sondern auch auf andere nichtstaatliche Akteure zu erweitern: Das können Stämme und Familienverbände sein, akademische Zirkel oder informelle Netzwerke wie die Ritter der syrischen Tafelrunde, denen wir im vierten Kapitel begegnet sind. Es mag mühsam sein, weil solche Kräfte schwerer greifbar und zu kategorisieren sind. Tut man das nicht, wird man nur einen kleinen Teil gesellschaftlich relevanter Kräfte überhaupt wahrnehmen. Damit einher muss aber auch die Erkenntnis gehen, dass die Vertreter der Zivilgesellschaft (auch) in der arabischen Welt nicht *par défaut* die Guten sind.

Warum nun sollte die arabische Zivilgesellschaft überhaupt gestärkt werden? Und warum wäre die Zusammenarbeit mit ihr für Europa ein erstrebenswertes Ziel? – Weil wahrscheinlich nur diese gesellschaftlichen Kräfte eine realistische Chance haben, die vier Geißeln der arabischen Welt zu besiegen, die wir in den vorhergehenden Kapiteln identifiziert haben: Despotismus, Sektarismus, religiös verbrämter Extremismus und ökonomische Perspektivlosigkeit. Die Legitimationskrise des Staates und die Auflösung staatlicher Strukturen, die wir im Verlauf des vergangenen Jahrzehnts beobachten konnten, haben uns nicht zuletzt vor Augen geführt, dass die staatliche Obrigkeit diese Probleme nicht ohne die Zivilgesellschaft wird beheben können. Und auch bei der Bewältigung einer Herausforderung, die nicht den Nahen Osten allein, sondern die ganze Welt betrifft, wird man wohl noch von ihr hören.

DREIZEHNTES KAPITEL

… in dem ein Zukunftsprofessor eine digitale arabische Welt erntwirft und so womöglich den Angriff der Killer-Roboter verhindert

Ich weiß nicht, wie der Plural von Messias lautet. Messiasse vielleicht. Oder, wie im Hebräischen, *mashiakhim*? Zu Beginn war wohl nicht vorgesehen, dass es davon mehrere geben sollte. Aber wer sich Geschichte und Gegenwart des Nahen Ostens anschaut, muss feststellen, dass dort inzwischen verschiedene erwartet werden. Die Dschihadisten freuen sich schon auf die große Endzeitschlacht und den Krieg gegen Ungläubige und Juden – dafür, so glaubt man, sei der Staat Israel gegründet worden. Volksfromme Schiiten fiebern der Wiederkehr des Mahdi entgegen, jenes Imams, der vor rund 1000 Jahren entrückt wurde und der die Menschheit eines Tages retten soll. Und auch fromme Juden oder evangelikale Christen können es eigentlich kaum erwarten, dass sich endlich das höchste aller Gerichte, namentlich das Jüngste, mit dem Heiligen Land und seiner Nachbarschaft befasst: eine Streitsache, in der nach all den Jahren mit einem Vergleich ohnehin nicht mehr zu rechnen ist.

Alle diejenigen aber, die sich nicht auf die zukünftigen

Erlöser allein verlassen möchten und die sich fragen, was sie stattdessen zur Rettung des Nahen Ostens beitragen können, kommen nicht umhin, sich mit dessen wirtschaftlicher Zukunft zu beschäftigen. Und ein wenig in Szenarien zu denken.

Mit dem Schlagwort »Digitalisierung« wissen auch hierzulande viele Menschen wenig oder gar nichts anzufangen – trotz der gefühlten Wichtigkeit des Themas. Wahlen lassen sich damit schon gar nicht gewinnen. Politiker versuchen mitunter, den Blick nicht auf die digitale Veränderung, sondern auf deren unheilvolle Konsequenzen für den Arbeitsmarkt zu lenken: Roboter als Jobkiller. Das ist etwas, was man sich vorstellen kann. Weithin überwiegt also die Sorge vor der Digitalisierung und ihren Folgen; der Optimismus harrt noch geduldig in der letzten Reihe aus und wartet darauf, dass man ihn nach vorne bittet.

Für den Nahen Osten, die arabische Welt und ihre unmittelbaren Nachbarn könnte diese globalwirtschaftliche Entwicklung, also die Verlagerung von industrieller Produktion und Organisation des menschlichen Gemeinwesens, noch drastischere Folgen haben als für Deutschland und Europa. Weil man genügend andere Probleme hat, andere Prioritäten, aber auch, weil die meisten politischen Führer in den arabischen Ländern sich schlechterdings nicht für Trends interessieren. Und erst recht nicht für die Technikflausen ihrer jüngeren Staatsbürger: Die sollen erst einmal graue Schläfen bekommen, so die traditionelle Haltung, eine Familie gegründet und dem Staat gedient haben, bevor man sie reden lässt. Das Nachdenken über die Zukunft muss man sich leisten können. Und es lässt sich bequem auch mit dem Argument vom Tisch schieben, die Zukunft liege doch eher in Allahs Hand. Ein Frevler, wer das Schicksal, das im Großen Buch geschrieben steht, manipuliert.

Der Nahe Osten, Nordafrika und die arabische Welt geben natürlich kein einheitliches Bild ab, was digitalen Fortschritt anbetrifft: Israel etwa steht auf einem digitalen Niveau, das Deutschland im Vergleich wie ein Entwicklungsland aussehen lässt. Einige der reichen Golfstaaten investieren massiv in digitalen Ausbau, in Roboter, künstliche Intelligenz und – natürlich – digitale Überwachungstechnologie.

In den Vereinigten Arabischen Emiraten gibt es sogar ein Ministerium für »Kabinettsbelange und die Zukunft«. In Dubai ist für 2019 die Eröffnung eines »Museums der Zukunft« geplant: Der torusförmige, silberne Bau mit kalligrafischen Inschriften – von manchen großspurig als einer der »komplexesten« Entwürfe der Welt gefeiert[106] – soll ein Wahrzeichen werden und weithin sichtbar bezeugen, dass dieses Land nach vorne blickt.

Beirut oder Amman sind Städte mit einer verhältnismäßig jungen Bevölkerung, die technologiebegeistert ist. Die Bildung ihrer Bewohner steht – insbesondere, was den Libanon betrifft – in einem krassen, wenn nicht skandalösen Gegensatz zum mitunter erbärmlichen Zustand der öffentlichen Infrastruktur, von der Verwaltung ganz zu schweigen. Aber auch der Staat hat zumindest das Potenzial der »Wissensökonomie erkannt«: 2015 legte die libanesische Zentralbank ein Kreditprogramm für Banken auf, das es ihnen ermöglicht, in hoch verzinste Staatsanleihen zu investieren, wenn sie zugleich einen Teil des Geldes für Start-ups zur Verfügung stellen. Trotz zahlreicher Kritik und Mängel macht das Beispiel des »Circular 331« genannten Verfahrens in der arabischen Welt Schule.[107]

In Casablanca, Tunis, Kairo oder Alexandria entstehen jedes Jahr neue, digitale Start-ups. Selbst im sozialistischen Planstaat Algerien treibt die Szene Blüten: Um soziale Unruhen und Proteste im Arabischen Frühling abzuwettern, legte die Führung ein Programm auf, das Gründerinnen und Gründern umgerechnet je bis zu 70 000 Euro Finanzierung bereitstellt. Und sogar die – freilich nicht zur arabischen Welt gehörenden – Iraner, deren sanktionsbedingte Isolation den Zugang zu Kapital, Technologie und Märkten nicht eben erleichtert, halten Anschluss an das Weltgeschehen. Sie gründen erfolgreiche Start-ups und schauen dabei zunehmend auf die asiatischen Märkte.

Dennoch: Die arabischen Staaten gehören insgesamt und soweit bisher absehbar nicht zu den Gewinnern der Globalisierung der Wirtschaft. Insbesondere in den arabischen Republiken sind die Strukturen verkrustet und auf den öffentlichen Sektor ausgerichtet. Schlechterdings hatten nur wenige Familien, meist aus dem Umfeld autoritärer Herrscher und des Militärs, Zugang zu Ressourcen und auch zu lukrativen Joint-Ventures und internationalem Kapital: Anfang des 21. Jahrhunderts wurden, etwa in Tunesien oder Ägypten, Märkte geöffnet und die Beschäftigungsverhältnisse liberalisiert, wie es internationale Konzerne, die Weltbank, der Internationale Währungsfonds, aber auch ausländische Regierungen gefordert hatten. Wer gehofft hatte, dass dies Armut, Vetternwirtschaft, Korruption oder gar den Despotismus eindämmen würde, wurde bald eines Besseren belehrt. Zum Teil schienen sie sich eher mit den bekannten Effekten der Globalisierung zu potenzieren. Und vom Import billiger Konsumprodukte profitierten ebenfalls nur wenige. Die Proteste des Arabischen Frühlings wandten sich wegen dieser Schieflage dort auch zunächst gegen die empfundene soziale Ungerechtigkeit und mündeten erst später in Forderungen nach Absetzung der Herrscher.

Es steht nun zu befürchten, dass digitale, also robotische, Produktionsprozesse und maschinelles Lernen die Effekte der Globalisierung noch verstärken. Sie könnten die arabischen Nationalstaaten unter Druck setzen und den noch verbliebenen inneren Zusammenhalt dieser Gesellschaften vollständig zersetzen.

Am Ende landet man bei einem Szenario, wie es der im Frühjahr 2018 im Alter von nur 54 Jahren verstorbene ägyptische Autor Ahmad Khaled al-Tawfik beschreibt: In seinem Roman *Utopia*, der in Wirklichkeit keine U-, sondern eine Dystopie abbildet, lebt eine seelisch und moralisch degenerierte Rest-Elite in einer abgeschotteten, technologisch entwickelten *gated community*. Deren einziger Kontakt mit dem Pöbel da draußen besteht in gelegentlichen Jagdausflügen: Gejagt werden dabei allerdings Menschen.[108]

Solche Visionen machen nicht gerade Lust darauf, sich mit den Folgen der Digitalisierung für die arabischen Ökonomien zu befassen. Aber einige wenige tun es eben doch, etwa Ayad al-Ani, ein deutsch-irakischer Ökonom und Organisationsforscher in Wien. Als Doktor der Politikwissenschaft mag er *a priori* im Verdacht stehen, sich bei Prognosen zur Zukunft der arabischen Welt zu irren. Aber al-Ani ist so etwas wie die Wiederkehr eines abbasidenzeitlichen Universalgelehrten, wie ihn das Internet-Zeitalter heute wieder möglich gemacht hat: Er ist ehemaliger Rektor einer Berliner Wirtschaftshochschule, zweifach promoviert in Politologie und Wirtschaft und berät als Fachmann für digitale Transformation große Unternehmen. Der Sohn eines irakischen Diplomaten, den Saddam Hussein einst als OPEC-Botschafter nach Wien entsandte, trägt die arabische Welt im Herzen. Und die für seine Szenarien und Prognosen unverzichtbare historische Perspektive stellt er durch wissenschaftliche Werke wie *Die Araber als Teil der hellenistisch-römischen Welt* unter Beweis – weiß der Himmel, wann er die auch noch schreibt.[109]

Al-Ani ist Mitgründer einer Initiative, die sich *Digital Arabia* nennt und sich für ein neues vernetztes Denken in der arabischen Welt engagiert. Es soll diejenigen Menschen und Institutionen zusammenbringen, welche die Digitalisierung nicht wie ein Schicksal auf sich zukommen lassen wollen, sondern sie entweder gezielt vorantreiben oder sich und ihre Gesellschaften zumindest darauf vorbereiten. Al-Ani geht davon aus, dass ein Scheitern der Digitalisierung in den meisten arabischen Staaten »apokalyptische No-go-Areas« hervorbringen werde: Mauern, Drohnen und Kampfroboter würden dann die verbliebenen Reichen und Mächtigen vor den anderen schützen und so eine ungewollte Migration in ihre Enklaven verhindern.[110]

Eine solche Entwicklung, so glaubt al-Ani, sei allerdings kein unentrinnbares Schicksal. Nur werde das Zeitfenster kleiner, innerhalb dessen man eine Strategie zum Erfolg führen könne, weil die globale digitale Entwicklung nun einmal voranschreitet und die arabische Welt deren Folgen wohl oder übel zu spüren bekommt. Eine solche Strategie aber muss man erst einmal haben.

Wie viele Ökonomen geht al-Ani zunächst davon aus, dass die virtuelle Organisation von Produktion und Handel, also Plattformen, die Wirtschaft in Zukunft bestimmen.

Diese Plattformen vermitteln den Zugriff auf Hersteller und Abnehmer, sie sammeln und verarbeiten Daten, verfeinern ihre Angebote mit Algorithmen. Sie bieten aber auch die notwendigen Blaupausen zum Download für die digital vernetzte lokale Produktion komplexer Waren, die etwa heute schon nach Bedarf mit 3-D-Druck-Verfahren hergestellt werden, als serielle Maßanfertigungen. »Für die arabischen Akteure stellt sich also die Frage, ob sie nur Zulieferer derartiger Plattformen sein werden – und damit keinen oder einen limitierten Zugang zu Daten haben – oder ob sie auch eigene Plattformen besitzen werden, die regionale, aber vielleicht auch globale Geltung haben werden«, sagt al-Ani.[111]

Derzeit sieht es so aus, als würden US-amerikanische und chinesische Plattformen den Weltmarkt unter sich aufteilen. Die Europäer könnten in einem solchen Szenario zu reinen Zulieferern werden, obwohl sie theoretisch das Know-how, den gemeinsamen Markt und das Investitionskapital hätten, um dabei größer mitzuspielen. Für die arabische Welt gestaltet sich das schwieriger, ausgeschlossen ist es aber nicht.

Die gemeinsame arabische Sprache bildet eine Grundlage für die Entstehung eines Wirtschaftsraums mit derzeit rund 450 Millionen Einwohnern, von denen rund die Hälfte unter 25 Jahren alt sind. Sie böte also dafür nicht die schlechtesten Voraussetzungen. Was, wenn es im Zeichen der wirtschaftlichen Entwicklung gelänge, zumindest einen Großteil der arabischen Staaten in Nahost und Nordafrika zusammenzurücken, Zollschranken abzubauen, Standards zu vereinheitlichen und gemeinsam Kapital bereitzustellen?

Zunächst, in einer Übergangsphase der Wirtschaften, böten sich laut al-Ani einige Chancen für die südlichen und südöstlichen Anrainer des Mittelmeers, die ihr wirtschaftliches Heil bisher vor allem in billiger Lohnarbeit suchten: Sie sind Zulieferer, etwa für die Automobilindustrie, betreiben aber auch verarbeitende Industrien, in denen sich der Gewinn des Unternehmens durch besonders niedrige Löhne für verhältnismäßig viele Menschen steigern lässt. Dadurch hat die Bevölkerung Arbeit, der Anteil der Gesellschaften an dem Kuchen, den die Ökonomen die Wertschöpfung nennen, ist aber eher gering. Zudem ist man abhängig von ausländischen Investoren, die ihre Kosten-Nutzen-Rechnungen anhand des weltweiten Angebots an Arbeitskraft entwickeln.

Länder wie Tunesien, Marokko und Ägypten sind nahe dran am europäischen Markt und produzieren billig. Dieser Standortvorteil wäre durch maschinelles Lernen und voll automatisierte Fertigungsprozesse zunächst einmal bedroht, da die Roboter, nach relativ hohen Einstiegsinvestitionen, im Preiskampf um die Lohnstückkosten auch den ärmsten und billigsten Fließbandarbeiter ausstechen. Die Transportkosten in die heimischen, europäischen Märkte kann man sich dann auch sparen – und für die globalen Exporte fällt der Standort ebenso wenig ins Gewicht.

Genau dieser Unterschied könnte sich durch die Digitalisierung der Produktion aber womöglich zweifach nivellieren. Dann nämlich, wenn tatsächlich eintreffen sollte, was einige Experten prophezeien: dass die klassische massenhafte Fabrikherstellung an Bedeutung verliert und von dezentralen Verfahren wie 3-D-Druck verdrängt wird.[112]

Diese technologische Entwicklung wird natürlich auch in den Nachbarstaaten der Region die Wirtschaft und den Arbeitsmarkt verändern, insbesondere in der Türkei, die auf Fertigung und Export von Industrieprodukten setzt und in den arabischen Staaten Absatzmärkte findet. Die Ökonomin Beyza Sumer etwa warnt vor einem Dilemma: Der Staat müsse einerseits Beschäftigung im großen Stile fördern, andererseits technologische Innovation, die die Beschäftigung gefährdet, insbesondere, was die Routine-Tätigkeiten anbelangt.[113]

Diejenigen Staaten – und das gilt auch für die arabischen –, in denen es aber eine kritische Masse an gut ausgebildeten, digitalaffinen jungen Menschen gibt, könnten sich in der Zwischenphase als Dienstleister behaupten. Digitale Billiglohnländer gewissermaßen. Denn auch Maschinen müssen noch vom Menschen lernen, mit Daten gefüttert und gewartet werden.

Ayad al-Ani geht darüber hinaus davon aus, dass arabische Gesellschaften in dieser Zwischenphase der Entwicklung auch andere Nischen besetzen können: den Transport, die Vermarktung und die Anpassung von Technologien etwa, die in Europa oder Amerika auslaufen, aber durchaus noch ihren Zweck erfüllen.

Jeder, der schon einmal in Beirut in einem Mercedes-Taxi der Baureihe »Strich-Achter« gesessen oder sich gewundert hat, wie es ein Peugeot 505 Baujahr 1979 mit zwei zusätzlich eingebauten Rückbänken noch täglich von Kairo nach Alexandria schafft, kann sich das bildlich vorstellen: Aus gutem Material holen arabische Mechaniker eben noch einiges heraus. Umweltfreundlich mag das vielleicht nicht sein, aber zu der manchmal etwas leidigen deutschen Diskussion über »Nachhaltigkeit« könnten sie einiges beitragen.

Möglicherweise, so erklärt al-Ani, werde es auch gelingen, einem in den arabischen Republiken bekannten, aber lange in Verruf geratenen Produktionswesen neues Leben einzuhauchen: Das Modell der Genossenschaft werde durch die digitalen Plattformen wieder interessant, denn die könnten sich dann in kollektivem statt in individuellem Besitz befinden, womöglich sogar im Besitz großer Familien oder Stämme. Mit der Genossenschaftlichkeit sozialistischer Planwirtschaft hätte das nicht mehr viel zu tun.

Übertrieben optimistisch, dass die arabischen Staaten die digitale Wende in dem verbliebenen kritischen Zeitfenster vollziehen werden, ist allerdings auch al-Ani nicht. Aber in seinen Forschungen kommt er zu einem erstaunlichen Ergebnis: Wenn sie gelingen soll, müssten die staatlichen Strukturen sich dieser Entwicklung zuerst anpassen, als Voraussetzung dafür, ihre Wirtschaft und Gesellschaft in die Digitalisierung zu führen: »Sie müssen ebenfalls zu Plattformen migrieren, auf denen relevante Akteure aufgabenbezogen verbunden und unterstützt werden«, schreibt der Zukunftsprofessor.[114] Vorreiterin soll dabei ausgerechnet eine Instanz sein, die schlechthin wie keine andere die Rückständigkeit dieser Staaten verkörpert: die Verwaltung.

Wer einen Tag seines kurzen Lebens auf einer ägyptischen Meldebehörde vergeudet, um seine Aufenthaltserlaubnis zu verlängern, wer schon einmal auf einer verrauchten jordanischen Polizeistation hockte, um einen Verkehrsunfall zu klären, oder auch nur einen Mobilfunkvertrag im Libanon abschließen wollte, wird sich das kaum vorstellen können: Formulare über Formulare, seltsame Gebührenmarken, unbesetzte Schreibtische, ein einschläfernd monotoner, zweitaktiger Rhythmus der Stempel auf Papier. Die berüchtigte arabische Verwaltung als Innovationsmotor? Der post-osmanische Bürohengst als *Role Model* für technologische Avantgarde?

Al-Ani hält das gar nicht für so unwahrscheinlich. In einer Gesellschaft, die derart vom Verwaltungswesen dominiert sei und in welcher die staatlichen Strukturen als einzige etwas flächendeckend durchsetzen können, müsse der Staat voranschreiten. Und er könne es auch.[115] Darüber hinaus werde es unter Umständen sogar leichter, ein vernetztes, digitales Arbeiten dort einzuführen, wo noch so gut wie keine Digitalisierung stattgefunden habe. Anders stehe es mit Systemen, die technologisch bereits modernisiert, aber auf halber Strecke stehen geblieben seien. So wie manche Verwaltungen in Europa.

Werden dank der Digitalisierung irgendwann die Menschen in entlegeneren, verarmten Zonen Tunesiens, Jordaniens, in Gaza oder Ramadi im westlichen Irak eine neue wirtschaftliche Perspektive finden? Werden sie durch technologische Innovation ihre Landwirtschaft nachhaltiger, ihre Bildung wertvoller und ihre medizinische Versorgung zuverlässiger gestalten? Verspricht die Digitalisierung wirkliche Alternativen zu den bisherigen Antworten: Schmuggel, Kriminalität, Ausbeutung seiner selbst und anderer, zu Migration in die Slums der Großstädte und über das Mittelmeer?

Angesichts der derzeit verfügbaren, äußerst unbefriedigenden Antworten auf die ökonomischen Herausforderungen der Region scheint es die Mühe wert, sich weiterhin in diese Richtung zu entwickeln. Die ressourcenstarken Golfstaaten müssten bei diesem Prozess in der Region gewiss vorangehen. Sie können in den Aufbau digitaler Strukturen investieren und es dadurch für andere leichter und erschwinglicher machen zu folgen. Und der Aufbau digitaler Plattformen, über die nicht nur die staatlichen Behörden, sondern mit ihnen auch die Bürger, die Unternehmen und die Zivilgesellschaft in den Dialog treten, würde die arabischen Staaten sogar dem ein Stück näher bringen, was die europäischen Geber von Entwicklungsgeldern immer wieder fordern: *Good Governance*, eine effiziente Gestaltung des Staats und seiner Institutionen unter Einbeziehung von Wirtschaft und Gesellschaft.

Bemerkenswert ist daran ebenfalls der Umstand, dass ein »digitales Arabien« nicht einfach an den Staatsgrenzen haltmachen müsste, sondern auch Staaten und Gesellschaften untereinander verbinden kann. Ein solches gesamtarabisches Netzwerk wäre eine wirkliche Innovation. Die arabischen Länder könnten sich hier nicht eines europäischen Modells bedienen, das sie einkaufen und kopieren, denn ein solches Modell gibt es in Europa bisher noch nicht. Und angesichts der derzeitigen Zustände des europäischen Projekts gilt die Wette, dass es in absehbarer Zeit auch nicht entstehen wird.

Folgt man der These Ayad al-Anis, wonach es besser ist, mit der Planung eines digitalisierten Staatswesens bei null anzufangen, anstatt zu versuchen, ein schlecht laufendes System anzupassen, könnte die Gelegenheit nicht besser sein. Denn einige arabische Staaten sind, was ihre Leistungsfähigkeit betrifft, inzwischen bei null angekommen.

Wer Fortschrittsglauben predigt und digitalen Optimismus versprüht, kann das allerdings nicht vorbehaltlos tun: Das sollte eine Lehre aus dem durchwachsenen Ergebnis der Marktöffnung und Liberalisierung in den arabischen Republiken sein. Die Geister, die man ruft, wird man nicht so einfach wieder los – und nach Moral fragen sie auch nicht unbedingt. Wo autoritäre oder autokratische Regierungen am Werk sind, ist Missbrauch vorprogrammiert. Wie zu allen Zeiten nutzen die Herrschenden die Innovation zuallererst, um Krieg zu führen, ihre Macht zu sichern, zu überwachen und zu strafen.

Der Einwand also, dass viele arabische Regime die Digitalisierung vor allem für ihre machtpolitischen Interessen nutzen würden, wäre nicht unberechtigt. Allerdings sollte man einen entscheidenden Unterschied zwischen der arabischen Welt und unseren Breiten nicht übersehen: In Ländern, wo die Regierungen es sich leisten können, etwa in Saudi-Arabien, den Emiraten, Katar oder Bahrain, steht ihnen ohnehin in absehbarer Zeit genügend Technologie zur Verfügung, um ihre Untertanen nahezu vollkommen zu überwachen. In Ägypten oder Syrien wird dies zum Teil noch analog erledigt – weniger effizient, aber dennoch wirkungsvoll, von Abertausenden Spitzeln und von personalstarken Geheimdiensten, die inzwischen auch vermehrt Zugriff auf raffinierte digitale Technologien haben. Es besteht also, wenn man so will, ein beachtliches digitales Gefälle zwischen dem Überwachungswesen und allen anderen Branchen. Ein Gefälle, das von einer flächendeckenden Digitalisierung zumindest nicht verstärkt wird, wenn Letztere ihr nicht sogar entgegenwirkt.

Und an dieser Stelle kommt eine neue Spezies ins Spiel: In junge Unternehmensgründerinnen und -gründer, in arabische Start-ups, hat die europäische Entwicklungshilfe über Jahre große Hoffnungen gesetzt. Sie sollen den unbeweglichen Staaten die Arbeit abnehmen, zu Jobmotoren werden und die Wirtschaft in ihren Heimatländern nach vorne bringen. Die Hoffnungen, die man in die Generation Start-up setzt, sind nicht unbegründet. Es sind nur die falschen. Die ihr zugedachte Aufgabe kann sie nicht erfüllen. Dafür aber eine andere, nicht weniger bedeutende.

Ahmad al-Hidiq wäre gern Basketball-Profi geworden. Er war vielleicht nicht groß genug dafür; und mit dem Reisen gab es auch andauernd Probleme, als staatenloser Palästinenser. Der Zustand, nicht dorthin zu können, wo man gerade sein möchte – und eigentlich auch sein müsste –, war eine prägende Erfahrung für ihn.[116] Es ist ein Zustand, der manchmal Leben kosten kann, etwa wenn eine Verletzung oder Krankheit nicht früh genug diagnostiziert wird. Gemeinsam mit seinem Bruder Saleh gründete Ahmad al-Hidiq, der zuvor an der amerikanischen Universität Beirut Informatik studiert hatte, eine der ersten Telemedizin-Plattformen des Nahen Ostens: *HeyDoc!* ist eine Art Dating-App für Ärzte und Patienten, auch solche, die in entlegenen Regionen leben und wahrscheinlich nicht jedes Jahr beim Dermatologen zur Hautkrebs-Vorsorge erscheinen. Inzwischen leben die Brüder Hidiq in Dubai; sie hatten rasch internationale Investoren für ihr Projekt an Bord geholt. In den Golfstaaten mangelt es nicht unbedingt an finanziellen Mitteln, aber so ein Arztbesuch ist dort manchmal eine aufwendige Sache, erst recht, wenn es um weibliche Patienten geht.

Ein Problem, das *HeyDoc!* noch nicht lösen konnte, war, wie arme Menschen in entlegenen Gebieten für ihre ärztliche Betreuung zahlen. Eine flächendeckende oder gar grenzübergreifende Versicherung gibt es in den meisten Ländern der Region nicht, die nationalen Versorgungsstrukturen sind oft in einem schlechten Zustand. Jeder Staat fährt sein eigenes Gesundheitsprogramm; Ärzte werden bar bezahlt, zumindest von denjenigen, die es sich leisten können. Hidiq wollte das System, wie er selbst sagt, »demokratisieren« und globaler denken. Wenn man innerhalb eines Landes nicht den passenden Mediziner für eine Anfrage findet, warum nicht auf einen weltweiten Datenpool zugreifen? Die Wahrscheinlichkeit würde steigen, ein *Match* zu finden.

Hidiq gründete eine Initiative namens *Salamtek*: Sie ging auf Ärzte zu und überzeugte sie, einen Teil ihrer Zeit *pro bono* zur Verfügung zu stellen, etwa um syrische, in Lagern lebende Flüchtlinge telemedizinisch zu behandeln. Ein Schönheitschirurg in Beirut, der gerade an einer versnobten Dame die fünfte plastische Busen-OP in Folge durchgeführt hat und nun womöglich an seinem hippokratischen Eid zweifelt, kann sich dort für eine Stunde einloggen und so etwas Gutes tun. Und gerade junge Ärzte, die noch Wissen und Erfahrung sammeln, nutzen gern die Gelegenheit, beim Kaffee vor dem Spätdienst noch einen exotischen Hautausschlag zu diagnostizieren. Womöglich einen, für dessen Begutachtung sie sonst eine Reise an den Oberlauf des Nils unternehmen müssten. »78 Prozent aller medizinischen Behandlungsfälle weltweit werden als Nicht-Notfälle betrachtet«, sagt Hidiq. Und genau auf diese Fälle ziele die Initiative.

Als Nächstes ging Hidiq auf Stiftungen und Unternehmen zu und schlug vor, dass sie einen Teil ihrer für »unternehmerische Sozialverantwortung« abgestellten Mittel in *Salamtek* investieren. Dass er solche Initiativen nicht nur als barmherziger Samariter betreibt, sondern Geld verdienen und vor allem Werte durch technologische Innovation schaffen will, steht außer Frage. Und es garantiert ein Stück weit, dass das Projekt sich fortsetzt, weil daran ureigene ökonomische Interessen hängen.

Vielleicht wird Hidiq mit seiner Arbeit nicht Tausende

von Jobs schaffen. Aber junge Gründer seines Schlages leisten einen Beitrag, der nicht weniger entscheidend ist: Sie werden zu Vorbildern dafür, das eigene Leben nicht dem Staat oder dem Schicksal zu überlassen. Sie zeigen, dass man mit der Verwirklichung mancher Ideen, die der Allgemeinheit helfen, sogar Geld verdienen kann. Wenngleich nicht so schnell und so viel wie mit Entführungen, Waffenhandel oder Schmuggel. Aber immerhin.

Sie konfrontieren zugleich den Staat mit guten, mit besseren Ideen zur Lösung elementarer Probleme. Und auch das ambitionierte Ziel der »Demokratisierung« ist nicht von der Hand zu weisen: Sie demokratisieren vielleicht nicht politische Systeme, aber sie verschaffen einem größeren Anteil der Bevölkerung Zugang zu Kommunikation, Dienstleistungen und am Ende sogar Kapital.

Dass auch – und in zunehmenden Maße – Frauen diese Vorbildrolle übernehmen, mag in Europa einige überraschen, ist allerdings leicht nachvollziehbar: In einigen Ländern des Nahen Ostens und Nordafrikas steigt der Anteil von Frauen mit guten Abschlüssen in Betriebswirtschaft und Ingenieursfächern ständig. Da sie es eher schwerer haben, in die wenigen hoch bezahlten Spitzenposten vorzudringen, müssen sie systemischer denken und erfinderischer sein, wenn sie etwas erreichen wollen – und gesellschaftliches Verantwortungsbewusstsein kommt sicher auch bei einigen hinzu.

Rania Reda aus Alexandria in Ägypten gehört zu diesen erfinderischen Frauen. Sie gründete unter anderem die Start-up-Firma ITQAN – was »Perfektion« bedeutet – und entwickelte spezialisierte Software-Lösungen für Planung und Prozesse in Unternehmen. Reda, die inzwischen mit ihrer

Tochter zwischen Ägypten und den USA pendelt, arbeitet bevorzugt mit Frauen: »Ich diskriminiere nicht, aber Frauen sind einfach meistens besser«, sagt Reda, die aus einer konservativ-muslimischen ägyptischen Familie der höheren Mittelschicht stammt und sich vor einigen Jahren entschlossen hat, das Kopftuch abzulegen. Ihr Erfolgsrezept: Sie war zweimal verheiratet, und nach jeder Scheidung machte die Karriere einen großen Sprung. »Wenn ich mich scheiden lasse, dann trenne ich mich von allem, auch meinem vorherigen Job«, sagt sie.

Reda, ehemalige Mitarbeiterin einer Bank, entschied, selbst Unternehmerin zu werden. Das war, als 2011 der Arabische Frühling kam und das Mubarak-Regime stürzte. Dieser Moment mag die Wirtschaften in der arabischen Welt mittelfristig zurückgeworfen haben, aber Reda zufolge geschah noch etwas anderes, was den unternehmerischen Geist beförderte. Junge Menschen in der arabischen Welt erlebten zum ersten Mal, dass Wandel möglich ist, und dachten sich: Jetzt oder nie.

Ähnlich ging es dem Tunesier Khaled Bouchoucha, der buchstäblich einen Stich verspürte und sich mit der komplexesten aller natürlichen Organisationsformen befasste: Bienenvölkern. Tunesischer Thymianhonig ist eine Delikatesse. Schon die alten Römer schätzten das süße Werk der *Apis mellifera* aus dem prokonsularischen Afrika. Bouchoucha gründete ein Start-up namens *IRIS Technologies*, mit dem kleine Imkereien auf dem Land ihre Bienenstöcke finden und überwachen können. Und er versucht, ihr Premiumprodukt dann auf den internationalen Markt zu bringen.

Ebenfalls in Tunis, das dank internationaler Fördermittel und gewisser Freiheiten ein kleines Start-up-Drehkreuz für die arabische Welt geworden ist, sitzt der Deutsch-Libyer Mehemed Bougsea, der mit seinem Studienfreund Joscha Raue gemeinsam eine Firma namens *Think.iT* gründete. Das Unternehmen fungiert als eine Art Talentschmiede, die junge Programmierer in Nordafrika scoutet, ausbildet und an die internationale Industrie ausleiht. Die beiden Gründer haben ausgerechnet, wie viele Arbeitsstunden allein der europäische Markt in den kommenden 20 Jahren für den digitalen Umbau braucht. Fähige Programmierer sind teuer und manchmal schneller weg, als sie gekommen sind: Sie gelten nicht gerade als die treuesten Angestellten und wechseln gern zum Höherbietenden. *Think.iT* zielt nun nicht nur auf den europäischen Markt, sondern auch in die Golfregion. Und die Firma hat bereits junge Talente hervorgebracht, die einen Vergleich mit europäischer Konkurrenz nicht scheuen müssen – und mit englischen, französischen und arabischen Sprachkenntnissen auch flexibel einzusetzen sind.

Sind solche Start-up-Unternehmer am Ende die *hidden champions* der Zivilgesellschaft? Auch wenn sie nicht unter der Marke einer NGO auftreten?

Man sollte nicht den Fehler begehen, von ihnen zu viel zu erwarten: Innovation kostet Kraft, und das Schwierigste ist, sich den Optimismus und die Begeisterung zu bewahren, mit der man andere anstecken kann. In vielen arabischen Ländern ist der Zugang zu Risikokapital versperrt, sofern man keine reichen Menschen in der eigenen Verwandtschaft hat. Ein nicht vorhandenes – oder rückständiges – Insolvenzrecht führt vielerorts dazu, dass selbst bei einem ordentlichen Konkurs noch strafrechtliche Konsequenzen drohen. Junge Gründerinnen und Gründer brauchen Unterstützung.

In stark regulierten, von Korruption durchdrungenen Märkten können sie nicht unbedingt auf fairen Wettbewerb setzen: Die großen Tycoons, die Platzhirsche der alteingesessenen Familienunternehmen, beißen Konkurrenten weg, notfalls auch mit rabiaten Mitteln. Produzierende Start-ups brauchen manchmal gar keine großen Mittel; es würde für viele schon genügen, wenn man sie einfach in Ruhe arbeiten ließe, ohne ihnen Steine in den Weg zu legen. Und auch Bestechungsgelder, um die eigenen, innovativ hergestellten Waren für den Export durch den Zoll zu bringen, muss man sich erst einmal leisten können.

Gleich, ob man sie in ihren Bemühungen frustriert oder ihnen zu Erfolg verhilft, der Braindrain wird sich nicht ganz vermeiden lassen: Innovative Köpfe aus Tunis, Kairo oder Amman landen oft früher oder später in San Francisco, London oder wo auch immer, solange sie sich frei entfalten können und leichter Risikokapital auftreiben. Aber das gilt gewiss nicht nur für die arabische Welt und gehört, auch wenn es den nationalen Ökonomien und entwicklungspolitischen Vorstellungen zuwiderläuft, nun einmal zum Lauf der Dinge: Zu allen Zeiten haben sich die einen für die Priorisierung des individuellen Glücks und die anderen für das Gemeinwohl entschieden – oder für das, was sie jeweils dafür hielten. Der Staat kann immerhin Anreize dafür schaffen, dass das nicht länger ein Entweder-oder bleibt.

Für manche Start-up-Gründer lässt sich aus dem gesellschaftlichen Mehrwert ihrer Arbeit auch sekundär Profit schlagen: Die »soziale Ader« verschafft ihnen Aufmerksamkeit, bringt sie mit internationalen Medien, Gebern und vielleicht sogar Investoren in Kontakt. Das geschäftliche Interesse an ihrem sozialen Vorhaben schafft ein gewisses

Vertrauen darin, dass sich jemand auch langfristig für das Gelingen eines Projekts einsetzt, aber auch Konsequenzen zieht, wenn sich ein Misserfolg abzeichnet.

Auch die Mächtigen in der arabischen Welt messen der Förderung junger Gründerinnen und Gründer inzwischen Bedeutung bei. Große Unternehmerfamilien wie der Sawiris-Clan in Ägypten oder die Rohstoffhändler Jaafar aus den Emiraten haben Geld in Fonds gesteckt, um junge Gründerinnen und Gründer zu fördern. Verschiedene Regierungen, Prinzen oder Staatsfonds loben Start-up-Preise aus, um junge Menschen zu motivieren.

Natürlich stehen Gründerinnen und Gründer in der arabischen Welt, die durch europäische Investitionen oder gar öffentliche Zuwendungen aus Europa gefördert werden, auch immer im Verdacht, sie seien Vehikel einer westlich-liberalen Ideologie, der zufolge sich Demokratie und wirtschaftlicher Fortschritt gegenseitig bedingen. Aber mit diesem Vorwurf lässt es sich wohl leben. Insgesamt wird Unternehmertum doch als eher unpolitisch wahrgenommen, und mit dem Heilsversprechen autoritärer Regime ist es ebenso vereinbar wie mit der islamischen Tradition, auf die die islamistischen und konservativen Kräfte Wert legen. Der Prophet Muhammad war ja selbst Karawanenführer und Prokurist in einem Speditionsbetrieb, der es zu Vermögen brachte, weil er Chadidscha, seine Chefin, ehelichte.

Die Generation Start-up kann indes, wie bereits erwähnt, die arabischen Ökonomien nicht allein retten. Aber sie hat Einfluss auf das gesellschaftliche Klima. Und der Arabische Frühling hat hierfür gewisse Voraussetzungen geschaffen: Zuvor hatte jedes autoritäre Regime in der arabischen Welt, ob in Marokko, Tunesien, Ägypten oder im Nahen Osten –

dem Prinzip *divide et impera* folgend –, versucht, Wirtschaft und Zivilgesellschaft gegeneinander in Stellung zu bringen. Den Unternehmern wurden Gewerkschaften, Vereine, Umwelt- und Menschenrechtsaktivisten als Störenfriede vorgeführt. Als Krawallmacher, die die Stabilität gefährden. Und zugleich ließ man hin und wieder etwas Volkszorn auf die vermeintlich größten Profiteure zu. Einige Unternehmer wurden vor Gericht gestellt, auch um von Fehlern in der Regierungsführung abzulenken und eigene Profite zu verschleiern. Dadurch gelang es auch, eine Interessendivergenz zu zeichnen, die so gar nicht bestand: Wollen Unternehmen tatsächlich nichts von dem, wofür sich zivilgesellschaftliche Organisationen einsetzen? Keine freien Wahlen, keine Transparenz, keine Einhegung der Staatsmacht und keine Rechtssicherheit?

Die neue Generation von Unternehmerinnen und Unternehmern, die aus dem Arabischen Frühling hervorgegangen ist, sieht das großenteils anders: Da demonstrierten plötzlich Banker Seit an Seit mit den Linken. Und smarte Business-Anwältinnen holten Menschenrechtler aus dem Gefängnis, mitunter sogar Islamisten. In vielen arabischen Ländern, auch denen, die von einem *Rollback* erfasst wurden, also der Restauration polizeistaatlicher Verhältnisse, bestehen heute Netzwerke zwischen diesen Lagern, die es früher in dieser Form nicht gab.

Sollte es dieser Generation gelingen, Wirtschaft und Zivilgesellschaft miteinander zu versöhnen und einen Pakt zu schmieden, wird es autoritären Regimen wesentlich schwerer fallen als bisher, nach Gutdünken zu schalten und zu walten. Die Wirtschaft müsste dann mehr als bisher die Rolle eines Wachhunds für gute Regierungsführung übernehmen – und zivilgesellschaftliche Organisationen ihren Betrieb professionalisieren. Der technische Fortschritt, die Digitalisierung und die Vernetzung der Gesellschaften über Staatsgrenzen hinaus können einen solchen Pakt verstetigen. Er wäre die Antwort auf den pseudoliberalen Autoritarismus vieler Regime. Der hat derzeit zwar einen großen Vorsprung, aber er ist noch lange nicht am Ziel.

VIERZEHNTES KAPITEL

... in dem der Nahe Osten doch nicht untergeht

Wenn sich in der Gegend noch immer Aufständische des IS herumtreiben, fährt man besser nicht bei Nebel. Davon aber war schlechterdings noch auszugehen. Erst zwei Tage zuvor hatten irakische Sicherheitskräfte und Paramilitärs bei einer Razzia Gerätschaften beschlagnahmt, die offenbar zum Bau von Sprengfallen, sogenannten IEDs[117], bestimmt waren. Sie fanden Funkzünder, Kabel, Granathülsen und einige abgerissene Schulterklappen, mit denen sich die Kämpfer als Offiziere hätten tarnen können. Routine, aber nicht ungefährlich – die Milizionäre der Volksmobilisierungseinheiten wirkten jedenfalls entspannt. Und offiziell war der IS ja bereits seit einem Jahr für besiegt erklärt. Ein irakischer Freund und ich hatten die Nacht bei Frost in einem unbeheizten, aber auch halbwegs unbeschädigten Bungalow verbracht, das der paramilitärischen Brigade *Risaliyun* als Quartier diente. Es lag inmitten einer Geisterstadt, in der einmal Mitarbeiter und Angehörige der unweit gelegenen Raffinerieanlage von Baiji gelebt hatten. Ein ganzes Jahr lang, vom Herbst 2014 bis zum Herbst 2015, hatte die Schlacht um Baiji zwischen irakischen Streitkräften und dem IS gedauert. Die britische Luftwaffe hatte Ersteren beigestanden und dabei deutliche Spuren hinterlassen. Außer den Milizionären und uns schien an diesem Januarmorgen nur eine Hundeseele unterwegs zu sein. Der einsame Streuner trottete unserem Wagen ein Stück weit durch die Trümmer hinterher und kläffte anhänglich zum Abschied, als wir – wegen des Nebels eine gute Stunde nach Sonnenaufgang und damit deutlich später als geplant – auf die Fernstraße einbogen. Rechts der Straße, im Osten, zog sich ein langer, gleichmäßiger Bergrücken wie eine Festungsmauer. Auf der anderen Seite die Weiten der Steppe, die zu dieser Jahreszeit von einem kargen grünen Flaum aus Gras bedeckt ist und die man Jazirah, die »Insel«, nennt, weil sie von den Strömen Euphrat und Tigris umschlossen wird. In dieser Steppe gibt es keine Straßen und vor allem keine Grenzlinie, wenn man ein Reittier oder ein Geländefahrzeug mit Allradantrieb unter sich hat. Fährt man abseits der Straße immer weiter nach Westen, landet man irgendwann in Syrien und überquert vorher eine Grenze, die der Schöpfer sicher nicht im Sinne hatte, als er die Jazirah machte. Topografisch zumindest leuchtet sie nicht ein. Stämme, Halbnomaden, Hirten, aber auch die Dschihadisten des »Islamischen Staates« überquerten sie ohne Weiteres und überqueren sie womöglich noch immer. Bei Nacht und ohne Scheinwerferlicht. In der Jazirah wird viel geschmuggelt, was ihren Ruf als uralte Handelsroute – ein Strang der Seidenstraße verlief hier – bedauerlicherweise überschattet. Die Fürstenstadt Hatra (Arabisch *Al-Hadr*) jedenfalls muss von diesem Warenverkehr profitiert haben. Sie lag in den Einflusssphären des Römischen Imperiums sowie der persischen Parther und Sassaniden und hielt vielen Belagerungen stand.

Die Sonne stand bereits hoch genug am Himmel, um die Nebelschwaden aufzulösen, aber noch tief genug, um die schon von Weitem sichtbaren Ruinen der Tempel- und Palastanlage in ein dramatisches Licht zu tauchen. Die Iwane – die bogenförmigen Audienzhallen – und der Sonnentempel, die das Antlitz dieser spätantiken Anlage aus der Zeit der Parther prägen, schienen den Vandalismus des IS halbwegs überstanden zu haben. Statuen, Gesichter mythischer Tiere und Gottheiten, die Hatra schmückten, wurden anscheinend sämtlich geplündert oder, wie in einigen Propagandavideos zu sehen war, mit Vorschlaghämmern zerstört. Die Dschihadisten, die im Februar 2017 aus Hatra vertrieben wurden, hatten Teile der durch antike Mauern eingehegten Palastanlage vermint, aber anscheinend nicht gesprengt. Im Vorhof der Anlage hatten beduinische Hirten ihre Zelte aufgeschlagen, unter einem prächtigen Iwan parkte ein Pick-up der paramilitärischen Einheit *Ansar al-Marja'iya* (»Gefolgsleute der höchsten Geistlichkeit«). Auf der Ladefläche des Fahrzeugs war ein schweres Maschinengewehr installiert.

Die im Vergleich zu Babylon oder Palmyra weniger bekannte Stadt diente schon einmal Hollywood als Kulisse. Anfang der 1970er drehte hier der Schauspieler Max von Sydow die Eröffnungssequenz des Horrorfilms *Der Exorzist*. In der Rolle eines archäologisch tätigen Jesuitenpaters gräbt Sydow in Hatra eine Dämonenstatuette aus und richtet damit aus Versehen eine Katastrophe an. Ich kenne von diesem Film zwar nur den Anfang, fragte mich aber nun an diesem Ort, wie es wohl bestellt sein mag um die Geister und Dämonen. Hat Hatra und hat der Irak insgesamt nun das Schlimmste überstanden? Werden die Iraker nun Despotismus, Extremismus und Sektarismus tatsächlich überwinden?

Das arabische Wort *mutasha'il* ist ein Neologismus und bedeutet in etwa »Pessoptimist«. Es beschreibt recht zutreffend den Geisteszustand, in dem sich dieses Land befindet. Der IS ist besiegt, treibt aber immer noch sein Unwesen im Untergrund. Er wird, ebenso wie andere aufständische Organisationen, wohl wieder stärker werden, wenn sich die sozialen Umstände, von denen sie profitieren, nicht ändern. So weit scheint im Land Einigkeit zu herrschen, vom Regierungschef zum einfachen Milizionär. Auch haben nach meinem Eindruck die meisten Iraker begriffen, dass dem Land nun eine kurze kritische Phase bevorsteht, in der Erschöpfung und Kriegsmüdigkeit stärker sind als Wut oder Rachedurst. Diese Phase gilt es zu nutzen, sie ist eine historische Chance. Die Frage ist nur, wie man die Probleme angeht, welchen man Priorität einräumt und welchen Preis jeder Einzelne bereit ist zu bezahlen.

Initiativen zur Versöhnung zwischen den Bevölkerungsgruppen sind das eine. Sie beginnen damit, dass Schiiten, Sunniten, Christen, Jesiden, Sabäer, Araber, Kurden, Turkmenen, Süd- und Nordiraker sich gegenseitig besuchen und etwas von der Vielfalt ihrer eigenen Kultur erfahren. Die Bereitschaft scheint in großen Teilen der Bevölkerung vorhanden, aber schon lange vor dem Aufstieg des IS war der Kontakt unterbrochen. Es gibt eine Vielzahl von Initiativen und Organisationen wie die »Iraq Community Resilience Initiative«, die lokale Gemeinschaften miteinander in Kontakt bringt, Workshops und Ausflüge unternimmt. Dabei ist auch klar, dass man die inzwischen allenthalben zu vernehmenden Beteuerungen, der IS sei ein Projekt einiger weniger Fanatiker und ausländischer Kämpfer gewesen, während die irakische Bevölkerungen keine Schuld träfe, als das verstehen muss, was sie sind: politische Versuche, ein Zusammenleben irgendwie möglich zu machen. Natürlich hat ein Teil der Bevölkerung in Ermangelung von Alternativen die Dschihadisten auch als Sachwalter der Unterdrückten und Benachteiligten angesehen und den IS – auch dies mangels Alternativen – mehr oder weniger aktiv unterstützt. Vor irakischen Strafgerichten wurden Dutzende IS-Kämpfer in von Menschenrechtsgruppen kritisierten Schnellverfahren abgeurteilt und hingerichtet. Wie man in der Bevölkerung Versöhnung und Rechenschaft unter einen Hut bringt, damit Vertrauen und nicht Rache obsiegt, muss der Irak noch lernen. Genau wie viele andere Länder auf der Welt, die eine Diktatur oder einen Bürgerkrieg hinter sich haben.

Derzeit hat das Land mit Adil Abd al-Mahdi einen fähigen, aber auch schwachen Ministerpräsidenten, da er als Konsenskandidat verschiedener rivalisierender Blöcke keine eigene Hausmacht hat. Er braucht die Unterstützung der internationalen Gemeinschaft, vor allem aber der unmittelbaren Nachbarländer des Irak, um erfolgreich gegen die Korruption zu kämpfen. Das betrifft unter anderem einige Milizen, die sich im Kampf gegen den IS bewährt haben, politische Parteien gründeten und nun ihr eigenes Süppchen kochen – etwa die *'Asaib Ahl-ul Haqq* (»Liga der Rechtschaffenen«), die angeblich in der Hafenstadt Basra am Zoll vorbei ihre eigenen Importgeschäfte macht. Der große Nachbar Iran, der diese Milizen im Einvernehmen mit der irakischen Regierung unterstützte und immer noch unterstützt, muss dabei helfen, diese Kräfte einzuhegen. Schließlich können auch die Iraner kein Interesse an Massenprotesten und einer Destabilisierung der irakischen Regierung haben. Die Staaten der Europäischen Union, vor allem aber Iran, die Türkei und China müssen indes aufhören, den Irak als bloßen Absatzmarkt für Konsumprodukte und milliardenschwere Bauaufträge zu betrachten, der mit Dollars aus dem Ölexport bezahlt. Und das, während die irakische Landwirtschaft dahinsiecht, weil das Importgeschäft mit Nahrungsmitteln für einige wenige lukrativer ist als der eigene Anbau. Abd al-Mahdi handelte einst, während seiner Amtszeit als irakischer Finanzminister, die irakischen Auslandsschulden gegenüber internationalen Gläubigern herunter.[118] Und auch bei der Herkulesaufgabe seiner und womöglich folgender Regierungen, die Selbstbedienungsmentalität der Abgeordneten und Parteiführer zu ahnden, braucht der Irak buchstäblich alle Hände an Deck.

Der Schutz antiker Kulturstätten vor Plünderern und Raubgräbern oder gar die Instandsetzung von Hatra oder Nimrud mögen vielen Irakern als weniger wichtig erscheinen, wenn man dagegen etwa den Wiederaufbau der in Trümmern liegenden Innenstadt von Mossul hält. Aber sie stehen nun einmal auch für das wenige, auf das die Iraker ungeteilt stolz sein können – und sie können zukünftig nicht nur ausländischen Touristen, sondern auch der eigenen Bevölkerung von der Vielfalt und dem kulturellen Reichtum dieses Landes erzählen.

Als ich durch die Ruinen von Hatra spazierte und mich anschickte, die weniger dekorierte Rückseite der Palastanlage zu umrunden, folgte mir ein junger Paramilitär, der allem Anschein nach abgestellt war, um die Anlage zu bewachen. Er stellte sich als Hussein Abboud al-Shibli vor, erklärte, er stamme aus der Provinz Al-Qadisiya südlich von Bagdad und sei nach eigenem Bekunden noch nicht sehr viel gereist. Er habe von den anderen gehört, dass ich Deutscher sei, sagte

Hussein und streckte mir würdevoll die Hand entgegen. Er wolle sich bei mir dafür bedanken, dass Deutschland so vielen Flüchtlingen aus dem Irak und aus Syrien Zuflucht geboten habe. Und ich möge den Deutschen und Frau Merkel – so heiße sie doch, nicht wahr? – ebenfalls seine und die Anerkennung seines ganzen Volkes übermitteln.

Wenn die Zeit, die dem Arabischen Frühling vorausging, als Jahrzehnt des Kriegs gegen den Terror in die Geschichte eingeht, so stehen die Jahre, die diesem epochalen Umbruch folgten, im Zeichen der Migration und ihrer Gegner. Das gilt nicht nur, wenn man der Betrachtung eine europäische Sichtweise zugrunde legt, sondern auch aus der Perspektive der Staaten am Südufer des Mittelmeers. Marokko und Algerien erlebten starke Migrationsbewegungen aus den Sahel-Staaten, aber auch die Abwanderung eigener Staatsbürger nach Europa. Viele junge Menschen verließen Tunesien im Zuge der ökonomischen Depression, die dem Arabischen Frühling folgte, während viele Tausend Libyer in Tunesien Zuflucht vor dem Bürgerkrieg in ihrer Heimat fanden. Libyen selbst wurde zum Drehkreuz für Kriegs- und Armutsmigration. In die Städte Ägyptens und des Sudan kamen Flüchtlinge aus Syrien und den Staaten am Horn von Afrika. Jemeniten setzten auf der Flucht vor dem Krieg in ihrem Heimatland über nach Dschibuti oder ins autonome Somaliland. Oder sie flüchteten nach Saudi-Arabien und Jordanien. Wer es sich leisten konnte oder Arbeit fand, ließ sich in den reichen Golfstaaten nieder – und einige Günstlinge der im Arabischen Frühlings gestürzten *Ancien Régimes* zog es auf die Inselgruppe der Seychellen. Im Irak wurden Hunderttausende, in Syrien sogar Millionen zu Vertriebenen, die entweder im Inland oder den angrenzenden Staaten Zuflucht suchten. Jordanien, der Libanon, die Türkei, aber auch der Nordirak nahmen mehrere Millionen Syrer auf, die zum Teil in Flüchtlingslagern unterkamen, sich aber auch in den Städten niederließen und, sofern sie konnten, einen Platz im wirtschaftlichen und sozialen Leben suchten. Die arabischen Länder gingen mit dem Thema Migration auf sehr unterschiedliche Weise um. Aber keines blieb davon unberührt. Ihre Folgen waren damit, auch wenn die hiesige Debatte einen anderen Eindruck vermittelt, nicht zuvorderst ein europäisches Problem.

In Deutschland wird heute zu Recht hinterfragt, ob der Zuwanderungsdruck, der durch Flucht, Asyl und Armutsmigration entsteht, tatsächlich das vordringlichste Problem der Gesellschaft darstellt. Oder ob dieser Eindruck nicht vielmehr dem Umstand geschuldet ist, dass Parteien und Politiker sich unablässig daran abarbeiten – immer in der Sorge, die Diskurshoheit zu verlieren. Unstrittig ist, dass es hier eine Wechselwirkung oder auch einen Feedback-Loop gibt: Durch die Priorisierung des Problems in der öffentlichen Auseinandersetzung verstärkt die Politik den Eindruck, dass das zukünftige Wohlergehen der Gesellschaft nahezu ausschließlich von der Bewältigung des Migrationsproblems abhänge.

In diesem Zusammenhang geht es auch immer wieder um die Bekämpfung der Fluchtursachen. Es werden Forderungen nach einer Unterstützung der Staaten in der Nachbarschaft Europas durch Wirtschafts- und Entwicklungshilfe laut. Sicherheitsabkommen oder zumindest ein stärkeres Engagement in den Herkunfts- und Transitstaaten sollen helfen, den Migrationsfluss einzudämmen. Im Klartext bedeutet das: Man versucht zum einen, durch Angebote das Verbleiben in den Herkunftsländern attraktiv zu machen. Und zum anderen, möglichst vielen Menschen auszureden, die beschwerliche, gefährliche und womöglich aussichtslose Reise über das Mittelmeer zu wagen. Deutschland unternimmt dies mit diplomatischen Bemühungen, zum Teil mit Medienkampagnen, auch durch den Einsatz von öffentlichen Auftragnehmern und Regierungsagenturen wie der Gesellschaft für Internationale Zusammenarbeit.

Allerdings ist unter denjenigen, die die Strategie umsetzen sollen, wenig Optimismus zu erkennen, dass man das Problem – sofern es tatsächlich so gravierend ist – vor Ort oder auf halbem Wege lösen könnte.

Zu der Sorge, die ungesteuerte Zuwanderung weder durch Integration auffangen noch durch Grenzschließung eindämmen zu können, gesellt sich ein Gefühl der allgemeinen Überforderung in der Außen- und Entwicklungspolitik: Selbst wenn die Prämissen zutreffen sollten und die Maßnahmen gemäß den politischen Vorgaben umgesetzt werden können, ist der Bedarf dann nicht dennoch viel größer als die zur Verfügung stehenden Mittel?

Seit dem Beginn des Arabischen Frühlings im Jahr 2011 sind eine Reihe von Programmen und Initiativen aufgelegt worden, um die betroffenen arabischen Staaten in einer demokratischen Entwicklung zu stärken. Die Bundesregierung rief damals die sogenannte Transformationspartnerschaft ins Leben: Sie fördert Länder, in denen der Arabische Frühling Anlass zur Hoffnung auf eine solche Entwicklung bot – oder aber Regierungen die Gunst der Stunde erkannten, um sich als neue Premiumpartner Deutschlands und der

Europäischen Union zu empfehlen.[119] 2013, als das Militär in Ägypten die Regierung stürzte, und spätestens 2014, als die Organisation »Islamischer Staat« territoriale Ansprüche durchsetzte, trat »Transformation« als außenpolitisches Ziel eher in den Hintergrund. An seine Stelle rückte nun die »Stabilisierung«: erhalten, was an Strukturen noch besteht, damit nicht noch mehr auseinanderbricht.

Der Instrumentenkasten der westlichen und europäischen Staaten zur Linderung der Probleme – der vor allem finanzielle Zuwendungen an Entwicklungsprojekte für die staatlichen Institutionen und die Zivilgesellschaft enthält – gerät immer wieder in die Kritik. Gleichzeitig werden höchste Erwartungen an ihn gestellt. Durch Beratungsleistung sollen die staatlichen Institutionen wie Parlamente, Justiz und Ministerien in die Lage versetzt werden, die Herausforderungen zu meistern. Sie sollen sich auf diese Weise fit für den internationalen Wettbewerb am Markt machen, ihre Industrien und gesetzlichen Rahmenbedingungen modernisieren, rechtsstaatliche Standards verbessern und die Prinzipien von guter Regierungsführung unter Einbezug gesellschaftlicher Kräfte *(good governance)* zur Grundlage ihres Handelns machen: Rechenschaftspflicht, Verantwortlichkeit, Transparenz und Fairness, und dies unter Einbindung von Wirtschaft und Zivilgesellschaft.

Diesen Ansprüchen liegt die Annahme zugrunde, dass sich jede Gesellschaft, wenn sie durch Aufklärung und Wirtschaftswachstum dazu befähigt wurde, in eine liberale und marktwirtschaftliche Demokratie verwandelt. Autoritäre Herrschaft und staatliche Repression oder Gewaltanwendung sind demnach Ausdruck mangelnder Entwicklung und gewissermaßen pathologische Abweichungen, die scheinbar stabil sein mögen, aber früher oder später an ihrer mangelnden Nachhaltigkeit scheitern.

Andere Ideologien, andere Staats- und Gesellschaftsmodelle hinterfragen dieses Narrativ. Es ist inzwischen zu einem viel karikierten Feindbild geworden, an dem sich die Trumps, Putins und Erdoğans dieser Welt leidenschaftlich abarbeiten.

Islamisches Hegemonialdenken, Sektarismus oder der zuvor beschriebene arabische Nationalismus im autoritären Gewand stellen mehr oder weniger starke Alternativen dazu dar – ob sie einem gefallen oder nicht. Auch das Erstarken rechtsgerichteter Parteien in Europa, die die liberale Demokratie nicht gerade als gottgegebenen Idealzustand einer Gesellschaft betrachten, haben gewissermaßen einen Revisionsprozess eingeleitet. Und ihr derzeitiger Aufstieg wird auch in den arabischen Staaten mit großem Interesse verfolgt, wenngleich er womöglich nicht von langer Dauer ist. Diese rechtsgerichteten Kräfte in Europa könnten die Macher einer europäischen Nahostpolitik nachhaltig mehr verunsichern als jede der Idee liberaler Demokratie zuwiderlaufende Bewegung in der arabischen Welt selbst. Denn sie führen Europa, insbesondere Deutschland, vor Augen, dass es keiner besonderen kulturellen Prägungen – oder Beschränkungen – bedarf, um anfällig für den Abfall von der Demokratie zu werden.

In der islamischen Heilsgeschichte galt es eigentlich als unvorstellbar, dass sich ein vernunftbegabter Mensch, der einmal das Licht der wahren Religion gesehen hat, wieder von ihr abwenden könnte. In der liberalen, demokratischen Heilsgeschichte schien es bis vor Kurzem ebenso unvorstellbar, dass ein Volk, das einmal von den Vorzügen einer echten Demokratie gekostet hat, dumm oder leichtfertig genug sein könnte, um sich aus freien Stücken ihrer zu entledigen. So gesehen erleben wir ein Zeitalter der Apostasie, in dem es nötig ist, dass sich die liberale Demokratie in einem offenen Diskurs mit anderen Modellen auseinandersetzt. Dass sie mit ihnen in einen so respektvoll wie möglich gestalteten Dialog eintritt und dem Gegenüber nicht den Eindruck vermittelt, er sei entweder niederträchtig, rückständig oder kulturell minderwertig.

Die Wette, ob die Staaten der arabischen Welt, oder zumindest einige davon, zur Demokratie fähig sind, gilt: Die Skeptiker führen an, dass die Araber historisch und kulturell – quasi genetisch – demokratieunfähig seien; die Befürworter halten dagegen, die arabische Welt sei aufgrund schlechter Regierungsführung, äußerer Einflüsse oder historischer Fehlentwicklung bisher nur daran gehindert worden, Demokratie zu leben. Obwohl dies der Traum der meisten Menschen in der arabischen Welt sei und ihr fester Wille diesen Wunsch langfristig auch erfüllen werde.

Parlamentarismus und die Bestimmung einer Staatsregierung durch allgemeine Wahlen sind wichtige Bestandteile, aber eben auch nur ein Teil dessen, was wir gemeinhin unter Demokratie verstehen. Ohne den Rechtsstaat ist diese für uns weder vorstellbar noch überlebensfähig. Bei der Debatte um die Demokratiefähigkeit der arabischen Welt wird oftmals übersehen, dass für unsere Vorstellung eins ohne das andere nicht zu haben ist. Wir neigen dazu, der Demokratie als Organisationsform und Ordnung eines Gemeinwesens noch anderes beizugesellen: etwa Marktwirtschaft,

Toleranz, Liberalität und Partizipation. Kritiker, die oft, aber nicht immer, mit islamischen oder traditionellen Werten argumentieren, halten dies für anmaßend, bevormundend und einen Versuch, der arabischen oder muslimischen Welt mit der Demokratie auch jene Normen und Werte überzustülpen, die im Westen derzeit *en vogue* seien.

Russland, die Türkei und andere Mächte, die in der arabischen Welt mitmischen, unterbreiten im Wettbewerb um Vorbilder dazu ihre Konkurrenzangebote. Und dies zumindest vorübergehend mit Erfolg. Zuweilen gelingt es ihnen, das von Europa angebotene Paket aufzuschnüren oder es zumindest als überladen und nicht kundenfreundlich darzustellen. Fast drängt sich der Vergleich mit den Versprechen von Billigfliegern oder Telefonanbietern auf: Du zahlst nur, was du in Anspruch nehmen willst. Genügt es nicht eigentlich, hin und wieder Wahlen abzuhalten, um sich demokratisch legitimiert zu nennen und voll akzeptiertes Mitglied der Internationalen Gemeinschaft zu sein? Und wird man da nicht über den Tisch gezogen, wenn man quasi automatisch noch solchen Firlefanz wie Presse- und Meinungsfreiheit, Menschen-, Frauen- und Schwulenrechte mit dazu kaufen soll – Produkte, auf die man unter Umständen sogar allergisch reagiert?

Man kann der europäischen Außenpolitik, den Medien und Intellektuellen durchaus vorwerfen, dass sie sich bisher weitgehend geweigert haben, diese Diskussion von gleich zu gleich auszutragen: Anstatt mit Vertretern selbstbewusst auftretender Systeme wie der Türkei, Russlands, Chinas oder Irans die Vor- und Nachteile des jeweiligen Staatswesens auf großer Bühne und ergebnisoffen auszudiskutieren, stellten die Europäer – von den Amerikanern ganz zu schweigen – in den vergangenen Jahrzehnten ein starkes Überlegenheitsgefühl zur Schau. Sie zeigten die Haltung dessen, der den wahren Glauben einmal angenommen hat und nun mit Bedauern auf die Heiden schaut. Deren Versuche, das Gerüst der liberalen Demokratie zu dekonstruieren, konnte nur neidgetriebene Gegenpropaganda sein, niemals ernst zu nehmende Kritik. Und folglich musste man sie an sich abperlen lassen.

So fremd sind sich Europa und die arabische Welt da nicht. Die Grundhaltung Europas, aus der heraus ein etwaiger kritischer Dialog mit den Fürsprechern anderer Systeme geführt wurde, erinnert mitunter an die Haltung frommer Muslime im interreligiösen Dialog: Sie sehen den Islam als Vollendung des Monotheismus, Muhammad als Siegel der Propheten, sich selbst damit als diejenigen, die schon ein paar Schritte weiter sind auf dem Weg des Heils als Juden, Christen oder gar diejenigen, die an gar nichts glauben. Das europäische Demokratieverständnis nahm spätestens seit dem Niedergang des Kommunismus eine ähnliche Perspektive ein. Eine kämpferische, leidenschaftliche Haltung zur Verteidigung des eigenen Systems tritt offenbar erst dann zutage, wenn Letzteres durch äußere oder innere Kräfte in seinen Grundfesten erschüttert wird.

Nicht nur in den arabischen Staaten wird Kritik am europäischen Demokratieverständnis und einer damit verbundenen, oftmals fordernd sich gerierenden Außenpolitik geübt. Aber insbesondere in den unnachgiebig auftretenden, autoritär regierten Systemen, etwa im Ägypten des Regimes Sisi, hört man sie oft, etwa als Argument gegen den »Interventionismus« Europas: Die europäische Ausprägung der Demokratie sei gut für Europa, jeder Versuch hingegen, sie der arabischen Welt aufzudrängen, sei anmaßend und realitätsfremd. Stattdessen müsse es eine arabische – zum Beispiel eine ägyptische – Demokratie geben, mit ihren Eigenheiten und Ausprägungen. Und es scheint, dass diese Darstellung inzwischen auch viele europäische Politiker überzeugt.

Hier von einem Sinneswandel zu sprechen, würde voraussetzen, dass man zuvor völlig anders gedacht hätte in Europas außenpolitischen Eliten. Das ist natürlich nicht der Fall: Vor Beginn des Arabischen Frühlings herrschte dort ja ein Denken vor, das der Stabilität Vorrang vor Demokratie und Menschenrechten einräumte und zugleich keinen Widerspruch zwischen einer autoritären Herrschaft und einer nachhaltigen sozialen Entwicklung sah. Während des Arabischen Frühlings wurde dies kurzfristig abgelöst vom Optimismus gegenüber gesellschaftlichen Umbrüchen – und der Mahnung, dass man um einer humanitären Verantwortung willen vom bisherigen Stabilitätsdenken Abstand nehmen müsse. Heute wiederum hört man allenthalben von der Notwendigkeit einer realistischeren Einschätzung der Verhältnisse. Und einer realistischeren Politik.

Damit einher geht allerdings eine Entwicklung, die die arabischen Zivilgesellschaften eher ratlos lässt: Seit 2011 wurden über Jahre Dutzende Millionen Euro für den Aufbau von Nichtregierungsorganisationen und Projekte investiert – wobei »ausgegeben« es manchmal treffender beschreibt. Städte wie Tunis und Amman wurden zu veritablen NGO-Hubs. International gebildete, gut vernetzte und des Englischen mächtige junge »Aktivisten« und Kreative profitierten davon ebenso wie die internationale Consulting-Wirtschaft der Entwicklungszusammenarbeits- oder kurz »EZ«-Szene: Gutachter mit Know-how in der Umsetzung und Bewertung entwicklungspolitischer Angebote. Das gehobene örtliche Gastgewerbe, Cateringbetriebe, Hotels und Fluggesellschaften konnten sich einer wachsenden Nachfrage erfreuen: Reisekosten und Beraterhonorare sind nach den internationalen Richtlinien der Geberstaaten verhältnismäßig leicht abzurechnen, und das Ausbauen von »Netzwerken« ist ein beliebtes Schlagwort in Projektanträgen, weshalb sich Konferenzen und Get-togethers als Programmpunkte immer gut machen. Gleiches gilt für Schulungen und *Capacity Building* aller Art. Ob öffentliche Geldgeber, parteinahe oder Unternehmensstiftungen, alle schienen vereint in der Überzeugung, dass Workshops und Fortbildungsangebote ein probates Mittel sind, um gesellschaftliche Missstände zu bereinigen, und dass der Hunger nach europäischen Trainings in *Advocacy* (für eine Sache eintreten) *Sustainability* (Nachhaltige Entwicklung) oder *Leadership* (verantwortliches, vorbildliches Führen) unter jungen, akademisch gebildeten MENA-Bewohnerinnen und -Bewohnern nicht zu stillen sei. Die Frage, was die Menschen später mit dem theoretischen Wissen und den zahlreichen *Skills* anfangen sollten, stand auf einem anderen Blatt.

Die Förderpolitik staatlicher und privater Geldgeber hat einen Markt geschaffen, auf dem sich NGOs, soziale Unternehmen und andere zivilgesellschaftliche Akteure an der Nachfrage orientieren. Das müsste einen nicht weiter bekümmern – solch eine Politik mag wenig nützen, schadet aber auf den ersten Blick auch nicht besonders –, wenn diese Fördermethode nicht das Verhalten der Empfänger massiv beeinflussen würde: Insbesondere kleine zivilgesellschaftliche Organisationen hangeln sich buchstäblich von *grant* zu *grant*, wie die zeitlich befristeten Projektförderungen genannt werden. Die meisten Gruppen sind nicht in der Lage, substanzielle Strukturen aufzubauen oder langfristige Beschäftigungsverhältnisse einzugehen. Ihre Gemeinkosten werden durch die Mittel der Förderer nicht oder nur unzureichend gedeckt. Nur wenige, insbesondere amerikanische Stiftungen sind inzwischen dazu übergegangen, institutionelle Förderungen zu erteilen: Das bedeutet, dass man nicht einzelne Projekte finanziert, sondern die Strukturen und das Personal von Organisationen – und damit deren langfristige Strategie.

Kleine Organisationen dagegen passen sich zusehends den Bedürfnissen der Förderer an, die sich fortwährend in internen Strategie- und Revisionsprozessen zu befinden und sehr mit sich selbst beschäftigt zu sein scheinen. Da diese Stiftungen selbst zahlreiche Mitarbeiter beschäftigen, die das ihnen zur Verfügung gestellte, immerhin steuerbefreite Geld verwalten, entsteht ein Innendruck im System, der nicht unerheblich zu sein scheint: Sie müssen gegenüber ihren Stiftungsräten, Vorgesetzten und externen Gutachtern Rechenschaft ablegen, ob ihre Projekte sinnvoll sind und Wirkungen erzielen. Letztere sind im Allgemeinen jedoch vergleichbar mit der Wirkung homöopathischer Substanzen in der Medizin: nicht oder kaum messbar, wenn man sie in Bezug zum ehrgeizigen Ziel setzt, Wandel in einer Gesellschaft herbeizuführen. Das bedeutet im Übrigen keineswegs, dass diese Projekte grundsätzlich nicht wirken oder nicht sinnvoll wären. Es fällt nur zunehmend schwerer, hier zu unterscheiden.

Man kann trefflich darüber diskutieren, welche Wirkung ein mehrere Dutzend Millionen Dollar teurer Raketenbeschuss der U.S. Navy auf einen Flughafen in Syrien hat, ohne dabei zu Ergebnissen zu gelangen. Die Wirkung eines 80 000 Euro schweren Projekts zur Kompetenzausbildung mag da weitaus kosteneffizienter sein. Ihr *Impact* bleibt Glaubensfrage, schlechterdings.

Folglich müssen Stiftungsmitarbeiter neue Konzepte der Evaluation, Wirkungsmatrizen und andere Instrumente entwickeln und sich intensiv darüber austauschen. Neben Netzwerktreffen, der Begutachtung von Projektideen und der Prüfung der Verwendungsnachweise bleibt da nur noch wenig Muße, sich mit den Realitäten in den »Zielländern« der Förderung zu befassen.

Wer auf der anderen Seite im Wettbewerb um die Fördertöpfe und mitunter aberwitzig gering anmutenden Projektpakete bestehen will, muss sich nicht nur die Sprache und *Buzzwords*, sondern auch die Logik einer von allerhand Gleisen, Leitplanken und Ausschlusskriterien durchzogenen Industrie aneignen.

Kritik an der Förderpolitik wird im bilateralen Gespräch geäußert und von den Zuständigen auch durchaus reflektiert. Öffentlich ausgesprochen werden aber solche Bedenken eher selten.

Das führt mitunter dazu, dass gerade die talentiertesten, besonders vielversprechenden jungen Macher der Zivilgesellschaft der NGO-Branche über kurz oder lang den Rücken kehren. Sie sind im schlechtesten Fall desillusioniert, im besten nutzen sie die NGOs lediglich als Zwischenstation, um ihre Fähigkeiten und ihre Netzwerke durch internationale Kontakte auszubauen – bis sie schließlich selbst die Chance haben, in einem westlichen Industrieland eine Anstellung zu finden, oder ein Jobangebot von Wirtschaft, Industrie und Politik erhalten. Das von internationalen Projektgeldern alimentierte NGO-Biotop wird so zum Durchlauferhitzer für Personen und Ideen: Man produziert unter Umständen Führungskräfte, ohne ihnen die Mittel bereitzustellen, um das Erlernte anzuwenden. Und diese Kräfte wären es ja eigentlich, die sich den vielfältigen Untergangsszenarien für den Nahen Osten und die arabische Welt entgegenstemmen könnten. Es entsteht – bildlich gesprochen – gewissermaßen ein Überschuss an Piloten, die auf dem Boden bleiben, weil es weder ausreichend Crews oder Bodenpersonal, geschweige denn Flugzeuge zum Abheben gibt.

Insbesondere das Thema *Leadership* steht bei internationalen, aber auch deutschen Stiftungen weit oben auf der Agenda. Die dahinterstehende Annahme, dass es Alternativen zu den herkömmlichen Beförderungssystemen gibt, wodurch sich Filz und Korruption eindämmen lassen könnten, ist durchaus zu begrüßen: In vielen arabischen Staaten – auch in den meist ärmeren, sich internationalen Einflüssen öffnenden – erfolgt der Aufstieg in Führungspositionen anhand eines Kriteriums: Beziehungen zu Menschen in Machtpositionen, die sich entweder durch Geld oder Herkunft festigen lassen. Inwiefern der von vielen Stiftungen vertretene *Leadership*-Gedanke dieser Logik tatsächlich etwas entgegensetzt – außer dadurch, dass man die familiären durch institutionelle Kontakte und Beziehungen ersetzt –, muss gleichwohl hinterfragt werden: Hier werden junge Leute, unter anderem aus der arabischen Welt, miteinander und manchmal auch mit einigermaßen einflussreichen Menschen aus Politik, Diplomatie, Stiftungswesen, hin und wieder auch der Wirtschaft, »vernetzt«, aber konkrete Abschlüsse zeitigt das eher selten.

Der Ansatz an und für sich ist deshalb nicht diskreditiert, sondern nur zu klein gedacht: Vielleicht ist es Zeit für die Errichtung einer groß angelegten und über Jahrzehnte strategisch finanzierten Akademie für diejenigen, mit denen man in Zukunft in der MENA-Region zusammenarbeiten will. Denn auch Milliarden an Fördermitteln helfen nicht, wenn man nicht langfristig Kräfte aufbaut, die bereit und in der Lage sind, Reformprogramme zu entwickeln und umzusetzen. Es braucht alternative Eliten zu den bestehenden Herrschaftsschichten, die dann allerdings, anders als ihre Vorgänger, weder einer religiös verbrämten Ideologie das Wort reden, noch sich selbst am Forstbestehen von Korruption und Nepotismus schadlos halten. Es braucht über Jahre aufgebaute, belastbare Netzwerke von Menschen, die wissen, was Staaten und Gesellschaften morgen leisten müssen. Und es braucht Menschen, die nicht nur die Freunde, sondern auch die Gegner des Fortschritts einzuschätzen wissen.

Bisher kommt die Konkurrenz zu jenen *Leadership*-Konzepten und Förderprojekten, mit denen viele Geber aus Europa und insbesondere aus Deutschland Gutes tun wollen, weniger bedachtsam und reflektiert daher. Sie stammt aus Saudi-Arabien, der Türkei, Iran oder Russland. Sie erscheint mitunter in Gestalt von Geldkoffern und Waffen. Und sie verlangt keine Verwendungsnachweise.

Eine Anerkennung dieser Realität muss nicht dazu führen, dass man resigniert und die Programme enttäuscht einstellt. Das Gegenteil kann der Fall sein: Europa oder zumindest diejenigen europäischen Staaten, Institutionen und Gesellschaften, die hier im eigenen Interesse Verantwortung übernehmen wollen, müssen sich nur darüber klar werden, was sie angesichts eines solchen Szenarios von sich und von ihren Partnern in Nahost und Nordafrika erwarten können. Und dass sie mit ihrer Politik unter Umständen Erwartungen wecken, die sie dann auch langfristig erfüllen sollten.

Viel war in den letzten Jahren von einem Marshallplan für die MENA-Region die Rede, auch der Wirtschaftsminister der Vereinigten Arabischen Emirate wählte diese Formulierung zur Eröffnung des Weltwirtschaftsgipfels in Abu Dhabi,[120] genauso wie einige Jahre später der US-General und frühere Beauftragte Washingtons für den Kampf gegen den IS, John Allen.[121] Im Januar 2017 verwendete die Bundesregierung den Begriff Marshallplan in einem Thesenpapier zur Entwicklung des afrikanischen Kontinents, einschließlich der nordafrikanischen Mittelmeeranrainer.[122]

Der ursprüngliche Marshallplan wurde nur fünf Jahre (1948 bis 1952) angewendet – fünf Jahre, in denen die USA 13,1 Milliarden US-Dollar an Kredit- und Konjunkturhilfen und Warenlieferungen nach Europa pumpten. Die Ökonomen rechnen vor, dass diese Summe heute in etwa die zehnfache Kaufkraft besäße. Die rund 2,6 Milliarden US-Dollar an jährlichen Ausgaben entsprächen heute also 26 Milliarden. Zum Vergleich: Das Auswärtige Amt und das Entwicklungsministerium (BMZ) zusammen verfügen in 2018 über knapp 15 Milliarden Euro (wobei die Kosten für den eigenen Betrieb noch nicht herausgerechnet sind).[123] Ein vergleichbares Programm wie den Marshallplan für die MENA-Region zu stemmen, wäre für die reicheren europäischen Staaten, die Europäische Union, die USA, Kanada und die Golfstaaten gemeinsam ein zwar ehrgeiziges, aber nicht unrealistisches Projekt. Zwei Fragen lassen sich allerdings nicht mit Geld allein beantworten: jene nach dem Ziel des Unterfangens;

und die, ob die möglichen Beteiligten überhaupt dasselbe wollen.

Vielleicht kann ein Abgleich mit dem historischen Marshallplan ja helfen, sich einer Antwort anzunähern: Der Plan sollte zuvorderst die akute Not der Bevölkerung im Nachkriegseuropa lindern. Er sollte aber auch Absatzmärkte für die amerikanische Industrie sichern und durch wirtschaftlichen Fortschritt verhindern, dass sich die Staaten und Gesellschaften dem Sowjet-Kommunismus zuwandten.

Zum ersten Mal seit dem Ende der Unabhängigkeitskriege richteten die USA damit West- und Teile von Mitteleuropa wieder atlantisch aus: durch wirtschaftliche Anbindung, aber eben auch durch ein überzeugendes Narrativ sowie ein Staats- oder Gesellschaftsmodell, das aus vielerlei Gründen als attraktiv angesehen wurde. Immerhin lebten dort ja auch bereits seit Generationen Bekannte und Verwandte jener Europäer, und die hatten sich dem amerikanischen Modell angepasst, pflegten aber trotzdem ihre eigenen Kulturen und Traditionen. Schritt für Schritt übernahmen die europäischen Gesellschaften vieles von Amerika, ohne dabei allerdings auf ihre kulturellen Eigenheiten und Errungenschaften zu verzichten. Einige der Gesellschaften, die vom Marshallplan profitierten, konnten sich tatsächlich eine demokratische Verfasstheit geben, andere, wie Portugal und Griechenland, wurden noch bis in die 1970er Jahre autoritär regiert.

Fangen wir bei der gedanklichen Übertragung des Plans mit dem Atlantik an und setzen an seine Stelle ein Meer, das für die meisten Menschen in Europa und in der arabischen Welt bereits eine weit größere kulturelle Bedeutung hat: Das Mittelmeer bietet das Potenzial für die Neugestaltung von Identitäten. Nicht alle Staaten, um die es geht, die europäischen eingeschlossen, haben einen direkten Zugang zu diesem Gewässer. Aber die Attraktivität der mittelmeerischen Identität, die auf jahrtausendealten Zivilisationen, Welthandel, Kunst, aber auch auf den geteilten sinnlich-ästhetischen Eindrücken von Gerüchen, Geschmäckern und Klängen aufbaut, ist unbestritten, und sie reicht weit über die Seewege hinaus. In vielen Ländern der MENA-Region wurde diese Identität zum Teil mutwillig zugunsten einer arabischen oder islamischen zurückgedrängt – die beiden letzteren Identitäten stecken aber, wie wir gesehen haben, in einer tiefen Krise. Sie geben den Menschen der Region derzeit wenig Anlass, stolz darauf zu sein, und am Ende sind sie ebenso ausgrenzend wie das hiesige Gerede vom christlichen Abendland oder, noch fragwürdiger, dem »christlich-jüdischen«, mit dem man nicht nur die Muslime ausgrenzt, sondern auch noch so tut, als hätte dieses Abendland über die längste Zeit seiner zwei Jahrtausende währenden Geschichte etwas anderes getan, als Juden auszugrenzen und zu schikanieren.

Die Bewerbung der gemeinsamen mittelmeerischen Identität baut Brücken, und das Besondere ist: Man muss sie nicht künstlich erfinden und einer Gesellschaft überstülpen. Sie ist real und historisch und prägte Menschen und Kulturen über lange Zeit: Die Kulturschätze von Karthago, Cordoba, Ephesus, das Castel del Monte, Palmyra, die Festung von Akko, womöglich sogar die am Strand gelegene Bauhaus-Altstadt Tel Avivs sind prächtige Zeugnisse davon. Man muss diese Gemeinsamkeit nicht erfinden, sondern wiederentdecken: Wenn heute junge Menschen in der arabischen Welt fernsehen, was laut Studien immer noch ihre

Hauptinformationsquelle ist,[124] haben sie oftmals nur die Wahl zwischen Politik und Islam. Zwischen Nachrichten über Kriege und Predigern, die ihnen stundenlang und unablässig auf Dutzenden Satellitensendern von Erlaubtem und Verbotenem erzählen. Vielleicht wäre die Einrichtung eines mediterranen Fernsehsenders eine erste Maßnahme, um einen neuen Marshallplan für die MENA-Region erfolgreich zu begleiten. Was, wenn wir das Mittelmeer nicht als Meer sehen, das trennt, sondern als gemeinsames Land, in dem man miteinander lebt?

Ein anderes Element des Marshallplans, die Linderung der akuten Not, wäre heute kurzfristig zu bewerkstelligen, denn sie betrifft aktuell nur vergleichsweise wenige Staaten der arabischen Welt: zuvorderst den Jemen, Syrien, die Vertriebenen in den an Syrien grenzenden Staaten sowie Teile Libyens und des Sudan. Nothilfe scheitert dort gegenwärtig weniger an den finanziellen Mitteln als am politischen Willen der kriegführenden Parteien, zu gewährleisten, dass Hilfe für die Not leidende Bevölkerung ankommt. Darüber hinaus müssten Kriterien für Hilfe geschaffen werden, um die Ärmsten der Armen in Ländern wie Marokko, Tunesien, Ägypten oder dem Gazastreifen zu unterstützen. Sie sind nicht unbedingt von Mangelernährung und tödlichen Krankheiten bedroht, ihre Lage bleibt dennoch aussichtslos und prekär. Die Instrumente – Kredite, Wirtschaftshilfen, Strukturprogramme – stehen den europäischen Staaten und der Europäischen Union bereits zur Verfügung und werden ja auch zum Teil schon angewandt, wobei von diesen Mitteln allem Anschein nach zu wenig bei den Bedürftigen ankommt. Man kann dem insgesamt entgegenhalten, dass der arabischen Welt heute vielfach jene Industrien fehlen, die Europa nach dem Zweiten Weltkrieg bereits besaß, auch wenn viel im Krieg zerstört worden war. Aber das ist, angesichts der Größe eines solchen Vorhabens, ein Problem, für das kluge und innovative Ökonomen gewiss eine Lösung finden würden.

Was nun dem Marshallplan von einst der Bolschewismus, sind dem heutigen der Dschihadismus und extremistische Bewegungen: eine ideologische Antithese, die nicht nur die Staaten der arabischen Welt, sondern auch Europa und europäische Interessen gefährdet. Einer Logik nach, die heute in der Außenpolitik bereits zur Anwendung kommt, dienen Konjunkturprogramme auch zur Terrorismusabwehr. Diese Programme bevorzugen zwar Staaten, die sich Rechtsstaatlichkeit und Demokratie zuwenden, machen daraus aber kein Ausschlusskriterium: Auch autoritäre Regierungen mit schlechter Menschenrechtsbilanz können davon profitieren, sofern sie den Dschihadismus bekämpfen und solange sie aufgrund ihrer strategischen Bedeutung als unverzichtbar für den globalen Kampf gegen den Terror gelten. Auch hier bestehen also gewisse Parallelen zum Marshallplan, und man könnte zu dem Schluss kommen, dass seine Neuauflage bereits im Gange ist und dass letztendlich nur die Dosis, der finanzielle Gesamtaufwand, erhöht werden müsste.

Eine solche Initiative, wie sie ja auch von der Bundesregierung bereits begonnen wurde, wird aber auch bei größeren Investitionen wenig Aussicht auf langfristige Erfolge haben, wenn sie eine Erkenntnis der vergangenen Jahrzehnte nicht verinnerlicht: Autoritäre, despotische Herrschaftsstrukturen führen weder zu wirtschaftlicher Prosperität unter den Bevölkerungen, noch sind sie langfristig in der Lage, deren Bedürfnis nach Sicherheit und Würde zu befriedigen. Und insofern ist – sowohl bei der Bekämpfung von Terrorismus als auch bei der Eindämmung ungesteuerter Migration – die Leistungsbilanz dieser Regime eher negativ zu bewerten: Sie nehmen mehr, als dass sie geben. Erstaunlich eigentlich, dass man ihnen beides doch immer wieder zuzutrauen scheint.

Wie wir gesehen haben, sind ökonomische Perspektivlosigkeit und extremistische Ideologien nur zwei Elemente, die die Entwicklung der Region und die Verbesserung der Lage der Bevölkerung behindern. Der Sektarismus und der Despotismus gehören ebenso dazu, und alle vier bedingen einander. Sie gedeihen gewissermaßen symbiotisch.

Und auch hier haben autoritäre Regime wenig anzubieten, denn beides sind elementare Bestandteile ihrer Macht: Kein autoritäres Regime kann Zugang zu Ressourcen und Privilegien gleichmäßig auf die Bevölkerung verteilen. Keines wäre in der Lage, ohne die *'asabiya* langfristig zu bestehen, also ohne die mechanische Solidarität[125] einer bestimmten Bevölkerungsgruppe, untereinander und mit dem herrschenden Regime. Eine Solidarität, die immer in Abgrenzung zu den anderen Teilen der Gesellschaft stattfinden muss – denn sonst gäbe es ja niemanden, über den sich die Privilegierten erheben könnten. Die Manipulation der gesellschaftlichen Gruppen, die umfassende Kontrolle durch das Säen von Misstrauen und Verdacht, sind keine düsteren, überflüssigen Leidenschaften pervers veranlagter Despoten, sondern eine bürokratische Notwendigkeit für jeden, der ein autoritäres Regime erhalten will.

Und spätestens an dieser Stelle müsste deutlich geworden sein, weshalb die Gesellschaften, insbesondere die Akteure der Zivilgesellschaft in allen ihren Formen, als Einzige in der Lage wären, die Geißeln der arabischen Welt zu überwinden: Der Staat, die Regierungen und Regime können die Gesellschaften offenkundig nicht davon befreien, ohne sich selbst abzuschaffen. Umgekehrt ist es zumindest möglich. Und die Chancen dafür stehen vielleicht gar nicht so schlecht.

Danksagung

Das vorliegende Buch entstand im Sommer und Herbst 2018. Einige Kapitel enthalten Textpassagen, die zuvor nicht in exakt dieser, aber mitunter ähnlicher Form im Magazin *zenith* oder in dessen digitalem Club-Bereich erschienen sind. Ein Teil der Kapitel wurde in Berlin und Zeuthen bei Berlin verfasst, andere entstanden auf Reisen, vor allem in Lecce (Apulien), Beirut und New Haven.

Mein dankbares Andenken gebührt Katja Brinkmann und Habib. Meine Dankbarkeit für Inspiration, Hilfe oder Konnivenz richtet sich an meine Lektorin Kerstin Schulz, die Teams von *zenith*, Candid Foundation, zC und ZCC sowie Naseef Naeem, Al-Khal, die Hukama, Christian-Peter Hanelt, Inna Rudolf, Inga Trauthig, Alaa al-Bahadli, Adnan Shahmani, Walter Posch, Asiem El Difraoui, Belabbes Benkredda, Marcel Mettelsiefen, meinen Bruder Christian, meine Eltern, hier besonders und mit herzlichen Glückwünschen verbunden an meinen Vater, zu dessen feierlicher Verleihung der Ehrendoktorwürde ich einzufliegen mich verhindert sah, weil ich über den letzten Manuskriptseiten des vorliegenden Buches hockte.

Alles sonst verdanke ich wie immer L.

Anmerkungen

1 Udo Steinbach, Die arabische Welt im 20. Jahrhundert. Stuttgart: Kohlhammer Verlag, 2015, S. 11.

2 Diese These vertrat unter anderem der syrischstämmige Journalist Ibrahim Salim Najjar, der Kawakibi als Kind in Kairo kennengelernt hatte, später einen biografischen Essay über ihn verfasste und für die Unabhängigkeit der Araber von der osmanischen Herrschaft agitierte. (Ibrahim Salim Najjar, Abd al-Rahman al-Kawakibi [min dhikriyyat al-madi], al-Hadith 14 [1940]). Um 1900 hatte Kawakibi tatsächlich zahlreiche Reisen in muslimische Länder Afrikas, Asiens und des Nahen Ostens unternommen.

3 Zeitgenössische und spätere Bewunderer Kawakibis waren sich weitgehend darin einig, dass er ermordet worden sei, wobei die Meinungen auseinandergingen, ob die Osmanen oder der ägyptische Vizekönig dahintersteckten, siehe etwa Sami al-Dahhan, Abd al-Rahman al-Kawakibi (Cairo: Dar al-ma'arif, 1958). So berichtet es auch Salam Kawakibi in der Edition der Texte seines Vorfahren (Kawakibi, Du despotisme et autres textes, Paris: Sindbad, 2016). Der Kawakibi-Biograf Itzchak Weismann (Abd al-Rahman al-Kawakibi: Islamic Reform and Arab Revival, London: Oneworld Publications, 2015, S. 63) hingegen vermutet, Kawakibi sei den Folgen eines Infarkts erlegen.

4 Salam Kawakibi (Hg.), Abd al-Rahman al-Kawakibi, Du despotisme, S. 88.

5 Kawakibi, S. 38–40.

6 Kawakibi, Despotisme, S. 145.

7 Offizielle Statistiken darüber gibt es nicht, zumal das irakische Personenstandsrecht nicht zwischen Sunniten und Schiiten unter-

scheidet (siehe https://www.al-monitor.com/pulse/originals/2013/03/iraq-mixed-families-fear-violence.html; aufgerufen am 12.01.2019). Westliche Behörden haben sich für dieses Thema vor allem dann interessiert, als es um die Frage ging, ob sunnitisch-schiitische Paare im Irak Diskriminierung und Gewalt ausgesetzt seien und inwiefern dies einen Asylgrund darstellt. Siehe u.a. Immigration and Refugee Board of Canada, Iraq: Inter-sect marriage between Sunni and Shia Muslims, including prevalence; treatment of inter-sect spouses and their children by society and authorities, including in Baghdad; state protection available (2016 – January 2018), 29 January 2018, IRQ106049.E.

8 Wittgenstein, Philosophische Untersuchungen, § 18 (Ludwig Wittgenstein, Philosophische Untersuchungen. Kritisch-genetische Edition. Herausgegeben von Joachim Schulte, Frankfurt a.M.: Wissenschaftliche Buchgesellschaft, 2001).

9 In der Kunstgeschichte wird sogar die eine oder andere Stilrichtung, etwa der Impressionismus, als *tai'fa* bezeichnet.

10 Etwa Richard Herzinger in: Die Welt, 24.01.2007, »Im Krieg der Sektierer«; Dominik Peters in: Spiegel Online (http://www.spiegel.de/politik/ausland/donald-trump-in-israel-und-palaestina-arglos-im-ausland-a-1148874.html; aufgerufen am 12.01.2019).

11 »Panetta: ›30-year war‹ and a leadership test for Obama«, Interview in: USA Today, 6. Oktober 2014 (https://eu.usatoday.com/story/news/politics/2014/10/06/leon-panetta-memoir-worthy-fights/16737615/; aufgerufen am 12.01.2019).

12 Michael Axworthy, Brendan Simms in: Die Zeit Nr. 20/2017, 11. Mai 2017. »Ein westfälischer Friede für Nahost« (https://www.zeit.de/2017/20/dreissigjaehriger-krieg-syrien-nahost-parallelen; aufgerufen am 12.01.2019).

13 Körber-Stiftung, Reinventing Westphalia. Historical Lessons for a Future Peace in the Middle East, 2017 (auch digital: https://www.koerber-stiftung.de/ein-westfaelischer-frieden-fuer-den-nahen-osten/veranstaltungen/16012018-ergebnisse-2017; aufgerufen am 13.01.2019).

14 Die interne Note im Planungsstab des Auswärtigen Amtes ging auf eine Idee zurück, die unter anderem im Diskussionspapier der

IX. Kronberger Gespräche der Bertelsmann Stiftung vom Januar 2005 skizziert ist (siehe http://www.cap.lmu.de/download/2005/2005-kronberg-de.pdf; aufgerufen am 13.01.2019).

15 Vgl. Ernst Bloch, Gesamtausgabe in sechzehn Bänden, 4. Band: Erbschaft dieser Zeit, Frankfurt a. M.: Suhrkamp, 1962, Vorwort S. 15.

16 Vgl. Wael Eskander, »Der Ölzweig und die Peitsche«, in: zenith Herbst/Winter 2018.

17 Siehe z. B. Christopher Davidson, Shadow Wars – The Secret Struggle for the Middle East, London: Oneworld, 2016.

18 Herfried Münkler, »Unordentliche Kriege plündern die Bevölkerung aus«, Deutschlandfunk, Tag für Tag, 17.05.2018 (https://www.deutschlandfunk.de/lehren-aus-dem-dreissigjaehrigen-krieg-unordentliche-kriege.886.de.html?dram:article_id=417625; aufgerufen am 03.10.2018).

19 Rainer Herrmann, Arabisches Beben: Die wahren Gründe der Krise im Nahen Osten, Stuttgart: Klett-Cotta, 2018.

20 La Repubblica, »Una carta per la pace in Siria«, 17.01.2018 (https://ricerca.repubblica.it/repubblica/archivio/repubblica/2018/01/17/una-carta-per-la-pace-in-siria31.html; aufgerufen am 13.01.2019).

21 »Ein Versöhnungsvertrag für das Bürgerkriegsland«, in: Die Welt, 28.01.2018 (https://www.welt.de/politik/deutschland/article172924877/Syrien-Ein-Versoehnungsvertrag-fuer-das-Buergerkriegsland.html; aufgerufen am 13.01.2019).

22 »Syrer sollen Farbe bekennen«, in: FAZ, 17.01.2018 (https://www.faz.net/aktuell/politik/ausland/eine-initiative-will-den-schweigenden-syrern-eine-stimme-geben-15402358.html; aufgerufen am 13.01.2019).

23 Asharq Al-Awsat, »wathiqah min 11 band khulasat hiwar suri sunni-alawi fi Berlin«, 21.01.2018.

24 »Discussions secrètes sur l'avenir de la Syrie«, in: Le Monde, 18.01.2018.

25 Masar Press 26.01.2018, Radio Monte Carlo Arabiyyah 19.01.2018, Enab Baladi 21.01.2018.

26 Der vollständige arabische Titel lautet »mudawanat suluk li-'aish suri mushtarak« und ist abrufbar auf souria11.org (aufgerufen am 13.01.2019).

27 Rede des Staatspräsidenten vor dem Syrischen Volksrat am 20.08.2017, im arabischen Originalwortlaut: »(…) rabihna mujtama‘an akthar saha bi-l-ma‘na al-haqiqi (…)«, übertragen von RT (Russiyah Al-Yaum) (https://www.youtube.com/watch?time_continue=181&v=SkK9KttSdQc; aufgerufen am 13.01.2019).

28 Die Broschüre mit dem Titel »Suggestions of the Russian Federation on Refugees and Temporarily Relocated Persons Distribution in the Territory of the Syrian Arab Republic« ist inzwischen auf der Webseite der Russischen Mission bei den Vereinten Nationen in Genf abrufbar (https://geneva.mid.ru/en/web/geneva_en/home/-/asset_publisher/BWLEuC9rCBOG/content/suggestions-of-refugees-and-temporarily-relocated-persons-distribution-in-the-territory-of-the-syrian-arab-republic?redirect=%2Fen%2Fweb%2Fgeneva_en%2Fhome&inheritRedirect=true; aufgerufen am 13.01.2019).

29 Es wurde hin und wieder auch als Dekret Nr. 10 bezeichnet, da der Präsident in Syrien Dekrete mit Gesetzeskraft erlassen kann. 02.04.2018 (15.07.1439h), abrufbar über den Gesetzesanzeiger auf der Webseite des Premierministers (http://www.pministry.gov.sy/; aufgerufen am 13.01.2019). Zur Reaktion der Bundesregierung s. Süddeutsche Zeitung, »Assad macht Eigentum zur Waffe« vom 23.04.2018 (https://www.sueddeutsche.de/politik/syrienkrieg-assad-macht-eigentum-zur-waffe-1.3956317) und ntv, »Berlin will gegen Assad vorgehen« am 27.04.2018 (https://www.n-tv.de/politik/Berlin-will-gegen-Assad-Dekret-vorgehen-article20408817.html; beide aufgerufen am 13.01.2019).

30 Vgl. The Guardian, »Former minister Zahi Hawass compares Egypt's Abdel Fatah al-Sisi to pharaoh«, 02.01.2014 (https://www.theguardian.com/world/2014/jan/02/zahi-hawass-egypt-abdel-fatah-al-sisi-pharaoh; aufgerufen am 14.01.2019).

31 Siehe dazu Gilles Kepel, Le prophète et pharaon: Aux sources des mouvements islamistes, Paris: Seuil, 1993, und die Memoiren von Zaynab Al-Ghazali, Ayam min hayati, Beirut: Dar al-Shuruq, 1986.

32 Während des Prozesses, der mit einem Todesurteil für die Attentäter endete, rief der Anführer der Gruppe, der 24-jährige Leutnant Khalid al-Islambouli, aus, er habe den »Pharao« getötet (siehe Depesche der UPI vom 6. März 1982, »A supreme military court today

sentenced to death five«). Spätere Autoren behaupten, er habe dies bereits unmittelbar nach dem Attentat auf Sadat gerufen.

33 Roberto Parapetti, Munzer Jahjah, Systematic territorial study of the ancient Babylon site, Centro Scavi di Torino, Italian Task Force of the Ministry of Foreign Affairs, 2008, S. 9.

34 zenith Talk mit Asiem El Difraoui beim zenith-Fotopreis »Muslime in Deutschland«, am 11.03.2015 in Berlin (https://www.youtube.com/watch?v=SaYhZPDN8Cg; aufgerufen am 14.01.2019).

35 Zeitungsberichten zufolge besitzt Prakash auch die Staatsbürgerschaft von Fidschi, was bekannt wurde, als die australischen Behörden versuchten, ihn wegen seiner IS-Mitgliedschaft auszubürgern. Siehe: The Guardian, »Neil Prakash case raises ›serious questions‹ about laws stripping citizenship«, 04.01.2019 (https://www.theguardian.com/australia-news/2019/jan/04/neil-prakash-case-raises-serious-questions-about-laws-stripping-citizenship; aufgerufen am 14.01.2019).

36 Diese und andere Argumente finden sich unter anderem im englischsprachigen IS-Magazin *Dabiq* Nr. 8 (2/2015) 1436 Jumadah al-Akhira »Sharia alone will rule Africa«.

37 Vgl. dazu unter anderem die Kontroverse über die Zerstörung der Bibliothek von Alexandria und die mögliche Rolle des Kalifen Omar. Bernard Lewis, »The Vanished Library«, in: The New York Review of Books, 27.09.1990. Ein anderer Fall ist das Edikt des Kalifen Yazid zur Zerstörung christlicher Ikonen im Reich, das aber offenbar mit der zeitgleich im benachbarten Byzanz vordringenden ikonoklastischen Bewegung zusammenhängt. Leslie William Barnard, The Graeco-Roman and Oriental Background of the Iconoclastic Controversy, Leiden: Brill, 1974, S. 11 ff.

38 Zwischen 1852 und 1854 fand Rassam in einer der Bibliotheken des Assurbanipal in Ninive Tontafeln, die später als Fragmente des Gilgamesh-Epos entziffert wurden, des wohl bedeutendsten sumerisch-babylonischen Literaturwerks.
Der aus Ton gefertigte Kyros-Zylinder zählt zu den bedeutendsten Fundobjekten der frühen Achämenidenzeit (Mitte 6. Jh. v. Chr.) und enthält eine in akkadischer Schrift verfasste Proklamation des Perserkönigs Kyros II. (der Große) (https://www.britishmuseum.

org/research/collection_online/collection_object_details.aspx?objectId=327188&partId=1; aufgerufen am 14.01.2019).

39 C. W. Ceram, Götter, Gräber und Gelehrte, Reinbek: Rowohlt, 1949. S. 289.

40 Für die Christen besonders traumatische Auswirkungen hatten etwa die Unruhen von Aleppo 1850, in deren Folge der osmanische Gouverneur christliche Stadtviertel mit Artillerie beschießen ließ, oder der Bürgerkrieg im Libanongebirge 1860, der sich u. a. auf Damaskus ausweitete und in dem bis zu 20 000 Christen hauptsächlich von Angehörigen der drusischen Minderheit getötet wurden.

41 https://www.letemps.ch/monde/credo-antiislamiste-larcheveque-dalep (01.09.2016; aufgerufen am 09.12.2018).

42 http://www.faz.net/aktuell/politik/fluechtlingskrise/syrischer-patriarch-kritisiert-deutschlands-fluechtlingspolitik-13893521.html (04.11.2015; aufgerufen am 09.12.2018).

43 Nachzulesen u. a. in der 1936 in Beirut erstmalig erschienenen Broschüre zu »Konzeption und Zielen der SSNP« (mabda' al-hizb al-suri al-qaumi al-ijtima'i wa ghayatuhu) (www.antoun-saadeh.com/works/books/book8; aufgerufen am 16.01.2019).

44 'Aidah 'Am 'Ali, »yahud al-dakhil ashadd min yahud al-kharij«, in: Al-Nahda, 15.08.2017.

45 Im Gegensatz zu vielen anderen die Christen betreffenden Themen ist der Koran bei dieser Geschichte recht eindeutig. In Sure 4 (*Al-Nisa'* – Die Frauen), V. 157, heißt es: »… und (weil sie) sagten: ›Wir haben Christus Jesus, den Sohn der Maria und Gesandten Allahs, getötet.‹ Aber sie haben ihn (in Wirklichkeit) nicht getötet und (auch) nicht gekreuzigt. Vielmehr erschien ihnen (ein anderer) ähnlich (so daß sie ihn mit Jesus verwechselten und töteten). Und diejenigen, die über ihn uneins sind, sind im Zweifel über ihn. Sie haben kein Wissen über ihn, gehen vielmehr Vermutungen nach. Und sie haben ihn nicht mit Gewißheit getötet.« (Zitiert nach Übersetzung in: Rudi Paret, Der Koran – Textausgabe, Stuttgart: Kohlhammer, 1986 (4. Aufl.).

46 Francis Warden, Historical Sketch of the Wahabee Tribe of Arabs, 1856, in: Selection from the Records of the Bombay Government, Cambridge: Oleander, 1985.

47 Vgl. Nicolas Pelham, A New Muslim Order. The Shia and the Middle East Sectarian Crisis, New York / London: I. B. Tauris, 2008, S. 101.

48 Ali Bahramian, Ali Bulookbashi, Farzin Negahban, »Al-ʻAbbās b. ʻAlī«, in: Encyclopaedia Islamica Online (2008).

49 Gespräch mit dem Autor im November 2016 in Kerbela.

50 »Will Saudi Arabia Cease to be the Centre of Islam?«, Faisal Devji, in: New York Times, 07.09.2018 (https://www.nytimes.com/2018/09/07/opinion/saudi-arabia-islam-mbs.html; aufgerufen am 14.01.2019).

51 Er verwendete das Wort *taiʻfi*, das wir in Kapitel 2 behandelt haben.

52 Die Iraker übernahmen nach der Invasion 2003 diese durch die US-Truppen eingeführte Bezeichnung für die Luftwaffenbasis bei Tikrit, die die Akademie beherbergt. Unter Saddam Hussein war der Ort auch als Flugplatz von Al-Sahra bekannt.

53 Siehe BBC News vom 08.08.2017 (https://www.bbc.com/news/world-middle-east-40866081; aufgerufen am 19.01.2019).

54 Online nachzulesen unter https://www.sistani.org/arabic/archive/24918/ (aufgerufen am 19.01.2019).

55 Die Verlesung durch Abu Mahdi al-Kerbelaʻi am 14.06.2014 wurde live von mehreren Kanälen übertragen, u. a. von Karbala TV (https://www.youtube.com/watch?v=R7by5almGhA; aufgerufen am 19.01.2019).

56 Vgl. Walter Posch (2017), Ideology and Strategy in the Middle East: The Case of Iran, in: Survival, 59:5, S. 88.

57 Christoph Reuter und Ali Arkady (Fotos), Die schrecklichen Retter, in: Der Spiegel, 31/2015, S. 74–77, hier 76 f. (http://magazin.spiegel.de/EpubDelivery/spiegel/pdf/137324582, aufgerufen am 05.02.2019).

58 Siehe Asharq Al-Awsat vom 12.12.2017 (https://aawsat.com/english/home/article/1110771/sadr-orders-fighters-hand-over-arms-state; aufgerufen am 19.01.2019).

59 Hassan Hassan, »The Eclipse of Sectarianism: Four decades after its dramatic rise, sectarian violence is receding throughout the Middle East«, in: The Atlantic, 28.10.2018 (https://www.theatlantic.com/ideas/archive/2018/10/end-sectarian-violence-middle-east/573580/; aufgerufen am 20.01.2019).

60 Renad Mansour / Christine van den Toorn, »The 2018 Iraqi Federal Elections: A Population in Transition?«, in: LSE Middle East Centre Report, July 2018, S. 8.

61 Gespräch mit Inna Rudolf, »Will the Save Bet Deliver?«, in: zenith 17.10.2018 (https://magazine.zenith.me/en/politics/new-iraqi-prime-minister-adil-abdul-mahdi; aufgerufen am 20.01.2019).

62 »Libya Drawing the battle lines: The stage is set for a lengthy struggle for power«, in: The Economist, 09.06.2014. Demnach entging Haftar einem Anschlag am 04.06.2014. Der US-amerikanische Informationsdienst Stratfor berichtet von einem Attentat am 29.06.2012 in Bengazi (https://worldview.stratfor.com/article/assassinations-libya-target-former-gadhafi-officials; aufgerufen am 20.01.2019).

63 Vgl. Jalel Harchaoui, »How France Is Making Libya Worse: Macron Is Strengthening Haftar«, in: Foreign Affairs Snapshot, 21.09.2017.

64 Safa Palestinian Press Agency 20.11.2018, »Dahlan yad'u 'Abbas li tawajuh ila Ghaza wa 'ilan hukumat wahdah wataniyah«.

65 »Muhammad bin Zayed: al-saudiyah bi-qiyadatiha al-hakimah wa thiqliha al-duwwali rakizat ul-wahdah al-'arabiyah wa l-islamiyah«, in: Al-Muwatin, 21.04.2016.

66 Einer davon war Prinz Talal bin Abd al-Aziz Al Saud, ein Halbbruder König Salmans und Vater des Milliardärs Walid bin Talal. Wegen seiner nationalistisch-republikanischen Haltungen wurde er auch der »rote Prinz« genannt. Er starb kürzlich, am 22. Dezember 2018, in Riad.

67 Vgl. Bassam Tibi, Vom Gottesreich zum Nationalstaat: Islam und panarabischer Nationalismus, Frankfurt a.M.: Suhrkamp, 1987, S. 116.

68 Siehe dazu u.a. Akram Belkaid, »La ligue arabe: un machin saoudien?«, 23.05.2018 (https://blog.mondediplo.net/la-ligue-arabe-un-machin-saoudien; aufgerufen am 20.01.2019).

69 Vgl. Robert Chatterjee, »Das Wort: Haibat al-Dawlah« in: zenith 2/2018 Panorama, S. 9.

70 »MBS to Evangelicals: Khashoggi murder was terrible ›heinous act‹«, in: Jerusalem Post, 06.11.2018 (https://www.jpost.com/Middle-East/MBS-to-Evangelicals-Khashoggi-murder-was-terrible-heinous-act-571225; aufgerufen am 20.01.2019).

71 Michael Burleigh, »No wonder they call him Little Saddam: Saudi Arabia's Mohammed Bin Salman is an unstable despot whose bloodlust threatens the entire Middle East«, in: The Daily Mail 21.10.2018

(https://www.dailymail.co.uk/debate/article-6298711/No-wonder-call-Little-Saddam-MICHAEL-BURLEIGH-Saudi-Crown-Prince.html; aufgerufen am 20.01.2019).

72 Siehe z. B. die Washington Post vom 15.11.2014 (https://www.washingtonpost.com/news/worldviews/wp/2014/11/15/3-ways-the-u-a-e-is-the-sparta-of-the-modern-day-middle-east/?noredirect=on&utm_term=.98ea49ecb74f; aufgerufen am 21.12.2018).

73 Siehe dazu https://www.trade.gov/topmarkets/pdf/Defense_Middle_East.pdf und https://www.cia.gov/library/publications/the-world-factbook/geos/print_ae.html (aufgerufen am 07.02.2019).

74 »UAE minimizing influence of islamic extremists«, Classified Cable by Ambassador Michele J. Sison, 10.11.2004, Wikileaks Public Library of US Diplomacy, 04ABUDHABI4061_a.

75 Lesley Wroughton, »U.S. envoy in fight against Islamic State quits after Syria pullout«, Reuters 22.12.2018.

76 BBC World: »›Members‹ surprised by Saudi anti-terror coalition plan«, 16.12.2015 (https://www.bbc.com/news/world-middle-east-35114060; aufgerufen am 20.01.2019).

77 Yara Bayoumy, Jonathan Landay, Warren Strobel, »Trump seeks to revive ›Arab NATO‹ to confront Iran«, Reuters 27.07.2018.

78 NATO's Enduring Mission – Defending Values, Together Speech by NATO Secretary General Jens Stoltenberg to student audience, National Parliamentary Library Tbilisi, Georgia (followed by Q&A session), 08.09.2016: »Allies have been united by a common set of values – democracy, human rights, and the rule of law. And we have forged an unbreakable bond. Between Allies on both sides of the Atlantic. As the world has changed, NATO has changed. But we remain committed to our values.«

79 Julian Reichelt, »Staatsbesuch der Schande. Eklat während der Pressekonferenz überschattet Erdoğan-Besuch bei Kanzlerin Merkel«, in: Bild-Zeitung, 28.09.2018 (https://www.bild.de/politik/inland/politik-inland/eklat-ueberschattet-erdogan-besuch-staatsbesuch-der-schande-57539900.bild.html; aufgerufen am 26.12.2018).

80 Ashraf El-Sherif, The Egyptian Muslim Brotherhood's Failures, Part 1 of a series on political Islam in Egypt, Carnegie Endowment for International Peace, Juli 2014.

81 Loay Mudhoon, »Keine zweite Revolution«, Qantara, 08.07.2013 (https://de.qantara.de/node/15587; aufgerufen am 20.01.2019).

82 Siehe z.B. »Mursi wehrt sich gegen Einmischung«, in: Stern Online, 30.01.2013 (https://www.stern.de/politik/ausland/staatsbesuch-in-berlin-mursi-wehrt-sich-gegen-einmischung-3116732.html; aufgerufen am 26.12.2018).

83 Siehe dazu die Memoiren von Hassan al-Banna, der die politische Macht als eine der »Wurzeln« des Islams bezeichnet (Hasan al-Banna, »Mudhakkarat al-da'wah wa l-da'iyah«, Beirut: Al-Maktab al-Islami, 1974, S. 283) und den Kommentar in Olivier Carré/Michel Seurat, Les frères musulmans 1928–1982, Paris: L'Harmattan, 2001, S. 36.

84 Zu den Schattierungen des Salafismus siehe u.a. Asiem El Difraoui, »Die drei Salafismen«, in: Gerlach, Behrendt, Chatterjee u.a. (Hg.), Atlas des Arabischen Frühlings. Eine Weltregion im Umbruch, Bonn: bpb, 2016.

85 Besonders Sayyid Qutb ma'rakatuna ma'a l-yahud, Kairo: Dar al-Shuruq, 1989 (1. Aufl. 1950), und Wegmarken (ma'lim fi l-tariq), deutsche Übersetzung, in: Andreas Meier (Hg.): Der politische Auftrag des Islam. Programme und Kritik zwischen Fundamentalismus und Reformen. Originalstimmen aus der islamischen Welt, Wuppertal: Peter Hammer Verlag, 1994.

86 Sie basierte zum Teil auf einer eigenen Auslegung der hanbalitischen Rechtsschule im Islam und mischte sie mit eigenen, zeitgenössischen Rechtsvorstellungen, siehe dazu u.a. Mark Townsend, »The core Isis manual that twisted Islam to legitimise barbarity«, in: The Observer, 13.05.2018 (https://www.theguardian.com/world/2018/may/12/isis-jihadist-manual-analysed-rebutted-by-islamic-scholar; aufgerufen am 21.01.2019.

87 Ein Beispiel dieser Argumentation liefert etwa der Schriftsteller Ilija Trojanow, »Der größte Feind des islamischen Extremismus«, in: FAZ, 19.08.2016 (https://www.faz.net/aktuell/feuilleton/buecher/themen/ilija-trojanow-ueber-sufismus-14394753.html; aufgerufen am 21.01.2019).

88 Munqith Dagher, »Iraq Current Political Situation and the Possibility of ISIS Reappearance«, IIACSS research group – Iraq (unver-

öffentlichte Präsentation), vorgetragen am 17.09.2018 bei zenith/ International Alumni Center: »Kehrt der Islamische Staat im Irak zurück?«.

89 Ebd.

90 Jean-Pierre Filiu, Les neuf vies d'Al-Qaida, Paris: Fayard, 2009.

91 Difraoui, On Jihadism. A battle is won, the struggle continues, Candid Foundation Policy Essay, 2018.

92 Gilles Kepel, Sortir du chaos: les crises en Méditerrané et au Moyen-Orient, Paris: Gallimard, 2018, S. 455.

93 Olivier Carré zitiert einen vermutlich aus dem Jahr 1938 stammenden Brief des Gründers der Muslimbrüder Hassan al-Banna (majmu'at al-rasa'il, S. 173–175) in: Carré/Seurat, Les frères musulmans.

94 Laut türkischen regierungsnahen Medien (siehe z. B. »Arab, Kurdish tribal leaders say ›ready to revolt against PKK‹ with Turkey's support«, Yeni Safak, 30.01.2018) sind die Stämme seit geraumer Zeit dazu bereit. Siehe dazu auch Fabrice Balances Aufsatz »The United States in Northeastern Syria«, Hoover Institution Essay, 2018 (www.hoover.org/sites/default/files/research/docs/383981576-the-united-states-in-northeastern-syria-geopolitical-strategy-cannot-ignore-local-reality_1.pdf; aufgerufen am 05.02.2019).

95 Robert Misik: »Der Ratzinger-Effekt«, in: taz am Wochenende, 15.03.2008 (http://www.taz.de/!853428/; aufgerufen am 05.01.2019).

96 Zur Replik siehe u. a. Jürgen Habermas, »Ein Bewusstsein von dem, was fehlt«, in: Neue Zürcher Zeitung, 10.02.2007.
Der Dialog zwischen Papst Benedikt und Habermas wurde in arabischen Medien viel beachtet, siehe u. a. Essam Abdallah in der saudischen Zeitung Elaph »Adyan marinah, ukhra salbah«, 10.10.2008.

97 Jürgen Habermas, Faktizität und Geltung, Frankfurt a. M.: Suhrkamp, 1992, S. 443.

98 Dazu u. a. Amy Hawthorne, Middle Eastern Democracy: Is Civil Society the Answer?, in: Carnegie Papers (Carnegie Endowment), N4. 44, März 2004 (https://carnegieendowment.org/files/CarnegiePaper44.pdf; aufgerufen am 21.01.2019).

99 Siehe dazu Andrew Arato, »Civil Society, History and Socialism«, in: Praxis International, 9 (1989) und Elke Fein/Sven Matzke, »Zivilge-

sellschaft. Konzept und Bedeutung für die Transformation in Osteuropa«, Osteuropa-Institut der Freien Universität Berlin. Arbeitspapiere des Bereichs Politik und Gesellschaft, Heft 7/1997.

100 Habermas, Faktizität und Geltung, S. 451.

101 Elie Kedourie, Democracy and Arab Political Culture, London: Frank Cass, 1994, S. 7.

102 Als Verfassung oder Gemeindeordnung von Medina wird ein Vertrag bezeichnet, den Muhammad im Jahr 622 in der Stadt Yathrib (später Medina) ausgehandelt und verfasst haben soll, um Feindseligkeiten zwischen Clans, Stämmen und den in seinem Gefolge zugewanderten Mekkanern beizulegen.

103 Nawaf Salam, Civil Society in the Arab World, Islamic Legal Studies Program, Harvard Law School, October 2002.

104 Also während der Regierungszeit von Hafiz al-Assad, 1971 bis 2000.

105 In: ARD Anne Will, »Assad lässt Kinder töten – Wie lange wollen wir noch zuschauen?«, 07.06.2012.

106 Kim O'Connell, »Dubai's Museum of the Future Is Shaping Up as the World's Most Complex Building«, Redshift by Autodesk, 13.02.2018 (https://www.autodesk.com/redshift/museum-of-the-future/) oder die glitzernde Präsentation bei CNBC (https://www.cnbc.com/video/2018/03/29/the-museum-of-the-future-in-dubai-is-an-architectural-wonder.html; beide aufgerufen am 06.01.2019).

107 James Haines-Young, »Is Lebanon's Tech Wave Headed for Tears?«, in: zenith, 20.11.2016 (https://magazine.zenith.me/en/business/lebanons-bold-plan-force-its-banks-invest-tech; aufgerufen am 22.01.2019).

108 Ahmad Khaled al-Tawfik, Utopia. Roman aus Ägypten. Deutsch von Christine Battermann, Basel: Lenos, 2015.

109 Ayad Al-Ani, Araber als Teil der hellenistisch-römischen und christlichen Welt. Wurzeln orientalistischer Betrachtung und gegenwärtiger Konflikte – von Alexander dem Großen bis zur islamischen Eroberung, Berlin: Duncker & Humblot, 2014.

110 Ayad Al-Ani, »Industrie 4.0 in der Peripherie«, in: Die Zeit, 14.01.2017 (https://www.zeit.de/karriere/2017-01/digitalisierung-entwicklungslaender-armut-arbeitsmarkt; aufgerufen am 21.01.2019).

111 Zitate Ayad Al-Anis sind teils persönlichen Gesprächen mit dem Au-

tor, teils dem Beitrag Al-Anis »Allah ist mit den Robotern« (in: zenith 2/2018) entnommen.

112 Zu den Verfahrensweisen siehe Horst Wildemann, »3D-Metalldruck: Eine Revolution in der Fabrik«, in: FAZ, 01.01.2018.

113 Beyza Sumer, »Impact of Industry 4.0 on Occupations and Employment in Turkey«, in: European Scientific Journal, April 2018, Edition Vol. 14, No. 10.

114 Ayad Al-Ani, »Allah ist mit den Robotern«, in: zenith 2/2018.

115 Ebd., ebd.

116 Siehe zenith Talk vom 29.09.2017 (https://talk.zenith.me/en/innovation/zenithtalk-ahmad-al-hidiq; aufgerufen am 2201.2019).

117 Abkürzung für »Improvised Explosive Device«, im Deutschen meistens mit »Unkonventionelle Sprengvorrichtung« wiedergegeben.

118 Im November 2004, nach langen Verhandlungen der irakischen Delegation mit staatlichen Gläubigern, verkündete der »Club de Paris« einen Auslandsschuldenschnitt um 80 Prozent. Dieser von den USA vorangetriebene Erfolg wurde auch dem Verhandlungsgeschick des irakischen Interimsfinanzministers Abd al-Mahdi zugerechnet, siehe Club de Paris »The Paris Club and the Republic of Iraq Agree on Debt Relief«, Pressemitteilung vom 21. November 2004.

119 Siehe die Darstellung des Auswärtigen Amtes (https://www.auswaertiges-amt.de/de/aussenpolitik/regionaleschwerpunkte/nahermittlererosten/transformationspartnerschaft/203878; aufgerufen am 09.01.2019).

120 The National, Abu Dhabi, 17.11.2013 (https://www.thenational.ae/business/what-mena-needs-is-a-marshall-plan-1.650639; aufgerufen am 08.01.2019).

121 Ebd., 23.10.2016 (https://www.thenational.ae/world/former-us-general-calls-for-marshall-plan-for-the-middle-east-1.166188; aufgerufen am 08.01.2019) und in Middle East Eye, 22.10.2016 (https://www.middleeasteye.net/news/former-us-general-calls-marshall-plan-middle-east-935489714; aufgerufen am 08.01.2019).

122 Bundesministerium für wirtschaftliche Zusammenarbeit und Entwicklung: Marshallplan mit Afrika. Online unter: http://www.bmz.de/de/laender_regionen/marshallplan_mit_afrika/inhalt/index.jsp; Stand Januar 2017; aufgerufen am 08.01.2019.

123 Nach den Online-Veröffentlichungen standen 2018 dem Bundesministerium für Entwicklung und Zusammenarbeit 9,44 Mrd. Euro zur Verfügung und dem Auswärtigen Amt 5,45 Mrd. Euro (https://www.bmz.de/de/ministerium/zahlen_fakten/haushalt/index.html bzw. https://www.bundestag.de/dokumente/textarchiv/2018/kw27-de-auswaertiges/561010; beide aufgerufen am 10.01.2019).

124 Siehe dazu Carola Richter, »Kommunikation«, in: Jörg Gertel und Ralf Hexel, Zwischen Ungewissheit und Zuversicht: Jugend im Nahen Osten und in Nordafrika, Berlin: Dietz, 2018, S. 276.

125 Vgl. S. 37 zum Konzept der 'Asabiya von Ibn Khaldun. Der französische Soziologe Émile Durkheim beschrieb das Phänomen als »solidarité méchanique« (E. Durkheim, De la division du travail social, Paris: PUF, 1893).

Personenregister

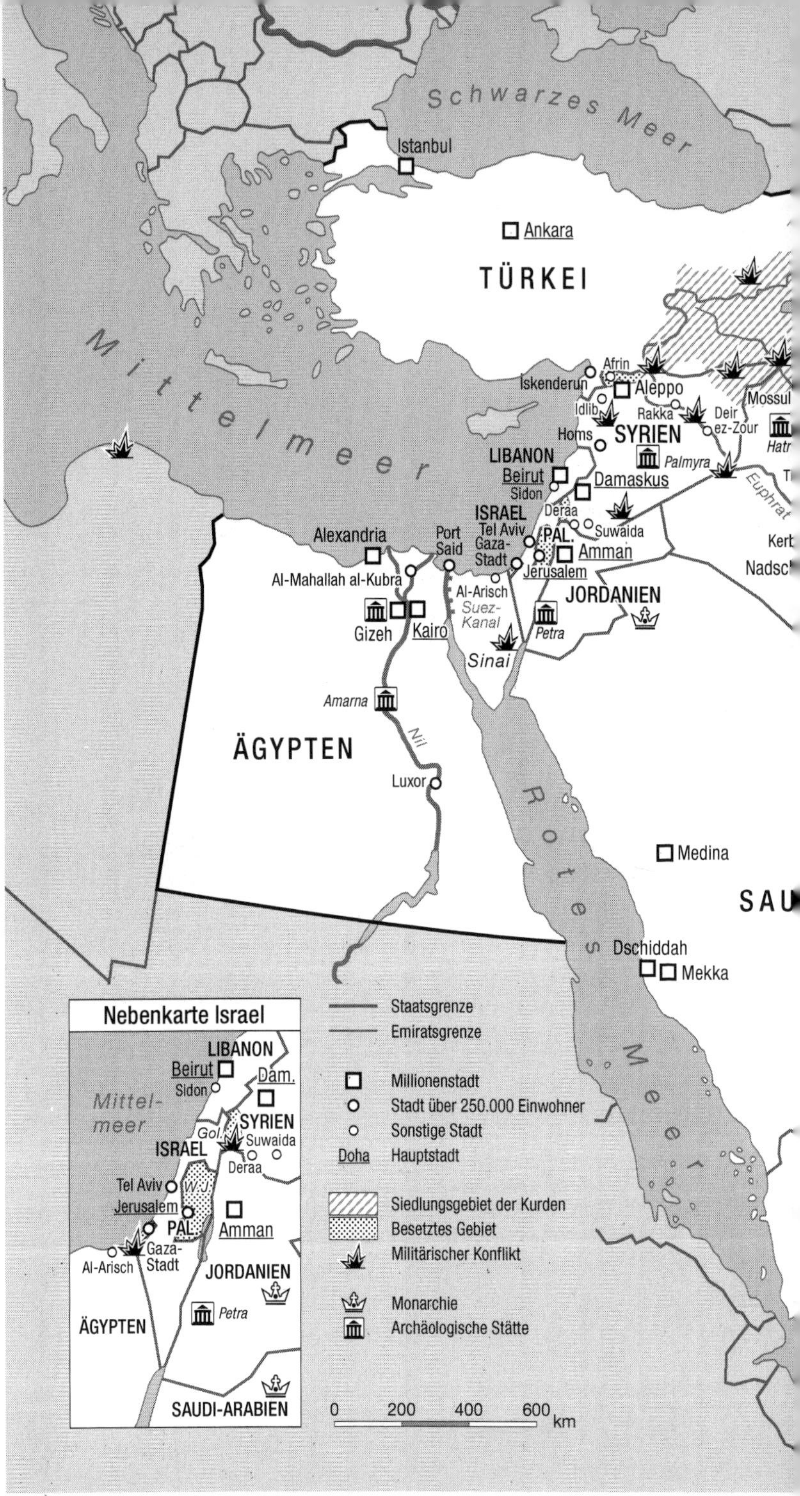

Schwarzes Meer
Istanbul
Ankara
TÜRKEI
Mittelmeer
Afrin
Iskenderun
Aleppo
Mossul
Idlib
Rakka
Deir ez-Zour
Homs
SYRIEN
LIBANON
Beirut
Sidon
Palmyra
Damaskus
Euphrat
ISRAEL
Deraa
Tel Aviv
PAL.
Suwaida
Gaza-Stadt
Amman
Jerusalem
Alexandria
Port Said
Al-Mahallah al-Kubra
Al-Arisch
Suez-Kanal
JORDANIEN
Gizeh
Kairo
Petra
Sinai
Amarna
Nil
ÄGYPTEN
Luxor
Rotes Meer
Medina
Dschiddah
Mekka
Nebenkarte Israel
LIBANON
Beirut
Dam.
Sidon
Mittelmeer
SYRIEN
Gol.
Suwaida
ISRAEL
Deraa
Tel Aviv
W.J.
Jerusalem
Amman
PAL.
Gaza-Stadt
Al-Arisch
JORDANIEN
Petra
ÄGYPTEN
SAUDI-ARABIEN
Staatsgrenze
Emiratsgrenze
Millionenstadt
Stadt über 250.000 Einwohner
Sonstige Stadt
Doha
Hauptstadt
Siedlungsgebiet der Kurden
Besetztes Gebiet
Militärischer Konflikt
Monarchie
Archäologische Stätte
0 200 400 600 km

Kaspisches Meer
Ninive
Erbil
Nimrud
Tigris
Bagdad
Kufa
RAK
Basra
Teheran
Qom
Mashhad
IRAN
Pasargadae
Kuwait-Stadt
KUWAIT
Persischer Golf
BAHRAIN
Manama
KATAR
Doha
Riad
DI-ARABIEN
Str. v. Hormus
Sharjah
Dubai
Abu Dhabi
V.A.E.
Golf von Oman
Maskat
OMAN
Arabisches Meer
JEMEN
Sanaa
Golf von Aden
Abkürzungen
Dam. Damaskus
Gol. Golanhöhen
PAL. Palästina
V.A.E. Vereinigte Arabische Emirate
W.J. Westjordanland

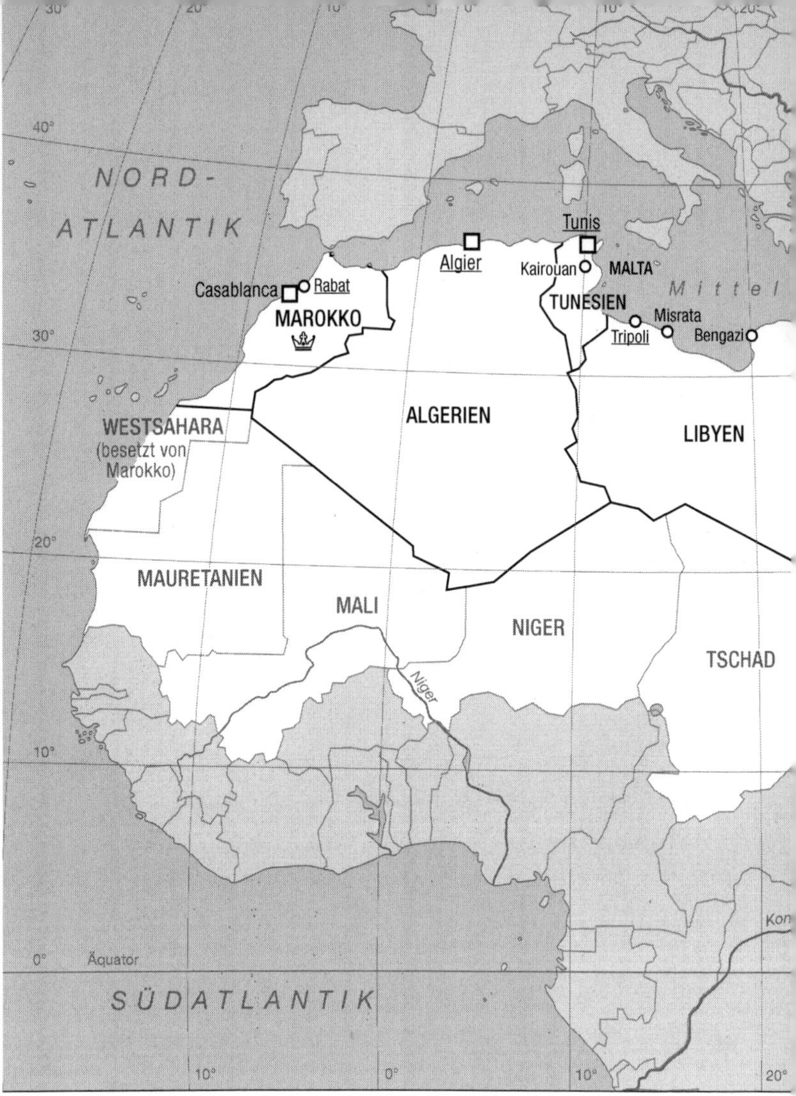

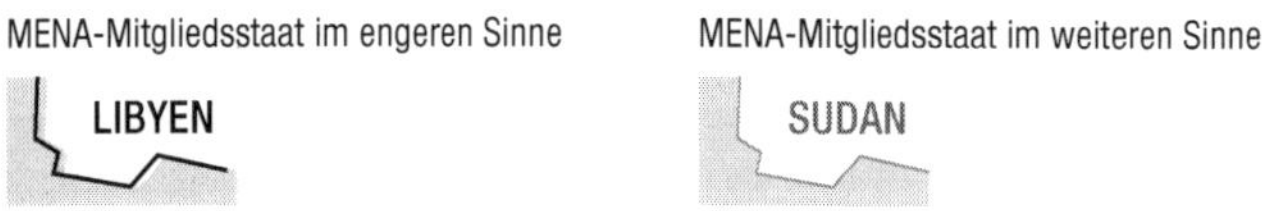

Abkürzungen

ARM.	Armenien	**GEOR.**	Georgien	**LIB.**	Libanon
ASER.	Aserbaidschan	**ISR.**	Israel	**PAL.**	Palästina

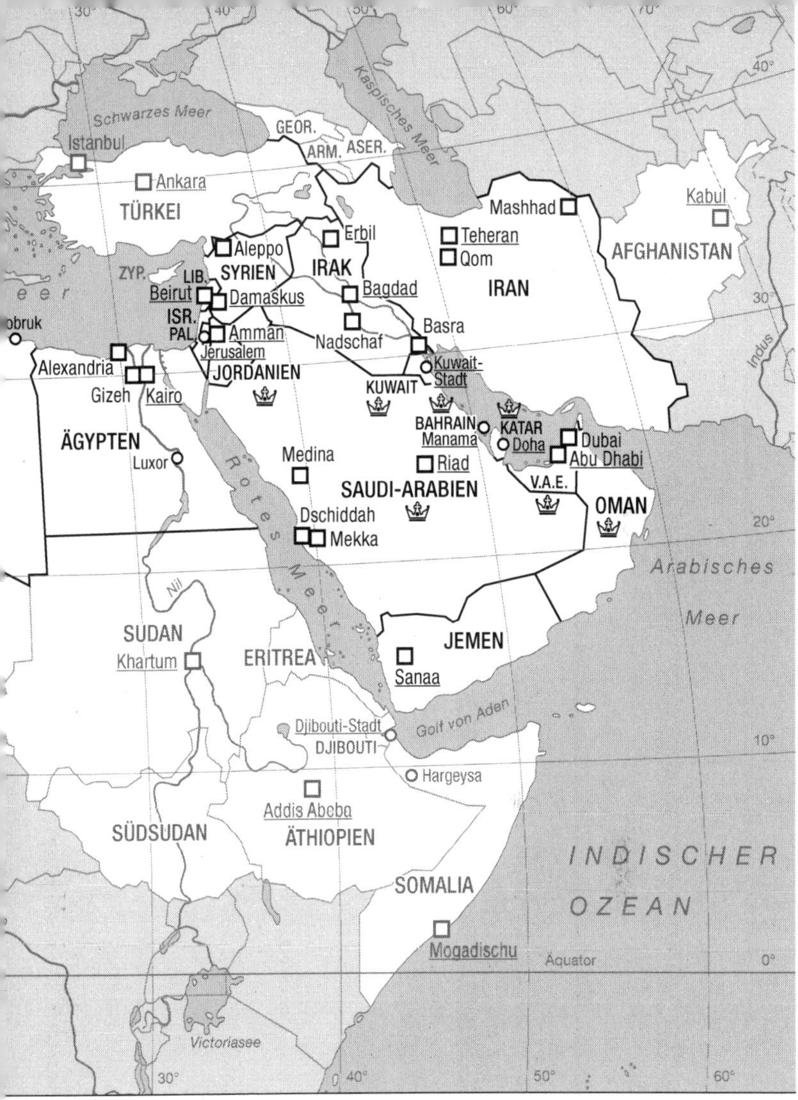

Die MENA-Region ist nicht verbindlich definiert.

- □ Millionenstadt (in Auswahl)
- ○ Sonstige Stadt (in Auswahl)
- Doha Hauptstadt
- ♕ Monarchie

ZYP. Zypern

0 500 1000 km

Foto: Azadeh Emami

Daniel Gerlach

ist Herausgeber und Chefredakteur des Magazins zenith. Als Journalist und Orientalist bereist er die Region regelmäßig, ist aber auch häufig Gast in deutschen und internationalen Medien. 2014 gründete Gerlach gemeinsam mit anderen Nahost-Experten die Candid Foundation, ein gemeinnütziger Thinktank, der sich schwerpunktmäßig mit dem Nahen Osten, Nordafrika und dem Kaukasus beschäftigt und innovative Medien- und Dialogformate entwickelt. Darüber hinaus leitet Daniel Gerlach die internationale Forschungs- und Beratungsgruppe zenithCouncil.
2015 veröffentlichte er in der Edition Körber »Herrschaft über Syrien. Macht und Manipulation unter Assad«.